Fritz Edlinger (Hg.)

Palästina – Hundert Jahre leere Versprechen

Bibliografische Information der Deutschen Bibliothek:
Die Deutsche Bibliothek verzeichnet diese Publikation in der Deutschen Nationalbibliografie. Detaillierte bibliografische Daten sind im Internet über http://dnb.ddb.de abrufbar.

2. unveränderte Auflage 2019

Druck: CPI – Clausen & Bosse, Leck
Printed in Germany
ISBN: 978-3-85371-427-0

Fordern Sie die Kataloge unseres Verlags an:
Promedia Verlag
Wickenburggasse 5/12
A-1080 Wien
E-Mail: promedia@mediashop.at
Internet: www.mediashop.at
www.verlag-promedia.de

Fritz Edlinger (Hg.)

PALÄSTINA – HUNDERT JAHRE LEERE VERSPRECHEN

Geschichte eines Weltkonflikts

PROMEDIA

Inhalt

Vorwort

Das Jahr 2017 ist zweifellos das symbolträchtigste in der jüngeren Geschichte des palästinensischen Volkes. Die vergangenen hundert Jahre sind voll von Enttäuschungen, gebrochenen Versprechen und nicht eingehaltenen Vereinbarungen. Aus der Erbmasse des Osmanischen Reiches wollten die arabischen Palästinenser ihren eigenen Staat aufbauen, in einem Territorium, das sie und ihre Vorfahren seit Jahrtausenden bewohnen und welches in verschiedenen Formen ihren Namen[1] trug. Einen ebenfalls viele Jahrtausende zurückgehenden, großteils auf mystisch-religiöse Quellen beziehenden Anspruch auf dieses Land erhebt das jüdische Volk, das aber seit dem zweiten Jahrhundert n.u.Z. (Niederschlagung des dritten jüdischen Aufstandes durch das Römische Reich)[2] keinerlei staatliche oder quasi-staatliche Präsenz mehr zustande gebracht hat.

Nach der Auflösung des Osmanischen Reiches stand also die Neuordnung großer Teile des Nahen und Mittleren Ostens auf der

1. Der Name leitet sich von dem Volk der Philister ab, einem Seefahrer-Volk, welches diese Region bereits im ersten Jahrtausend v.u.Z. bewohnte und beherrschte. Assyrische Texte des 8. Jahrhunderts v.u.Z. bezeichneten die Region als »Palastu«. Im 5. Jahrhundert v.u.Z. nannte der griechische Historiker Herodot den Küstenstreifen zwischen Phönikien (Levante) und Gaza »Syria palaistine«. Aus dem griechischen »Palaistine« wurde dann das lateinische »Palaestina«. Auch in der um 200 v.u.Z. in Alexandria entstandenen jüdisch-griechischen Bibelübersetzung »Septuaginta« wird diese Bezeichnung gewählt. In der römischen Zeit wurde diese Bezeichnung ebenfalls immer wieder verwendet, im Osmanischen Reich war Palästina Teil der Provinz »Cham« (Syrien), für die Bezeichnung des britischen Völkerbundmandats nach 1922 wurde wieder der historische Name gewählt.
2. Die Zerstörung Jerusalems durch die Truppen von Kaiser Hadrian erfolgte nach der Niederschlagung des Bar-Kochba-Aufstandes 135 n.Chr. (Der Zweite Tempel war bereits im Jahr 70 am Ende des ersten jüdischen Krieges zerstört worden.) Danach zerstreute sich das jüdische Volk nahezu über die ganze Welt. Jüdische Spuren finden sich in weiten Teilen Asiens und Europas. Die nahezu 2000 Jahre währende Geschichte des jüdischen Volkes zwischen der Vertreibung aus Palästina und der Entstehung des Zionismus beschreibt der israelische Historiker Shlomo Sand in seinem Aufsehen erregenden Buch »Die Erfindung des jüdischen Volkes«. Empfehlenswert in diesem Zusammenhang ist auch das Buch »Der dreizehnte Stamm. Das Reich der Khasaren und sein Erbe« von Arthur Koestler.

Tagesordnung. Die Hoffnungen der meisten regionalen Völker und Herrscher auf Selbstbestimmung wurden jedoch brutal – und wenn nötig auch mit militärischer Gewalt – den Interessen der beiden damals dominierenden europäischen Kolonialmächte England und Frankreich untergeordnet. Sowohl die Ambitionen der Palästinenser als auch jene der Juden mussten sich den Wünschen der neuen Herrscher fügen, wobei die Juden das »Spiel« der europäischen Eliten bei weitem besser beherrschten als die Araber.

Das Jahr 1917 wird in der jüngeren Geschichte des palästinensischen Volkes als entscheidendes Datum angegeben, da am 4. November der britische Außenminister Arthur James Balfour in einem Schreiben an den führenden Zionisten Baron Lionel Walter Rothschild namens der Regierung Ihrer Majestät den Anspruch des jüdischen Volkes anerkennt, in Palästina eine »nationale Heimstätte für das jüdische Volk« errichten zu können. Diese »Balfour-Deklaration« stellte einen zweifachen Rechtsbruch dar: Zum einen hatten die Briten – der Erste Weltkrieg war noch im Gange und Palästina noch Teil des Osmanischen Reiches – absolut keinerlei Verfügungsgewalt über diese Territorien, zum anderen setzte man sich völlig über die Interessen der überwiegenden Mehrheit der Bewohner Palästinas hinweg. Wenn man so will, also ein doppelter Betrug. Die kaltblütige Enteignung des palästinensischen Volkes hatte aber de facto bereits zwei Jahrzehnte zuvor, nämlich am 29. August 1897 am Zionistischen Weltkongress in Basel begonnen. Dort wurde die Gründung eines jüdischen Staates in Palästina beschlossen, wobei die Rolle der dort lebenden Bevölkerung bei den Planungen der Zionisten keine besondere Rolle spielte.[3] Die 20 Jahre zwischen Basel und der »Balfour-Deklaration« nutzte die äußerst einflussreiche zionistische Lobby, um bei den Mächtigen in der Welt für ihre Pläne zu werben.

3. Zum Zeitpunkt des Zionistenkongresses lebten 47.000 Juden (9,4%) und 453.000 arabische Palästinenser (90,6%) in Palästina. Das Land gehörte zu 99,5% den Palästinensern. Aus: A Survey of Palestine – Prepared in December 1946 and January 1947 for the Information of the Anglo-American Committee of Inquiry. Jerusalem 1946. Zitiert nach: Walter Hollstein, Kein Frieden um Israel. Zur Sozialgeschichte des Palästina-Konflikts. Wien (Promedia) 1984.

Am 4. November 1917 war es dann so weit, obwohl die rechtliche und faktische Voraussetzung, nämlich die Vernichtung des Osmanischen Reiches, noch nicht gegeben war. Man mandatierte sich in kolonialer Manier einfach selbst, genauso wie der britische Parlamentarier Mark Sykes und der französische Diplomat François Picot 1916 bereits den gesamten Orient zwischen England und Frankreich aufgeteilt hatten. Die Vereinbarungen der Sieger des Ersten Weltkrieges wurden dann auch den Pariser Friedensverträgen zugrunde gelegt. Der Völkerbund übergab Palästina im Jahr 1922 an Großbritannien. Die willkürliche und den Interessen der überwiegenden Mehrheit der betroffenen Bevölkerung völlig zuwiderlaufende Vorgangsweise ist in der einschlägigen Geschichtsschreibung hinlänglich beschrieben und diskutiert worden. In diesem Buch befasst sich Petra Wild ausführlich mit diesen kolonialistischen Machenschaften.

Die Zionisten hatten nie vor, die Palästinenser fair und gerecht zu behandeln

Es gibt unterschiedliche Einschätzungen, inwieweit die Zionisten bereit waren, die Interessen der indigenen Palästinenser bei ihren Plänen zu berücksichtigen. Es mag durchaus israelische Politiker gegeben haben, die nicht von Haus aus auf eine Vertreibung und Enteignung aus waren. Aus heutiger Sicht kommt man aber nicht umhin festzustellen, dass sich zumindest jene, die sich bereits in der Frühzeit der zionistischen Bewegung für ein möglichst scharfes und brutales Vorgehen aussprachen, durchsetzen konnten. Die heute in Israel regierenden Politiker sind allesamt Nachfolger der sogenannten revisionistischen Zionisten von Anfang des 20. Jahrhunderts. Deren Führer und Ideologe Vladimir (Zeev) Jabotinsky schrieb bereits 1923 in einem Artikel mit dem richtungsweisenden Titel »Die eiserne Wand«: »Die Palästinenser werden kämpfen, solange noch eine Hoffnung besteht .... Man muss die

Kolonisierung gegen den Willen der palästinensischen Araber durchführen.«[4] Radikale Rassisten wie Jabotinsky sind die Gründer jener Partei, die unter ihrem aktuellen Namen Likud seit Jahren die israelische Politik beherrscht. Wer sich die Äußerungen des gegenwärtigen Likud-Chefs und israelischen Ministerpräsidenten Benjamin Netanjahu ansieht, erkennt unschwer das Vermächtnis der frühen Revisionisten. Netanjahu war 1993 im israelischen Parlament der Wortführer gegen die Osloer Grundsatzerklärung, hat sich wiederholt gegen die Zweistaatenlösung ausgesprochen und ist einer der stärksten Förderer der völkerrechtswidrigen Siedlungspolitik.[5] Bemerkenswert und höchst alarmierend ist die Tatsache, dass es im israelischen Parlament inzwischen einige Parteien gibt, die weit rechts von Likud stehen.

Dass die israelische Linke den Palästinensern grundsätzlich freundlicher gegenübersteht, ist eine vor allem in Europa lange gehegte und gepflegte Ansicht, die aber einer kritischen historischen Analyse kaum standhält. Als Schüler von Bruno Kreisky, der wohl wie kein anderer europäischer Staatsmann der 1960er- bis 1980er-Jahre die israelische Politik und ihre Akteure aus nächster Nähe kannte, erinnere ich mich an einen oft gefallenen Satz über die israelische Politik, wonach der primäre Unterschied zwischen der israelischen Linken und Rechten hauptsächlich in der Wortwahl liege. Dazu einige Belege:

Der legendäre Staatsgründer Israels, David Ben Gurion, hat am 5. Oktober 1937, also mehr als zehn Jahre vor der Gründung des Staates der Juden, Folgendes an seinen Sohn Amos geschrieben: » Ich bin mir sicher, wir werden auch in allen anderen Teilen des Landes siedeln,

4. »Die eiserne Wand«, veröffentlicht am 4. November 1923 in der in Paris erscheinenden russischsprachigen Zeitschrift *Razsviet*. Übrigens übernahm Avi Schlaim, kritischer israelischer Historiker, der der Gruppe der »neuen israelischen Historiker« zugerechnet wird, für sein umfangreiches Werk über die Geschichte Israels den Titel »Iron Wall«.

5. Legendär ist der 2014 auf YouTube veröffentlichte Mitschnitt eines Gesprächs von Netanjahu mit israelischen Siedlern im Jahr 2001, in dem er sich – ganz in Inhalt und Ton der rechtsradikalen Siedler – gegen die Zweistaatenlösung, für die Ausweitung der Siedlungen und für möglichst harte Schläge gegen die Palästinenser ausspricht.

sei es durch ein Abkommen und einem beidseitigen Verständnis mit unseren arabischen Nachbarn oder auf andere Weise. Wir errichten jetzt einmal einen jüdischen Staat, auch wenn er sich nicht über das ganze Land erstreckt. Der Rest wird mit dem Lauf der Zeit kommen. Er muss kommen.«[6] Noch deutlicher äußerte sich Ben Gurion am 12. Juni 1938 vor der Exekutive der Jewish Agency: »Ich bin für zwangsweise Umsiedlung. Ich kann nichts Unmoralisches darin sehen.«[7] Es gäbe noch zahlreiche ähnliche Aussagen führender israelischer Sozialdemokratinnen der ersten Generation. Golda Meirs Statement »Ich kenne kein palästinensisches Volk« ist legendär.

Mit einem Wort: Die zionistischen Staatsgründer Israels dachten nie daran, eine faire und auf gleicher Augenhöhe abgeschlossene Vereinbarung mit den PalästinenserInnen abzuschließen. Für sie ging es in Wirklichkeit immer um alles, um Eretz Israel. Wie das Zitat Ben Gurions beweist, war auch ihre Zustimmung zur Zweistaatenlösung 1947 eine taktische.[8] Parallel dazu hatte man bereits detaillierte Pläne, welche die massenweise Vertreibung der Palästinenser aus ihrer Heimat vorsahen.[9]

Eine ausführliche Einschätzung der Motive jener israelischen Sozialdemokraten, die Oslo verhandelt und abgeschlossen haben, würde den Rahmen dieses Vorwortes sprengen. Dennoch: Zu Shimon Peres' Opportunismus ist bereits viel geschrieben worden[10], Jitzchak Rabin ist

6. Avi Schlaim, The Iron Wall. London 2000, S. 21
7. Ilan Pappe, The Ethnic Cleansing of Palestine. Oxford 2007, S. 9
8. Simcha Flapams wieder aufgelegtes Buch »Die Geburt Israels. Mythos und Wirklichkeit« bietet eine ausgezeichnete Schilderung der Gründungsjahre Israels aus der kritischen/selbstkritischen Sicht eines linkssozialistischen Zionisten. Auf Seite 50 der Originalausgabe findet sich zur UN-Teilungsresolution Folgendes: »Das Ja zur UN-Teilungsresolution war also, kurz gesagt, ein Paradebeispiel für zionistischen Pragmatismus. Es war eine taktische Billigung eines Kompromisses, in dem man einen wichtigen Schritt in die richtige Richtung sah, ein Sprungbrett für eine weitere Expansion, sobald die Bedingungen dafür günstig waren.«
9. Siehe dazu die Beschreibungen in Ilan Pappes Buch »Die ethnische Säuberung Palästinas«, Kapitel 4 und 5.
10. Siehe dazu die kritische Biografie einer jungen israelischen Sozialwissenschaftlerin: Tamar Amar-Dahl, Shimon Peres. Friedenspolitiker und Nationalist. Paderborn (Schöningh Verlag) 2010.

da schon etwas schwerer einzuschätzen. Er wäre eventuell tatsächlich jemand gewesen, der den revisionistischen Zionisten in den Arm hätte fallen können. Leider ließ die Geschichte dies nicht zu. Was allerdings bleiben wird, sind seine Befehle während der Intifada und sein Spruch: »Brecht ihnen die Knochen!«

Somit repräsentiert sich Israel heute als ein von radikalen Nationalisten, Rassisten und religiösen Fanatikern geführtes Land. In diesem Zusammenhang möchte ich besonders auf den Beitrag von Miko Peled hinweisen. Dieser hält seinem Land einen Spiegel vor, der eine fanatische und hasserfüllte Grimasse zeigt. Ob Israel seinen aggressiven und rechtswidrigen Weg fortsetzen kann, hängt sicherlich nicht ganz unwesentlich davon ab, inwieweit die internationale Staatengemeinschaft sich weiterhin von einem Staat, der Menschen- und Völkerrecht konsequent und andauernd negiert und offensiv verletzt, an der Nase herumführen lässt.

Israel, der Rechtsbrecher

Über das merkwürdige Verhältnis Israels zu den Vereinten Nationen sind bereits unzählige Bände gefüllt worden. An sich stellt es puren Zynismus dar, dass ein Land, das seine Existenz einem Beschluss der UNO verdankt, ein durch und durch gestörtes Verhältnis zur Weltorganisation hat. Israel kritisiert in regelmäßigen Abständen die Einseitigkeit der UNO und ihrer Organisationen, die sich mit Israel so oft wie mit keinem anderen Land beschäftigten. Dies ist tatsächlich der Fall; was Israel und seine Lobby dabei unerwähnt lassen, ist die Tatsache, dass es kein UN-Mitglied gibt, welches derartig oft und provokant nachhaltig UN-Beschlüsse ignoriert.

Dass fast alle derartigen Beschlüsse keine Konsequenzen nach sich ziehen, ist der nahezu kritiklosen Unterstützung seitens der USA bei Abstimmungen im UN-Sicherheitsrat zuzurechnen. Ob sich das in näherer Zukunft ändern wird, ist angesichts der Unberechenbarkeit der Trump'schen Administration schwer einzuschätzen. Die bisherigen politischen Signale, vor allem aber die israelbezogenen Personalentscheidungen in Washington, machen eine radikale Veränderung mehr als fraglich.

Der jüngste Zwischenfall bezüglich einer Studie der UN-Wirtschafts- und Sozialkommission für Westasien ESCWA hat wieder einmal ein deutliches Schlaglicht auf die Machtverhältnisse gerichtet. Der Bericht »Israels Vorgehen gegen das palästinensische Volk und die Frage der Apartheid« war gerade fertiggestellt und daher auch kaum noch bekannt, da forderten Israel und die USA bereits die Entfernung der Studie von der Webseite von ESCWA. Man lehnte – wie immer bei derartigen Fällen – eine inhaltliche Diskussion ab und griff zur Zensur. Der soeben erst ins Amt gekommene sozialdemokratische portugiesische UN-Generalsekretär beugte sich, nicht so die Direktorin von ESCWA; diese trat von ihrem Posten zurück.

Der Vorfall reiht sich in eine lange Reihe von Zensur- und Disziplinierungsmaßnahmen ein. Damit sollen UN-MitarbeiterInnen unter Druck gesetzt und eine kritische Diskussion verhindert werden. Dass Israel – übrigens wie auch sein Mentor USA – manche UN-Organisationen boykottiert und diskreditiert, bis hin zum Internationalen Gerichtshof, passt da ins Bild.

Einer der Autoren der genannten Apartheidstudie, der frühere UN-Palästina-Berichterstatter Richard Falk, befasst sich in einem ausführlichen Beitrag mit seinem Erfahrungen in und mit der UNO, vor allem behandelt er die seit Jahren geführte Debatte über Vergleichbarkeiten und Ähnlichkeiten zwischen dem südafrikanischen Apartheidsystem und den Unterdrückungsmechanismen Israels gegenüber der palästinensischen Bevölkerung. Er kommt zu dem kaum überraschenden Ergebnis: die Unterdrückung und Entrechtung der PalästinenserInnen in Israel und in den von Israel besetzten/kontrollierten Gebieten ist dem seinerzeitigen südafrikanischen Apartheidsystem sehr ähnlich, in manchen Bereichen übertrifft sie dieses sogar!

Die Palästinenser: orientierungslose Führung, aber aktive und aufmüpfige Jugend

Die palästinensische Politik ist seit Jahren durch eine weitgehende Orientierungs- und Führungslosigkeit charakterisiert. Dafür ist einerseits die nach wie vor herrschende Spaltung zwischen Hamas und Fatah verantwortlich, aber auch interne Querelen und Positionskämpfe sowie die seit dem »Arabischen Frühling« herrschenden innerarabischen Differenzen und Konflikte. Der sehr oft bei Diskussionen dahingesagte Satz, wonach die Palästinenser die ersten Opfer des »Arabischen Frühlings« seien, da die arabische Solidarität und Unterstützung deutlich nachgelassen haben, ist nicht ganz von der Hand zu weisen. Natürlich war es zu erwarten, dass ein derartig tiefgreifender gesellschaftspolitischer Konflikt, wie es der »Arabische Frühling« war, auch das palästinensische Volk, seine Parteien und Gruppierungen sowie auch seine politische Führung in seinen Bann ziehen wird. Und dann ist es auch verständlich, dass kriegerische Konflikte wie jene in Libyen, Syrien, Irak und Jemen, um nur die größten Krisenherde zu nennen, von der jahrzehntelangen Dauerkrise in Palästina ablenken. Somit ist die Feststellung vom ersten Opfer also durchaus zutreffend, zudem Israel es geschickt ausnützt, die innerarabischen/innerislamischen Differenzen zu seinen Gunsten auszunützen.

Wir haben bei der Auswahl der palästinensischen AutorInnen für dieses Buch darauf geachtet, Stimmen aus den unterschiedlichsten Generationen, politischen und beruflichen Positionen zu finden. Es ist uns – so glaube ich – durchaus gelungen und die Beiträge geben äußerst interessante Einblicke in die Denk- und Arbeitsweisen unterschiedlicher palästinensischer Akteure. Eines fällt sogleich auf: Die Beiträge von jüngeren, zumeist in der Zivilgesellschaft tätigen AutorInnen sind im Ton kritischer und – das mag jetzt überraschen – optimistischer. Dies trifft auf jeden Fall auf die Artikel von Omar Barghouti, dem Gründer der inzwischen weltweit aktiven BDS-Bewegung, und

Tariq Dana von der Birzeit-Universität zu. Die beiden wie auch die Ökonomin Nur Arafeh, die sich mit der wirtschaftlichen Situation in den besetzten Gebieten befasst, repräsentieren eine gut ausgebildete, aktive und – im besten Sinn des Wortes – unangepasste Generation. Es ist jene Generation, der Roger Heacock, jahrzehntelang Professor in Birzeit, den man längst als »Herzenspalästinenser« bezeichnen kann, in seinem detailreichen Aufsatz über den Widerstand des palästinensischen Volkes ein Denkmal setzt. Die Situation in Palästina ist also höchst kompliziert und gefährlich. Aber es gibt ihn noch und wieder, den Geist des Widerstandes und der Standhaftigkeit, des »sumud«. Auch die Beiträge der etablierteren Autoren Salah Abdel Shafi, Nasser al-Kidwa und Rashid Khalidi sehen Hoffnung und Perspektiven. Trotz 100 Jahren des Betrogen-, Hintergangen- und Vertröstetwerdens hat das palästinensische Volk seine Identität nicht verloren und seine Ziele nicht vergessen.

Somit möchte ich mich zum Abschluss beim Promedia Verlag bedanken, dass er mir ermöglichte, mein drittes Buch zu meinem wichtigsten Forschungs- und Aktionsgebiet Palästina herauszubringen. Für mich war es einfach unvorstellbar, zu diesem Gedenkjahr kein Buch zu diesem Thema zu veröffentlichen. Herzlicher Dank also an meinen Verleger und Freund Hannes Hofbauer, der auch in seiner üblichen penibel Weise das Lektorat besorgt hat, und an Stefan Kraft, der für Grafik und Produktion zuständig war. Ich habe auch bewusst überwiegend AutorInnen aus dem nicht-deutschsprachigen Raum eingeladen, denn die Diskussionen und Auseinandersetzungen in Deutschland und Österreich laufen angesichts der besonderen historischen Situation und auch einer sehr aktiven und bei ihren Methoden nicht wählerischen Israel-Lobby nicht immer so offen und demokratisch ab wie in anderen Staaten. In der Schweiz ist die Situation als »Nicht-Täterland« schon etwas entspannter. Somit bleibt mir noch der Dank an die ausgezeichneten und engagierten ÜbersetzerInnen Magda und Ibrahim Assem, Kerstin Dohnal, Regina Elias und Gregor Kneussel. Möge dieses Buch das Wissen über und das Verständnis für den nun bereits einhundertjährigen Kampf des palästinensischen Volkes um Unabhängigkeit und Selbstbestimmung verbessern.

Fritz Edlinger
Wien, im August 2017

Vom Basler Kongress 1897 bis zur Balfour-Deklaration 1917: Die Anfänge des Zionismus

Petra Wild

Der Zionismus entstand Ende des 19. Jahrhunderts im europäischen jüdischen Kleinbürgertum. Er war nicht nur eine Reaktion auf den zunehmenden Antisemitismus, sondern auch die Verkörperung der damals vorherrschenden kolonialistischen, rassistischen und nationalistischen Strömungen. Ab 1882 brachen in Russland Gruppen von Juden auf, um sich in Palästina anzusiedeln, das damals zum Osmanischen Reich gehörte und etwa eine halbe Million Einwohner zählte, darunter 4% Juden. Die Einwanderung nach Palästina wurde von der Organisation »Hovevei Zion« geleitet, und schon diese frühen Siedler verstanden sich als Kolonialisten. Baron Edmund de Rothschild, der in den Aufbau eines Plantagenkolonialismus in Palästina investierte, förderte das jüdische Siedlungsprojekt. Während der ersten Einwanderungswelle (1. Aliya) von 1882 bis 1903 kamen 20.000 bis 30.000 zionistische Siedler ins Land.

Zu einer erfolgreichen Kolonialbewegung wurde der Zionismus jedoch erst mit der Gründung der Zionistischen Organisation (ZO) im August 1897 in Basel, die sich später in Zionistische Weltorganisation (WZO) umbenannte. Auf dem Gründungskongress anwesend waren 204 Delegierte, von denen etwa ein Drittel aus Russland stammte. Im Basler Programm, das auf dem Kongress verabschiedet wurde, heißt es: »Der Zionismus erstrebt die Erwerbung einer sicheren Zuflucht für das Volk Israel in Eretz Israel durch eine öffentliche Entscheidung.« Weiters setzte sich die ZO zum Ziel: »… die Förderung … der Kolonisierung Palästinas durch jüdische landwirtschaftliche und industrielle Arbeiter.« Außerdem wurde die Notwendigkeit betont, »die Juden in allen Ländern der Diaspora zu vereinen, ihr nationales jüdisches Bewusstsein zu stärken und eine politische Aktion zu organisieren, um die Unterstützung von Regierungen für die zionistischen Pläne zu erlangen.«[11]

Zum ersten Vorsitzenden der Zionistischen Organisation wurde Theodor Herzl gewählt, der bereits 1896 in seiner programmatischen Schrift »Der Judenstaat« die Vision der aufkommenden zionistischen Kolonialbewegung dargelegt hatte. Da die Zionisten die Prämisse der Antisemiten übernommen hatten, dass Juden und Nicht-Juden nicht zusammenleben können, sahen sie die Lösung der Probleme in der Gründung eines jüdischen Nationalstaates außerhalb Europas. Voraussetzung dafür war, dass die Religionsgemeinschaft der Juden unter dem Einfluss der damals vorherrschenden nationalistischen Ideologien als Nation oder Volk – und zeitweise auch als »Rasse« – umdefiniert wurde.[12]

In den ersten Jahren ihrer Existenz legte die ZO die organisatorischen Grundlagen, suchte nach einer internationalen Schutzmacht und begann sich mit siedlerkolonialistischen Modellen auseinanderzusetzen, die für ihr Siedlungsprojekt in Palästina geeignet sein könnten. Zu den ersten Körperschaften, die gegründet wurden, gehörten der »Jüdische Kolonialtrust« 1902 und der »Jüdische Nationalfonds (JNF)« 1901, dessen Aufgabe der Erwerb von Land war. Da die zionistische Bewegung in der ersten Phase ihrer Existenz weder über politische noch militärische Macht verfügte, war sie zunächst darauf angewiesen, sich das Land in Palästina mittels Landkauf anzueignen.

In den ersten Jahren ihrer Existenz gab es innerhalb der zionistischen Kolonialbewegung zwei miteinander in Widerstreit stehende Ansätze. Eine Fraktion – verkörpert von »Hovevei Zion« – verfolgte

11. Jakob Moneta, Zionismus zwischen nationaler Befreiungsbewegung und kolonialistischer Unterdrückung; in: Verein »Gegentagung zum Herzl-Jubiläum« (Hg.), 100 Jahre Zionismus. Befreiung oder Unterdrückung?, Köln 1998, S.15; Clive Christie, Race and Nation: A Reader, London/New York 1998, S. 169

12. Seth J. Frantzman, Israel's Uncomfortable History of Racial Engineering, *Forward*, 21.4.2014; Gabriel Piterberg, The Zionist Colonization of Palestine in the Context of Comparative Settler Colonialism in: Rochelle Davis/ Mini Kirk (Hg.), Palestine and the Palestinians in the 21st Century, Bloomington/Indiana 2013, S. 29

die Linie der praktischen Kolonisierung Palästinas. 1882 gründete sie mit Petach Tikva die erste landwirtschaftliche Siedlung in Palästina. Die andere Fraktion, angeführt von Theodor Herzl, drang darauf, das Kolonisierungsprojekt erst nach der Erlangung internationaler Garantien in die Praxis umzusetzen. Herzl machte sich über den »Kleinkolonialismus« von »Hovevei Zion« lustig. Seine Vorstellung war, die jüdische Bevölkerung Europas nach der Erlangung einer internationalen Charta in großer Zahl nach Palästina zu bringen. So konzentrierte sich die WZO zunächst auf die Suche nach einem starken Bündnispartner. Theodor Herzl sprach beim deutschen Kaiser und im russischen Zarenreich vor und verhandelte mit dem osmanischen Sultan, unter dessen Kontrolle Palästina damals stand. Herzl bot den Großmächten Vorpostendienste für europäische Interessen an. In »Der Judenstaat« heißt es: »Für Europa würden wir dort ein Stück des Walls gegen Asien bilden, wir würden den Vorpostendienst gegen die Barbarei besorgen.«[13] Das einzige Angebot einer Charta kam 1903 von der britischen Krone und galt für das fruchtbare Hochplateau von Kenia (der sogenannte Uganda-Vorschlag), dessen Kolonisierung Großbritannien beabsichtigte. Doch nach heftigen Debatten setzten sich in der WZO die Palästina-Zentristen durch.

Vom Plantagenkolonialismus zum reinen Siedlerkolonialismus

Da es zunächst nicht gelang, eine Charta für Palästina zu erlangen, setzten sich in der Folgezeit innerhalb der WZO die praktischen Zionisten durch. 1903 wurde eine Kommission eingesetzt, die die Möglichkeiten der praktischen Kolonisierung Palästinas prüfen sollte. Auf dem 8. Zionistischen Kongress 1907 sprach sich Chaim Weizman für die Verknüpfung von praktischem und politischem Zionismus aus. Dieser

13. Theodor Herzl, Der Judenstaat, Leipzig/Wien1896, Militaria Faksimiledruck zur Dokumentation der Geistesentwicklung, herausgegeben von Helmut Rosenfeld und Otto Zeller, Osnabrück 1968, S. 29

Ansatz wurde in der Folgezeit als »synthetischer Zionismus« oder »allgemeiner Zionismus« zur Leitlinie der Organisation. 1908 eröffnete die Zionistische Weltorganisation (WZO) in Jaffa das Palästina-Büro, dessen Aufgabe der Erwerb von Land und die Ansiedlung von zionistischen Kolonialisten war. Doch die WZO wollte weder eine »Kleinkolonisation« im Stile von »Hovevei Zion« noch eine Wiederbelebung des gescheiterten Plantagenkolonialismus, mit dem zwischen 1882 bis 1900 von Baron Edmund de Rothschild und der 1891 gegründeten »Jewish Colonial Association (JCA)« experimentiert worden war. Stattdessen begann sie zwischen 1903 und 1909 eine Theorie des reinen Siedlerkolonialismus für Palästina zu entwickeln. Eine wesentliche Rolle spielte dabei der einflussreiche Leiter des Palästina-Büros, Arthur Ruppin. Er ließ sich in seiner Arbeit von zwei Prinzipien leiten, die dem reinen Siedlerkolonialismus entsprechen: der Schaffung zusammenhängender zionistischer Siedlungsblöcke und dem kompromisslosen Bestehen darauf, dass ausschließlich zionistische Siedler in diesen Siedlungen arbeiten durften. Ruppin orientierte sich am Modell der preußischen Ostmark-Kolonisierung, das durch Bevölkerungsaustausch die Polen verdrängen und sich deren Land aneignen sollte. »Ruppins explizite Verwendung des deutschen Kolonisierungsprojekts in der Ostmark als Modell hätte nicht klarer die dem reinen Siedlerkolonialismus entsprechende Denkungsart zeigen können. Der Zweck des deutschen Projekts war die Transformation der Ostmark durch die Enteignung der Polen – sprich ihnen das Land abzuringen – und die Schaffung von Gemeinschaften, die rein deutsch waren und in denen es nur deutsche Arbeit geben würde,« erklärte der israelische Zionismus-Forscher Gabriel Piterberg.[14] Die WZO machte sich das Modell zur Siedlerkolonisierung der Ostmark ab 1904 zu Eigen. Mit der Zeit wurde das Profitmotiv des Plantagenkolonialismus ersetzt durch das demographische Interesse, jüdische Bevölkerungsmehrheiten zu schaffen und so die Kolonisierung Palästinas als nationales jüdisches Projekt zu erreichen.

14. Piterberg, a.a.O., S.30

Die Hinwendung zum reinen Siedlerkolonialismus war eine Folge des Scheiterns des Plantagenkolonialismus in Palästina. Dieser hatte sich am französischen Kolonialmodell in Algerien orientiert und war darauf angelegt gewesen, Profite zu machen. Deswegen wurden viele billige einheimische palästinensische Arbeitskräfte auf den jüdischen Plantagen und Farmen beschäftigt. Das hatte zur Folge, dass die eingewanderten Siedler nur wenig Arbeit fanden und wenn, dann war sie schlecht bezahlt. Zudem stellte Rothschild im Jahr 1900 seine kolonialen Aktivitäten in Palästina ein. Die »Jewish Colonial Association« (JCA), die in dessen Fußstapfen trat, war dem Profitmotiv noch stärker verpflichtet als Rothschild, der kolonialistische mit philantropischen Aktivitäten zugunsten der zionistischen Siedler verbunden hatte. Von der daraus folgenden Krise besonders stark betroffen waren die Kolonialisten der 2. Einwanderungswelle, die 1904–1914 nach Palästina kamen.

Diese Krise führte zu einer Transformation der zionistischen Bewegung. Wenn das Ziel der Errichtung eines jüdischen Staates in Palästina mittels fortgesetzter Kolonisierung des Landes erreicht werden sollte, dann mussten andere Formen der Kolonisierung gefunden werden. Die praktischen Kolonialisten der 2. Einwanderungswelle gaben den Slogan »Eroberung der Arbeit« bzw. »hebräische Arbeit« aus und versuchten durch Aktionen, die jüdischen Farmbesitzer dazu zu zwingen, jüdische statt arabische Arbeiter zu beschäftigen. Doch das scheiterte. Gerettet wurden sie durch die Hinwendung der WZO zur praktischen Kolonisierung. Sie gingen ein Bündnis mit der WZO ein und vereinigten so die bis dahin getrennten Wege der praktischen und der politischen Zionisten. Die »Arbeiterzionisten« begannen sich zunehmend von der »Eroberung der Arbeit« auf die »Eroberung des Landes« zu verlegen und die WZO wurde fortan die dominante jüdische Kolonialorganisation in Palästina.[15]

15. Gershon Shafir, Land, Labor and the Origins of the Israeli-Palestinian Conflict, 1882–1914, Berkeley/Los Angeles/London 1996, S. 147 ff.

Die 2. Einwanderungswelle, mit der 35.000 bis 40.000 Zionisten nach Palästina kamen, wurde prägend für das zionistische Projekt und die spätere Formierung des israelischen Staates. In dieser Phase gründeten sich die zionistischen Arbeiterparteien in Palästina, die zum Hauptträger des zionistischen Kolonialprojekts wurden. Ihr Ansatz war exklusiv: »Eroberung der Arbeit« und »Eroberung des Landes« auf Kosten und unter Ausschluss der einheimischen palästinensischen Bevölkerung. Während die 1. Aliya einen europäischen Plantagenkolonialismus verkörpert hatte, der auf Ausbeutung der Einheimischen basierte, verkörperte die 2. Aliya einen Siedlerkolonialismus, der auf deren Verdrängung zielte.

»Die Kolonisierung der 1. Aliya basierte auf zerstreutem Siedlungsbau und der Ausbeutung von schlecht bezahlten palästinensischen Arbeitern auf Farmen in jüdischem Besitz. Die 2. Aliya ersetzte das durch die Kolonisierung in Form von dichtem Siedlungsbau in exklusiv jüdischen Kolonien und die Vertreibung der arabischen Bewohner,« erklärt der israelische Zionismus-Forscher Gershon Shafir.[16] Zu diesem Zweck wurden unter Anleitung der WZO auf Land, das der JNF erworben hatte, exklusiv jüdische Siedlungen gegründet, die kooperativ bewirtschaftet wurden – die Kibbuze.

Die Kibbuze als Instrumente der Siedlerkolonialisierung Palästinas

Der erste Kibbuz war das 1909 gegründete Degania auf dem Land von Um Djunni, das von der Familie Sursuk in Beirut verkauft worden war. Die Gründung des ersten Kibbuz ging auf die Initiative von Arthur Ruppin zurück. Die Siedler in Degania standen im Dienste der »Palestine Land Development Company«, die dem Palästina-Büro angeschlossen war. Sie verpflichteten sich vertraglich dazu, für diese zu arbeiten und

16. Shafir, Land, Labor, a,a,O, S.xii

den Instruktionen ihrer Angestellten Folge zu leisten. Das Inventar der Siedlung war Eigentum des Palästina-Büros.[17]

Kibbuze wurden zu einem wichtigen Instrument der Siedlerkolonisierung Palästinas. Es ging bei der Hinwendung zu kooperativen Siedlungen weniger darum, einen zionistischen Sozialismus aufzubauen, als darum, eine Siedlungsform zu finden, die den absoluten Ausschluss einheimischer Arbeitskräfte ermöglichte. Kooperative Siedlungen waren die effektivste Form, um die Siedlerkolonisierung des Landes durchzuführen. Das Modell orientierte sich an der preußischen »Siedlungsgenossenschaft« zur Kolonisierung der Ostmark. Während des Ersten Weltkrieges und noch stärker während des britischen Mandats wurden die Kibbuze zu Pfeilern einer exklusiv jüdischen kooperativen Wirtschaft, die unter anderem Bau- und Vermarktungsunternehmen, Versicherungen und Banken sowie das Busunternehmen »Eged« umfasste, von denen später viele zu Giganten der israelischen Wirtschaft aufstiegen. Zudem spielten die Kibbuze eine wichtige militärische Rolle. Sie verkörperten die schleichende Landnahme und die Schaffung einer neuen kolonialen Geographie. Sie markierten die Grenzen des zukünftigen zionistischen Staates. Bis zum Ende des Ersten Weltkrieges wurden 30 Kibbuze gegründet, in denen 446 Arbeiter lebten. Nach dem Ersten Weltkrieg sahen alle zionistischen Fraktionen den Kibbuz als »eine fundamentale und typische Form« der Siedlerkolonisierung Palästinas an.[18]

Die »Wir oder sie«-Logik des reinen Siedlerkolonialismus

Da Palästina ein seit Jahrtausenden besiedeltes Land war, in dem seit der Entstehung ihrer Religion immer auch Juden gelebt hatten, die aber niemals die einzige oder gar die vorherrschende Bevölkerungsgruppe

17. Asa Winstanley, The Receiving End of Our Dreams, New Left Project, 7.10.2010
18. Shafir, Land, Labor, a. a. O., S. 172

stellten, waren Konflikte mit der einheimischen Bevölkerung vorprogrammiert. Die Palästinenser, die die Juden der 1. Aliya noch freundlich aufgenommen und ihnen die Arbeit in der Landwirtschaft beigebracht hatten, begannen sich in dem Maße gegen sie zu wehren, wie die Vertreibung der Bauern von ihrem Land zunahm.

Mit der 1858 unter europäischem Druck vom Osmanischen Reich durchgeführten Landbesitzreform waren europäische kapitalistische Normen des Landbesitzes eingeführt worden. Zuvor hatten palästinensische Bauern über Jahrzehnte oder sogar über Jahrhunderte Staatsland im Gewohnheitsrecht bewirtschaftet und es als ihr Land betrachtet. Nach der Landbesitzreform von 1858 kauften reiche, meist im Ausland lebende Araber Teile dieses Landes auf. Einige von ihnen verkauften dieses Land an den JNF weiter. Das führte zu Konflikten mit der einheimischen palästinensischen Bevölkerung, die von ihrem Land vertrieben wurde, um es für die europäischen Siedler freizumachen.

Die europäischen Siedlerkolonialisten erkannten die Rechte der einheimischen palästinensischen Bevölkerung nicht an, ja, sie machten ihr sogar die Existenz streitig. Ein beliebter zionistischer Slogan war: »Ein Land für ein Volk für ein Volk ohne Land.« Chaim Weizman erklärte 1914: »In seiner Anfangsphase wurde der Zionismus von seinen Pionieren als eine ganz von mechanischen Faktoren abhängende Bewegung konzipiert: da ist ein Land namens Palästina, ein Land ohne ein Volk, und auf der anderen Seite existiert das jüdische Volk, das kein Land hat. Was sonst ist also nötig, als den Edelstein in den Ring zu fügen, dieses Volk mit diesem Land zu vereinen. Die Besitzer des Landes [die Türken] müssen deswegen überzeugt werden, dass diese Heirat vorteilhaft ist, nicht nur für das [jüdische] Volk und das Land, sondern auch für sie.«[19]

Mit dem typischen rassistischen Blick aller europäischen Kolonialisten wurden die nicht-weißen, nicht-europäischen Palästinenser nicht als vollwertige Menschen angesehen. Der britische Zionist Israel

19. Nur Masalha, Expulsion of the Palestinians: The Concept of »Transfer« in Zionist Political Thought 1882-1948 Washington D.C. 1999, S. 5f.

Zangwill sprach ihnen eine gemeinsame nationale Identität ab und bezeichnete sie als »Zeltlager«. Schon Herzl hatte in »Der Judenstaat« ihre Vertreibung nahegelegt. Weizman bezeichnete sie als »die Steine von Judäa, als Hindernisse, die auf einem schwierigen Weg weggeräumt werden müssten.«[20]

Der Bezug auf die Bibel diente zur Monopolisierung der Geschichte Palästinas als exklusiv jüdische Geschichte. Moshe Smilansky von »Hovevei Zion« erklärte 1908: »Es ist entweder – oder: Wenn Eretz Israel – im nationalen Sinn – diesen Arabern gehört, die sich hier kürzlich niedergelassen haben, dann gibt es keinen Grund für uns, hier zu sein und wir müssen offen zugeben: das Land unserer Vorväter ist für uns verloren. Und wenn Eretz Israel uns, dem Volk von Eretz Israel, gehört, dann hat unser nationales Interesse für uns Vorrang vor allem anderen. Es gibt in dieser Sache keinen Raum für Kompromisse.«[21]

Die Balfour-Deklaration

Parallel zu den praktischen Kolonisierungsanstrengungen in Palästina bemühten sich die Zionisten weiterhin um die Unterstützung internationaler Regierungen. Den nationalen Organisationen der WZO in Großbritannien und den USA gelang es, Teile der herrschenden Elite für ihr Kolonialprojekt zu gewinnen. Vor dem Hintergrund des Ersten Weltkriegs und aus eigenen strategischen Interessen begann die britische Regierung im Februar 1917 Verhandlungen mit Chaim Weizman, einem Vertreter der britischen Zionistischen Organisation, über eine öffentliche Erklärung der Unterstützung Großbritanniens für das zionistische Projekt. Das Ergebnis war die Balfour-Deklaration vom 2. November 1917, in der die britische Krone ihre Unterstützung für die Errichtung einer jüdischen »nationalen Heimstätte« in Palästina erklärte. Zwar wurde darin erklärt, dass dadurch die religiösen und

20. Masalha, a. a. O. S. 17
21. Shafir, Land, Labor, a. a. O., S. 209

bürgerlichen Rechte der »nicht-jüdischen« Bevölkerung des Landes nicht verletzt werden dürften, doch das war kein Schutz für die einheimische palästinensische Bevölkerung, sondern im Gegenteil ein Angriff auf ihre Rechte und ihre Existenz. Indem sie, die zu diesem Zeitpunkt noch über 90% der Bevölkerung des Landes ausmachten, als das definiert wurden, was sie nicht sind – »nicht-jüdisch« – wurden sie zur Bevölkerung zweiten Ranges erklärt. Auch die nationalen und politischen Rechte der einheimischen Bevölkerung blieben unerwähnt. Juden machten zu diesem Zeitpunkt 9% der Bevölkerung Palästinas aus und besaßen 2,5% des Landes.[22]

Die WZO war nicht zufrieden mit der Balfour-Deklaration, denn sie hatte das Bekenntnis Großbritanniens zur Umwandlung Palästinas in einen jüdischen Staat gewünscht. In der von Weizman vorgeschlagenen ersten Version war die Rede von der »Wiederherstellung von Palästina als die nationale Heimstätte des jüdischen Volkes« gewesen. Dennoch verkörperte die Balfour-Deklaration die erste internationale Anerkennung zionistischer Ansprüche auf Palästina. Dass die Zionisten ihr Ziel der Umwandlung Palästinas in einen exklusiv jüdischen Staat nicht aufgegeben hatten, wurde an der Erklärung Weizmans auf der Pariser Konferenz 1919 klar: »Ich erklärte, dass wir unter einer jüdischen nationalen Heimstätte die Schaffung solcher Bedingungen in Palästina verstünden, die es uns ermöglichten, 50.000 bis 60.000 Juden jährlich ins Land zu bringen und sie dort anzusiedeln, unsere Institutionen, unsere Schulen und die hebräische Sprache zu entwickeln und schließlich solche Bedingungen zu schaffen, dass Palästina genauso jüdisch sei, wie Amerika amerikanisch und England englisch sei.«[23] Die systematische ethnische Säuberung Palästinas 1948 war die sich daraus ableitende, notwendige Folge.

22. The Committe on the Exercise of the Inalienable Rights of the Palestinian People, The Origins and Evolution of the Palestine Problem Part II 1947-1977, UN New York, 30.6.1979

23. Martin Kloke, The Development of Zionism until the Founding of the State of Israel, EGO European History Online, 7.9.2011

Revolte auf lange Sicht: Intifada

Roger Heacock

Das vormoderne, bäuerlich/beduinische Palästina kannte schon eine Reihe von Aufständen gegen die zentrale Herrschaft,[24] deren konsequentester jener gegen den ägyptischen Regenten Mehmet Ali (in Syrien und Palästina durch seinen Sohn Ibrahim vertreten) in den vornationalen 1830er-Jahren war.[25] Im historischen Rückblick kennt das örtliche kollektive Gedächtnis auch die Niederlage Napoleons bei Akka (Saint Jean d'Acre) und schon lange davor den zwei Jahrhunderte andauernden Kampf gegen die Kreuzfahrer.

Im späten 19. Jahrhundert ging es mit der Ablehnung der Türkisierungskampagne unter Sultan Abdelhamid weiter, nach dem Ersten Weltkrieg mit dem sofortigen, unaufhaltsamen Widerstand gegen die britische Herrschaft, die zionistische Siedlungspolitik und das dem Mandat zugrundeliegende Versprechen, aus Palästina die »Heimat des jüdischen Volkes« zu machen. Diese Welle des populären Widerstands äußerte sich während der Zwischenkriegsjahre auf verschiedene Weise: Kundgebungen, Demonstrationen, an den Völkerbund gerichtete Proteste und Bittschriften, vor allem aber im langen Generalstreik von 1935 und der darauf folgenden dreijährigen »Großen Revolte« gegen die britischen Herrscher und ihre zionistischen Alliierten. Trotz (oder wegen) dem Verlust tausender Kämpfer, hingerichteter Aktivisten sowie exilierter Führer erhielten die palästinensischen Aufständischen 1939 von der britischen Regierung das Versprechen, das Land würde nicht aufgeteilt, die jüdische Einwanderung eingeschränkt und letztlich gestoppt sowie zudem innerhalb weniger Jahre ein Referendum

24. Siehe Gudrun Krämer, Geschichte Palästinas, München 2006
25. Siehe Khaled Safi, Territorial Awareness in the 1834 Palestinian Revolt, in: Roger Heacock (Hg.), Of Times and Spaces in Palestine: The Flows and Resistances of Identity, Beirut 2008, S. 43-54

abgehalten.[26] Bald danach kamen der Zweite Weltkrieg, der Holocaust, die Errichtung des jüdischen Staates und die *Nakba*, während der 750.000 PalästinenserInnen vertrieben wurden. Sie war eine Strategie der ethnischen Säuberung, die dank der militärischen Überlegenheit der Zionisten und insbesondere auch einer Reihe von Protogenoziden gelingen konnte.[27] Diese aufeinanderfolgenden dramatischen und traumatischen Geschehnisse bestimmten über Generationen hinweg das kollektive Gedächtnis. Es wurde auch zur konstituierenden Grundlage jeder glaubhaften akademischen Studie und jeder ernsthaften Politik.

Die kämpferische Tradition der Einwohner muss auch damit in Verbindung gebracht werden, dass Palästina seit den Anfängen der zionistischen Kolonisation das schlagende Herz einer breiteren, arabischen Identität geworden ist. Dabei spielte die Wahrnehmung der Region als Heiliges Land eine Rolle, es war aber zweifellos die britische Balfour-Erklärung von 1917, die das Land Fremden versprach. Sie machte damit Palästina zum Symbol des arabischen Selbstbewusstseins. Natürlich gab es für den kämpfenden Arabismus wichtige Vorgänger: den Widerstand gegen Italiens Invasion in Libyen 1911 und den des syrischen Volkes gegen die Franzosen in den 1920er-Jahren, um nur zwei Beispiele zu nennen. Aber Palästina war seit 1917 eine gesamtarabische Angelegenheit. Und die Bezeichnung der Niederlage und Vertreibung von 1948 als *Nakba* erschien zum ersten Mal in der Schrift *Die Bedeutung der Nakba*[28] des syrischen Akademikers Constantin Zureiq. Für ihn könne

26. Siehe das Weißbuch der britischen Regierung von 1939

27. Mit dem Begriff »Protogenozid« wird hier beschrieben, wie an einem bestimmten geografischen Ort die Bevölkerung schrittweise ausgerottet wird, um eine Flucht oder aber eine Kapitulation herbeizuführen. Diese Handlungsart wurde zum Beispiel in Hiroshima/Nagasaki 1945, Srebrenica/Sarajevo 1995, Grozny/Tschetschenien 1999, Fallujah/Iraq 2004, Aleppo/Syrien 2016 angewandt. In Menachem Begins »Revolt« wird diese Handlungsweise und ihre Intention genau definiert, indem er beschreibt, wie die zionistischen Soldaten lediglich die arabischen Dörfer durchfahren und »Deir Yassin! Deir Yassin!« schreien mussten, um die ganze Bevölkerung zur Flucht zu bringen (in Deir Yassin bei Jerusalem wurden Dutzende unbewaffneter Zivilisten – hauptsächlich Frauen, Kinder und Greise – von zionistischen Milizen massakriert).

28. Constantin Zureiq, Ma'na al-nakba, Beirut 1948

die Katastrophe nur durch die Einigung aller Araber im Kampf gegen Zionismus, Kolonialismus und Reaktion rückgängig gemacht werden. Paradoxerweise mündete diese panarabische Interpretation des Konfliktes um Palästina zuerst in der Entmachtung der Palästinenser durch die arabischen Könige, Präsidenten und Generäle, die um ihre Macht durch den Aktivismus der Palästinenser (und implizit ihrer eigenen Völker) fürchteten. Palästina sollte demnach seine Befreiung dank der Intervention der großen arabischen Staaten erhalten und nicht dank eines einheimischen Aufstandes.

Aufmarsch zum Aufstand

Alles änderte sich nach der Niederlage vom Juni 1967, als Israel mühelos einige arabische Armeen besiegte. So begann die palästinensische Revolution de facto mit dem Beschluss, nicht mehr ihren Erfolg vom Einsatz anderer abhängig zu machen. Die PLO war das Epizentrum der Revolution, Fatah das Epizentrum der PLO, Jassir Arafat das Epizentrum der Fatah. Und so lebte der Widerstand weiter und wurde zunächst aus Amman, dann aus Beirut und letztlich aus Tunis gesteuert. Aber allmählich wuchs das Bewusstsein bei den Palästinensern in den besetzten Gebieten, dass sie selber eine zentrale Rolle spielen mussten im langen Drama um die Befreiung ihres Volkes. Diese Überzeugung hatte sich mit der Vertreibung Arafats und der PLO aus dem Libanon 1982 verfestigt (eine durch den von Israel überwachten Protogenozid in Sabra und Schatila doppelt untermauerte Niederlage).

Der Aufmarsch zur Intifada begann also in Gaza, Jerusalem und der Westbank durch die Manöver und Kontermanöver der Volkskomitees, dem Muster der Frauenkomitees folgend,[29] die zwar von den politischen Parteien (Fatah, Volksfront, Demokratische Front, Kommunistische

29. Siehe zum Beispiel: Islah Jad, From Salons to the Popular Committees: Palestinian Women, 1919–1989; in: Jamal R. Nassar/Roger Heacock (Hg.), Intifada: Palestine at the Crossroads, New York 1990, S. 125-142

Partei) nicht unabhängig waren, aber die nach 1967 eine Vorhutrolle spielten und zum Modell für die Selbstverwaltung der Intifada wurden. Genauso wichtig wie diese Basisbewegungen waren die (heute manchmal vergessenen) semi-offiziellen (doch streng verbotenen) Initiativen seitens der palästinensischen Eliten, die bereits seit den 1970er-Jahren tätig waren, wie die Nationale Front (*al-jabha al-wataniya* – Palestine National Front) oder das Nationale Leitungskomitee (*lajnat al-tawjih al-watani* – National Guidance Committee).[30]

Dieser langsame Aufmarsch zur Revolte wurde von Israel unbewusst dadurch gefestigt, dass es zugleich die gesamte palästinensische Bevölkerung regelmäßig unterdrückte, fortdauernd demütigte und grundsätzlich unterschätzte. Seitens der arabischen Staaten funktionierte es ähnlich, indem sie die Palästinenser unter Besatzung damit zu befriedigen dachten, indem sie ihnen eine beträchtliche Rente zahlten, »Ausdauergelder« – *amwal al-sumud*[31] genannt.

Inzwischen fand die strategische Vereinigung im April 1987 statt, in der die kommunistische Partei (mit ihren vielen Inlandskadern und ihrer Anerkennung der 1947er-Teilung von Palästina in zwei Staaten) in das Exekutivkomitee der PLO gewählt wurde. Danach beschleunigten sich die Ereignisse deutlich. Aber jeder Docht benötigt einen Funken, und für die Palästinenser war es der arabische Gipfel in Amman im November 1987, der den israelisch-palästinensischen Konflikt marginalisierte und Iran zum Hauptfeind der Araber erklärte.[32] Denn

30. Die Rolle und das Ziel solcher Gruppierungen wird in der klassischen Darstellung von Ibrahim Dakkak, eine Schlüsselpersönlichkeit der Vor-Intifada, erläutert: Back to Square One: A Study in the Re-emergence of the Palestinian Identity in the West Bank, 1967–1980, in: Alexander Schölch (Hg.), Palestinians over the Green Line: Studies on the Relations between Palestinians on Both Sides of the 1949 Armistice Line Since 1967, London 1983, S. 64-101

31. Dieses stammt fast ausschließlich von Erdöleinkommen der Golfstaaten.

32. Siehe Youssef Ibrahim, Arabs Smoothe Way to Resume Ties with Egypt, in: *The New York Times* vom 12. November, 1987. »It was the first meeting of Arab heads of state since 1948 that has not centered on Israel or the Arab-Israeli conflict, which received second billing.«, siehe auch: Samih Farsoun/Naseer Aruri (Hg.), Palestine and the Palestinians: A Social and Political History, Boulder 2006, S. 224

die revolutionären Traditionen der Palästinenser waren, wie zuvor dargestellt, tief verwurzelt und weit verbreitet.

Die Intifada: eine Gegenwartsgeschichte in fünf Akten

Der Aufstand begann am 9. Dezember 1987, nachdem am Vorabend ein israelischer Militärlastwagen mehrere nach Gaza heimkehrende Arbeiter in einem höchst symbolischen Unfall getötet hatte. Massenhafte Demonstrationen fanden in den Flüchtlingslagern statt. Der erste Märtyrer der Intifada war Hatem al-Sisi, der am 11. Dezember 1987 in Gaza von der israelischen Armee erschossen wurde. Danach folgten täglich Dutzende Tote und Verletzte ... und auch eine vielfältige, anpassungsfähige, ausgedehnte und im Sinne des asymmetrischen Kampfes strategische Intifada, die nicht, wie üblich geschildert, fünf Jahre von 1987 bis 1993 dauerte, sondern eine ganze Generation bis in die Gegenwart mobilisierte, obwohl sie in aufeinanderfolgenden Wellen stattfand und stattfindet.

1. *Die Intifada der Steine, 1987–1993*

Die erste Phase dominierten Menschen unterschiedlichen Alters und aus verschiedenen sozialen Klassen, die sich spontan organisierten[33] und deren Aktionen in mancher Hinsicht jenen der französischen Sansculottes von 1789 ähnelten. Diese generationenübergreifende Bewegung agierte, indem sie demonstrierte, sie verlangte, sie bedrängte, sie setzte unter Druck, sie drohte, sie marschierte, sie umzingelte, sie löste sich auf und gruppierte sich wieder neu. Zugleich war die Bewegung nicht regellos: Sie agierte während bestimmter Stunden, sie verkündete die

33. Dieses Geschehen wurde dadurch erleichtert, dass im Gegensatz zur Gegenwart die geografische und klassenmäßige Spaltung verhältnismäßig gering war. Siehe: Roger Heacock, La Palestine: Un kaléidoscope disciplinaire, Paris 2009: Es gab in Palästina keine Paschas, keine Fürsten, keine Multimillionäre, das Bewusstsein der Schicksalsgemeinschaft war ebenso lebhaft wie das der Pflichtengleichheit im Angesicht der Todesgefahr.

Hauptregeln des Aufstands. Als sehr schnell die ersten Führungskommuniqués (*bayanat*) erschienen, handelte sie im Rahmen ihrer Richtlinien und bestand darauf, dass die übrigen Bürger diese auch respektierten. In den ersten sechs Monaten der ersten Intifada vertrat die Bewegung den gemeinsamen Willen, die *volonté générale*, die in der Tat von Millionen Palästinensern als höchste Autorität anerkannt wurde. Danach löste sich die Menge auf; das heißt aber nicht, dass Massendemonstrationen nicht mehr stattfanden.

Viele junge Leute fielen bis 1993 oder sie wurden verletzt, Tausende verhaftet, Dutzende deportiert. Eines trat eindeutig zutage: Es gibt grundsätzliche Unterschiede zwischen spontanen Aufmärschen oder Massendemonstrationen und einer zielgerichteten Gruppe. Dies wäre noch näher zu erforschen.[34]

Die Akteure dieser Intifada bewiesen jedoch, dass sie des langen Atems fähig waren. Sie dauerte, in Form von Generalstreiks, örtlichen Demonstrationen und Planungssitzungen, mehrere Jahre an. Dies anerkannte selbst Jitzchak Rabin mit seiner Politik der »harten Schläge«, der diesen Konflikt als einen zwischen mehr oder weniger gleichgestellten Gegnern anerkannte und nicht mehr als reinen Kampf gegen Terroristen erachtete. So ging es fort bis zur Unterzeichnung des »Osloer Abkommens« am 13. September 1993, dem Beginn einer neuen Etappe. Es gibt keinen Zweifel, dass während dieser Phase die überwiegende Mehrheit der Palästinenser politisch dachte, das heißt, sie betrieb die Kunst des Möglichen mit der Bereitschaft, weitgehende Kompromisse einzugehen, sogar oder insbesondere mit ihrem härtesten Gegner, Jitzchak Rabin. Nach der Unterzeichnung von Oslo gab es Demonstrationen der Freude (obwohl organisiert, waren die ausgedrückten Gefühle echt). Trotz allem existierte eine bedeutende Minderheit, welche dieses Abkommen ablehnte, sie wurde vor allem

34. Das Muster im wissenschaftlichen Bereich bleibt George Rudés »The Crowd in the French Revolution«, London 1967, in der er die »Anatomie der revolutionären Masse« analysiert und die konventionelle Behandlung dieser Masse als Abstraktion ablehnt.

von Hamas und der Volksfront getragen. Die meisten Leute in den besetzten Gebieten praktizierten in den ersten Monaten aber eine allgemeine Politik des Abwartens.

2. *Die Intifada der Verhandlungen, 1993–2000*

Die Art und Weise, in der die Osloer Verhandlungen geführt wurden, kam bei einem beträchtlichen Teil der Bevölkerung schlecht an, weil sich lokale Stimmen, die eine viel härtere Gangart vertraten (insbesondere in Bezug auf israelische Siedlungen, die jetzt keineswegs verboten waren), von Jassir Arafat durch seine geheimen Interventionen aus Tunis überrumpelt haben lassen. Ein schnell wachsendes Misstrauen gegen die Palästinensische Autonomiebehörde (PA) war die Folge. In weniger als einem Jahr vermehrten sich die Kritiken an Autoritarismus, an Korruption und an der grassierenden Ineffizienz. Bekannte Persönlichkeiten wie Edward Said[35] und Hanan Ashrawi[36] meldeten sich zu Wort sowie auch die ohnedies kritischen Parteien. Dieser Kritik schlossen sich unabhängige Persönlichkeiten (Haidar Abdel Shafi, Ibrahim Abu-Lughod, Abdeljawwad Saleh) an.

Hier beginnt sich auch die Kluft zwischen unterschiedlichen sozialen Gruppen auszubreiten, zuerst zwischen Flüchtlingen und Ansässigen, dann zwischen Einheimischen und Rückkehrern.[37] Ein neueres, klareres Klassensystem begann sich zu bilden, in dem die PLO-Führung nicht nur die Machstellungen innehatte, sondern auch die neuen und beträchtlichen Quellen des Reichtums (Import und Entwicklungshilfe) nutzte.

35. Edward Said, The End of the Peace Process, New York 2001. Dieses Buch ist eine Sammlung seiner immer kritischeren Artikel, in denen er schon nach wenigen Monaten vor dem Bankrott der offiziellen palästinensischen Post-Oslo-Politik warnt.

36. Hanan Ashrawi, This Side of Peace, New York 1995. Obwohl sie gegenüber Arafat loyal blieb (trotz gelegentlicher dramatischer, demonstrativer, kurzer Rücktritte) und der palästinensischen Administration diente, warnte sie hier vor der wachsenden Korruption des neuen Quasistaates.

37. Roger Heacock, Al-mahalliyun wal 'aidun: Locals and Returnees in the Palestinian National Movement, in: Roger Heacock (Hg.), The Becoming of Returnee States: Palestine, Armenia, Bosnia, Birzeit 2000, S. 27-42

Darunter kam das lokale, sogenannte nationale (und nichtdestotrotz Klein-)Bürgertum (Beamte, Kaufleute, freie Berufe) und immer weiter unten die Dorfbewohner und die Flüchtlinge. Laut Oslo sollte die Interimsphase fünf Jahre dauern, gefolgt vom Übergang zur endgültigen »Situation«, was im späten 20. Jahrhundert laut Völkerrecht nur eines bedeuten konnte: Selbstbestimmung und unabhängiger Staat.

Trotz dieser wachsenden sozialen Widersprüche, trotz der Abriegelung Jerusalems, der Isolierung Gazas, der Vernachlässigung der Diaspora (und insbesondere der früheren Fedayin in den Flüchtlingslagern) beweisen empirische Studien, dass die Palästinenser der unterschiedlichen sozialen Klassen – auch die im Libanon lebenden[38] – während dieser Periode mehrheitlich der PLO und ihrem Anführer Jassir Arafat treu blieben. Seine Versprechungen sowie jene der Intifada der Steine bildeten den Motor, der im Großen und Ganzen die Bevölkerung vom Sinn des Durchhaltens überzeugte. Bei den Parlaments- und Präsidentschaftswahlen von 1996 war der Sieg Arafats und seiner Führungspartei, Fatah, ein echter[39] (obwohl es da und dort doch Unregelmäßigkeiten gegeben haben dürfte), der ihm weiterhin die Zustimmung des Volkes für ernste, doch zeitlich begrenzte Verhandlungen garantierte.

Diese Periode bildete also ein echtes Intermezzo. Für die Israelis sollte das Intermezzo jedoch Teil einer länger andauernden Regelung werden, deren Umrisse mit den Abkommen von 1993 bis 1995 fast identisch waren. Die Palästinenser interpretierten die Periode auf eine ganz andere Weise. Arafat hatte nie »sein Gewehr ins Meer geworfen«, er sprach von dem weitergehenden »Dschihad um Jerusalem.«[40] Niemand in der PLO dachte tatsächlich an weitergehende Kämpfe, noch weniger an einen eventuellen bewaffneten Kampf, aber die Führung hatte das

38. Alain Gresh, De l'OLP à l'Etat – La quête ardente des Palestiniens, in: *Le Monde Diplomatique* vom September 1998, S. 22

39. Jean-François Legrain, Les Palestiniens du quotidien: Les élections de l'Autonomie, janvier 1996, Beirut 1999

40. Clyde Haberman, Rabin Says Arafat's »Jihad« Remark Set Back Peace Effort, in: *The New York Times* vom 20. Mai 1994

Volk wohl verstanden. Die Intifada war eingestellt, aber nur solange die diplomatische Intifada – noch immer ein asymmetrischer Kampf zwischen ungleichen Gegnern – eine Chance bot, in Selbstbestimmung zu münden.

Arafat wurde jedoch, seitdem er in Gaza, dann in Ramallah ansässig wurde, de facto der Häftling seines Volkes und dessen Willens. Seine Rückkehr von Tunis nach Palästina war für ihn ein Hauptziel, die einfachen Menschen sahen darin aber nur ein Mittel zum eigentlichen Ziel: die nationale Selbstbestimmung im Rahmen der Grenzen vor dem Sechstagekrieg vom Juni 1967. Das wurde Arafat während der Camp David-Verhandlungen im Sommer 2000 endgültig klar: Während die PLO-Führung dachte, sie hätte eine pragmatische Formel mit Hilfe von US-Präsident William Clinton gefunden, machte der Druck der palästinensischen Straße jeden Kompromiss seitens der PLO zu Jerusalem und der Flüchtlingsfrage unmöglich. Vom Sommer 2000 an, nachdem die israelische Haltung (Interim ist gleich Permanenz) offenkundig wurde, musste ein dritter Akt der Intifada stattfinden. Nur waren seine Umrisse und Methoden bis September unklar.

3. Die al-Aqsa-Intifada, 2000–2004[41]

Die palästinensischen Demonstrationen wurden wieder deutlich mehr; sie wandten sich wie zuvor gegen Israel, aber in Städten wie Ramallah und Nablus auch zunehmend gegen die palästinensische Verwaltung und die eigenen Eliten. Es gab logischerweise auch eine Eskalation in Form gewaltsamer, manchmal tödlicher israelischer Gegenmaßnahmen, besonders nach dem Scheitern von Camp David. Dazu kamen politische Provokationen wegen des immer stärkeren Drucks vonseiten

41. Diese Reflexionen beruhen teilweise auf persönlichen Erinnerungen und Erlebnissen, teilweise auf: Roger Heacock, Seizing the Initiative, Regaining a Voice: The Palestinian al-Aqsa Intifada as a Struggle of the Marginalized, in: Stephanie Cronin (Hg.), Subalterns and Social Protest: History from Below in the Middle East and North Africa, London 2008, Kapitel 12

der israelischen extremen Rechten auf ihre schwache Regierung. Als diese soweit gingen, dass »der Schlächter von Sabra und Schatila«, Ariel Sharon, von 1000 Polizisten umgeben am 28. September 2000 den *Haram al-Scarif, den Tempelberg,* besuchte[42], kam es zu zahlreichen Demonstrationen in Jerusalem, Gaza und der Westbank, die jenen der 1987er-Intifada ähnlich waren. Doch die Antwort der israelischen Polizei und Armee war viel gewaltsamer als 1987, innerhalb weniger Tage kamen ein Dutzend junger Leute und ein kleines Kind, Muhammad al-Durra, das vergeblich Schutz in den Armen seines Vaters suchte, ums Leben.

Ein doppelter Aufstand folgte: In einem teilweise bewaffneten und immer noch völlig asymmetrischen Kampf wurden seitens der Palästinenser die verschiedensten vorhandenen Waffen benutzt, inklusive ihrer eigenen Körper, während es auf israelischer Seite zum regelmäßigen Einsatz von Jagdflugzeugen und Apache-Kampfhubschraubern kam. Nach der militärischen Wiederbesetzung aller palästinensischen Städte durch die israelische Armee im Jahr 2002 und der Belagerung von Arafats Hauptquartier in Ramallah kam es am 11. November 2004 zu seinem bis heute nicht aufgeklärten Tod. Mahmoud Abbas – Abu Mazen – übernahm die Führung der Palästinensischen Autonomiebehörde (PA) und – er war seit seiner Rückkehr in den 1990er-Jahren immer ein Gegner des bewaffneten Kampfes gewesen – bemühte sich um die Beruhigung der Lage. Diese Beruhigung kam allerdings erst zum Tragen, als neue Wege der politischen Meinungsbildung und Partizipation in Form von Neuwahlen angekündigt wurden.

4. Die Intifada der Wahlen, 2005–2007

Nach dem Tod Arafats wurden die ersten Wahlen seit fast einem Jahrzehnt organisiert. Im Jänner 2005 siegte Mahmoud Abbas mit 62 %

42. Für Palästinenser ist der Tempelberg ein Symbol ihres Kampfes um die Errichtung eines unabhängigen Staates mit der Hauptstadt Jerusalem. Israel erhebt ebenfalls Anspruch auf das Gelände.

der Stimmen und wurde zum legitimen Präsidenten der Palästinensischen Autonomiebehörde (und danach der PLO) gewählt. Debatten um seine Illegitimität waren damals unzulässig. Es stimmt, dass Hamas die Wahlen boykottierte und die Zahl der Stimmenthaltungen, besonders im Gazastreifen, hoch war. Es stimmt auch, dass Mustapha Barghouti als Gegenkandidat immerhin 20 % der abgegebenen Stimmen erhielt. Aber das beweist nur, dass, in der arabischen Welt einzigartig, überzeugende und von den Bürgern höchst willkommen geheißene Wahlen stattgefunden hatten.[43] Dies ist ein wichtiger Punkt, denn wir stehen mit diesen Wahlen an der Schwelle einer neuen Phase der Intifada. Die Bürger nahmen sie diesmal sehr ernst. Bereits vor der Präsidentschaftswahl hatte es eine Reihe von lokalen Wahlen gegeben, Arafat billigte sie kurz vor seinem Tode. Diese wurden in vier Runden ausgeführt (Dezember 2004 und Jänner 2005, dann Mai, September und Dezember 2005) und stellten tatsächlich einen bemerkenswerten politischen Fortschritt dar. Sie bewiesen, dass diese Wahlen (bis dato fanden keine weiteren statt) nicht nur eine Art Plebiszit russischen oder ägyptischen Stils waren, sondern die tatsächliche Möglichkeit der Partizipation der Bevölkerung boten, etwas in der gesamten arabischen Welt vor 2011 höchst Seltenes (Libanon ist eine Ausnahme). Die Bürger begrüßten also diese Wahlen und ergriffen die Gelegenheit, ihre Intifada fortzuführen.[44]

43. Was hingegen eindeutig stimmt, ist, dass Abbas für vier Jahre gewählt worden war und dass die Legitimität der Wahlen ihm seit fast einem Jahrzehnt fehlt. Die lokalen Beobachter, wie zum Beispiel der Journalist Hani Masri, sind der Meinung, dass er bis zu seinem Tod an der Macht bleiben will. (In seiner Familie, soll der Präsident zu sagen pflegen, würden die Männer sehr lang leben, und er sei noch nicht einmal 85).

44. Die Menschen hätten die »Intifada der Wahlen« wahrscheinlich schon mit der Präsidentschaftswahl angefangen, wenn Marwan Barghouti, Anführer der Revolte von 2000, kandidiert hätte. Er wurde dann doch von seinen Fatah-Kollegen durch Argumente, die bis heute unbekannt blieben, davon abgehalten. Hamas siegte in al-Bireh, Jenin, Qalqiliya, Nablus, Jerusalem, Hebron und Gaza. Fatah aber gewann in den meisten Dörfern und die Wähler schienen sich dafür zu interessieren, wer am besten lokale Reformen durchführen könne. Diese kurzsichtige Interpretation ist natürlich auch mit der autoritären Tradition der PLO in Verbindung zu setzen und mit ihrem geringen Verständnis für das demokratische politische Spiel.

Bei den Parlamentswahlen im Jänner 2006 erreichte Hamas überraschend einen großen Sieg (76 Sitze gegen Fatahs 45). Sie gewann in jedem Teil der Westbank und Gazas, auch in Jerusalem (der Sieg war noch deutlicher in den ärmeren Regionen). Dieser Erfolg wurde in zweifacher Weise interpretiert: ein Votum für Widerstand und zugleich gegen Korruption.

Israel, Amerika und die Welt wollten dieses Ergebnis nicht akzeptieren:[45] Die Hamas-Regierung wurde international boykottiert, doch konnte sie trotz ihrer mangelnden Erfahrung mehr als ein Jahr aushalten. Viele taten alles, um die Regierung scheitern zu lassen, andere strebten nach Einheit (aber wegen der westlichen Abschreckungspolitik wagten sie es vorerst nicht, dies in die Praxis umzusetzen). Die letzte gesamtpalästinensische Initiative war die Errichtung der Einheitsregierung im März 2007.[46] Diese dauerte aber nur drei Monate, dann löste sich der imaginäre palästinensische Ministaat endgültig auf, eine Situation, die bis heute anhält. Die Intifada der Wahlen war vorbei, obwohl Gaza dafür einen hohen Preis in Form von Invasionen, Bombardierungen, Hunger- und Treibstoffblockaden zahlen musste und bis heute zahlt.

5. Die zeitgenössische Intifada der Verzweiflung

Mit dem gegenseitigen Putsch von Juni 2007 verloren beide Lager (Fatah und Hamas) viel an Legitimität. Die Palästinenser befinden sich damit schon wieder auf der Suche nach einer neuen Führung, bislang erfolglos.[47] Die Situation in den vergangenen zehn Jahren

45. Wegen der Popularität der Moslembrüder im Jemen und in Syrien konnten die Regimes dort unmöglich Wahlen zulassen. Das ägyptische Beispiel nach der Revolution von 2011 (Wahlen, Sieg der Moslembrüder, nach einem Jahr ein Putsch mit Tausenden Toten; in Palästina gab es in 2007 einen ähnlichen Ablauf mit einem doppelten Putsch und Dutzenden von Toten) ist nicht für akzeptabel gehalten worden, trotz einer hundert- und tausendfach höheren Anzahl von Toten in den Bürgerkriegen.
46. Vermittelt durch Saudi-Arabien, was vor der Arabellion von 2011 noch vorstellbar war.
47. Siehe Emile Sahlieh, In Search of Leadership: West Bank Politics since 1967, Washington DC 1989

entspricht daher jener, wie sie Ibrahim Dakkak vor 1987[48] beschrieben hat: »Back to square one.« Die führungslosen Palästinenser suchen also trotz des weit verbreiteten Pessimismus, trotz des international beschleunigten Neoliberalismus, der die Leute von politischen in wirtschaftliche Wesen (*homo oeconomicus*) umformen soll, trotz andauendem Druck und Unterdrückung, trotz weitgehender Isolierung nach neuen Widerstandsstrategien.[49] Man könnte diese Phase auch jene der sporadischen Intifada der Verzweiflung, die auch noch weitere Namen trägt, bezeichnen.

BDS[50], die 2005 gegründete Boykott-Bewegung, ist eine sehr wichtige, jedoch elitäre und internationalisierte Aktion, die bisher die breitere Gesellschaft in Palästina noch nicht begeistern konnte.[51] Zugleich kommt seit 2015 aus den Tiefen der Gesellschaft die sogenannte »Intifada der Messer«, an der unter anderen Einwohner aller palästinensischen Stadtteile von Jerusalem[52] gelegentlich teilnehmen. Und dann kam im Frühjahr 2017 noch der vierzig Tage lange, seitens der Palästinensischen Autonomiebehörde gefürchtete Hungerstreik Hunderter politischer Häftlinge, der von Marwan Barghouti angeführt wurde, eine Aktion, die die ganze Gesellschaft stark mobilisierte.

Die Palästinenser suchen ihren Weg und zugleich eine adäquate Führung. Dieses demografisch jüngste Volk der arabischen Welt ist noch immer bereit zu kämpfen und man muss trotz der gegenwärtigen Phase der Erfolglosigkeit immer mit einer neuerlichen Intifada rechnen. Auf der Suche nach einer ehrenhaften Regelung des Konfliktes, der im langfristigen kollektiven Geschichtsbewusstsein des palästinensischen

48. Siehe Fußnote 30
49. Es gibt keine zuverlässige Alliierten wie zu sowjetischen Zeiten, und der ex-sozialistische Block ist der vielleicht israelfreundlichste aller Regionen.
50. BDS steht als Kürzel für: Boycott, Divestment and Sanctions.
51. Was wahrscheinlich mit der weitverbreiteten Armut in Verbindung steht, obwohl diese Hypothese noch einer ausführlicheren Grundlagenforschung bedürfte.
52. Was ihrer oft zugeschriebenen Tendenz zur Kollaboration tiefgehend widerspricht.

Volkes unauslöschlich verankert ist, wird die nächste Intifada im Zeichen von Selbstbestimmung, Freiheit, Einheit und Demokratie stehen.[53]

53. Die von Fernand Braudel eingeführte, dreiteilige Aufteilung des Zeitbegriffes passt gut zum palästinensischen Ethos, mit seinem am Anfang dieses Kapitels erörteten quasi-geologischen Gedächtnis der langen Dauer oder »longue durée,« seiner Generationen übergreifenden »sozialen Zeit«, inklusive der Erinnerung an die Nakba, die Niederlage von 1967, und den Ausbruch der Revolution und seinem täglichen Ringen in der unmittelbaren Zeit oder »temps immédiat.«

Geschichte der Besatzung der Westbank und des Gazastreifens

Petra Wild

»Israels Verhältnis zu den Palästinensern ist wie Australiens [Verhältnis] zu den Aborigines.«
(Patrick Wolfe)[54]

Die Geschichte der israelischen Besatzung ist die Geschichte einer europäischen Siedlerbevölkerung, die in einem bereits von einer einheimischen Bevölkerung bewohnten Land mit Gewalt und per Gesetz versucht, die einheimische Bevölkerung möglichst vollständig zu verdrängen und sich deren Land anzueignen.

Von der Besetzung der Westbank und des Gazastreifens 1967 bis zum Beginn der 1. Intifada

Im Juni-Krieg von 1967 vervollständigte Israel durch die Besetzung der Westbank und des Gazastreifens die Aneignung des historischen Palästinas. Die israelische Politik in den 1967 besetzten Gebieten folgt einer dezidiert siedlerkolonialistischen Logik. Ihre Hauptcharakteristiken sind Landraub, Siedlungsbau und die Zusammendrängung der einheimischen Bevölkerung auf immer kleiner werdenden Flächen. Dabei wendet Israel mehr oder weniger dieselben Methoden der geographischen und ökonomischen Strangulierung an wie zuvor gegenüber den Palästinensern innerhalb der Grünen Linie. Eine neue koloniale Geographie wird über das Land gelegt und die Spuren der einheimischen Bevölkerung nach und nach getilgt.

Ein erster Schritt dazu war die Umbenennung der Westbank in

54. Patrick Wolfe, New Jews for Old: Settler State Formation and the Impossibility of Zionism in: Arena Journal No. 37/38, Fitzroy/Victoria 2012, S. 285-321

»Judäa und Samaria«. Direkt nach der Besetzung begann der Siedlungsbau. Wie mehrere strategische Siedlungspläne der israelischen Regierung und der an den Regierungsgeschäften beteiligten Zionistischen Weltorganisation (WZO) zeigen, zielte Israel von Anfang an auf die Annexion von Teilen der Westbank. Der Allon-Plan vom Juli 1967 sah Siedlungsbau zur Vorbereitung der Annexion von 40 % der Westbank vor (Jordan-Tal, Ost-Jerusalem und »Judäische Wüste« im Süden der Westbank), der Drobles-Plan der WZO von 1978 dehnte den Siedlungsbau auf den Norden der Westbank aus. Eine Reihe von Militärverordnungen ermöglichte den Zugriff auf palästinensisches Land und durch die Manipulation der alten osmanischen Landgesetzgebung wurden riesige Flächen zu »Staatsland« erklärt und beschlagnahmt. Bis 2017 wurden 250 Siedlungen in der Westbank errichtet, in denen etwa 600.000 Siedler leben.

Noch im Juni 1967 annektierte Israel 70 km² Land in und um Jerusalem, einschließlich 28 palästinensischer Dörfer. Im Masterplan für Jerusalem von 1968 wurde die Errichtung eines Gürtels von zwölf Siedlungen festgelegt, um die palästinensischen Viertel einzuschließen und voneinander zu trennen.[55] Die 7000 Jahre alte Stadt wird schrittweise in eine »jüdische Stadt« umgewandelt, die sie historisch niemals war. Das Maghariba-Viertel mit seinen 135 Häusern wurde komplett zerstört, um dadurch eine riesige Plaza vor der Klagemauer zu schaffen. Das ehemalige jüdische Viertel wurde von seinen nicht-jüdischen Bewohnern gesäubert und territorial erweitert. Der Stadtteil Silwan mit seinen 55.000 Bewohnern, wo Israel die biblische Stadt König Davids lokalisiert, wird schrittweise von zionistischen Siedlern und archäologischen Grabungsstätten übernommen, obwohl es seriösen israelischen Altertumswissenschaftlern wie Israel Finkelstein zufolge keinerlei Belege

55. Human Rights Council, 22. Session, Report of the Independent Fact-Findung Mission to Investigate the Implications of the Israeli Settlements on the Civil, Political, Economic, Social and Cultural Rights of the Palestinian People Throughout the Occupied Palestinian Territory, includings East Jerusalem, S. 23

für die David-Erzählung gibt. König David ist eine biblische Figur und keine historische Persönlichkeit.

Da nach der Vertreibung von 300.000 Menschen während des Krieges noch immer mehr als eine Million Palästinenser in den 1967 besetzten Gebieten lebten, konnte Israel die Gebiete nicht direkt annektieren, ohne die jüdische Bevölkerungsmehrheit zu gefährden. So verlegte sich Israel auf eine Politik der schleichenden Annexion und versucht parallel dazu, die einheimische Bevölkerung möglichst zu reduzieren. Die Maxime wurde bereits Anfang der 1970er-Jahre von Verteidigungsminister Moshe Dayan ausgegeben: »Ihr sollt weiterhin leben wie Hunde und wer immer will, kann gehen – wir werden sehen, wohin dieser Prozess führt ... In fünf Jahren haben wir vielleicht 200.000 Menschen weniger und das ist eine Sache von großer Bedeutung.«[56]

Den Palästinensern wird das Leben möglichst unerträglich gemacht, damit sie das Land verlassen. Die Mittel dazu sind die Zerstörung der Lebensgrundlagen, die Vorenthaltung und der Entzug von grundlegender Infrastruktur und Wasser, die breitflächige Konfiszierung von Land sowie die permanente Terrorisierung durch Siedler und Soldaten. Palästinensische Dörfer, die in den zur Annexion vorgesehenen Gebieten liegen, werden von Israel nicht anerkannt und wurden teilweise zu militärischen »Feuerzonen« erklärt. Die dort lebenden Palästinenser wurden dadurch zu »Illegalen«, die jederzeit vertrieben werden können. In einigen Teilen der Westbank haben die Palästinenser nur zehn oder 20 Liter Wasser pro Kopf und Tag zur Verfügung. Die Siedler hingegen konsumieren 400 Liter pro Kopf und Tag.[57] Zu den wichtigsten Mitteln der Zerstörung der Lebensgrundlagen gehören die Häuserzerstörungen. Da Palästinenser so gut wie keine Baugenehmigungen bekommen, müssen sie illegal bauen. Das liefert Israel die Möglichkeit, die Häuser jederzeit abreißen zu können. 2016 wurden

56. Jonathan Cook, Disappearing Palestine, London/New York 2008, S. 59

57. Btselem, Acting the Landlord: Israel's Policy in Area C, the West Bank, Juni 2013, S. 27ff, S. 59ff.; Human Rights Council, a. a. O., S. 17f

1100 palästinensische Bauten abgerissen. Allein in Ost-Jerusalem ist ein Drittel aller palästinensischen Häuser, in denen mehr als 90.000 Menschen leben, von Zerstörung bedroht.[58]

Die palästinensische Wirtschaft wurde weitgehend ruiniert und auf die Bedürfnisse Israels zugeschnitten. Im Jahr 1970 machte die Landwirtschaft 35 % des Bruttosozialprodukts aus, 1991 waren es nur noch 16 %, 2016 sind es noch 5 %. Bis Mitte der 1980er-Jahre verringerte sich die von Palästinensern landwirtschaftlich kultivierte Fläche um 40 %. Da viele Palästinenser nicht mehr von ihrem Land leben konnten, mussten sie sich als schlecht bezahlte und weitgehend rechtlose Arbeiter in Israel verdingen. Anfang der 1990er-Jahre erwarben 36 % der Palästinenser ihren Lebensunterhalt durch Arbeit in Israel. Die besetzten Gebiete wurden zu einem riesigen Markt für israelische Waren.[59]

Die Suche nach einer kollaborierenden einheimischen Elite

Zur Kontrolle der palästinensischen Bevölkerung suchte Israel von Anfang an das Bündnis mit einheimischen Eliten. In den ersten Jahren der Besatzung vermochten die pro-jordanischen Eliten in der Westbank die Bevölkerung relativ ruhig zu halten. Doch Anfang der 1970er-Jahre setzte sich die PLO als dominante Kraft durch. Die Kommunalwahlen von 1976, die von Pro-PLO-Kandidaten gewonnen wurden, markierten einen Wendepunkt. Als Reaktion darauf verschärfte Israel sein Vorgehen gegenüber den Palästinensern. Auf die gewählten Bürgermeister von Ramallah (Karim Khalaf), al-Bireh (Ibrahim Tawil) und Nablus (Bassam Schaka'a) wurden im Laufe des Jahre 1980 Sprengstoffanschläge verübt, bei denen letzterer beide Beine verlor. 1982 setzte Israel die

58. UN Office for the Coordination of Humanitarian Affairs, Record Number of Demolitions in 2016; Casualty Toll declines, Reliefweb, 29.12.2016; UN OCHA OPT, East Jerusalem Key Humanitarian Concerns, March 2011

59. Adam Hanieh, Lineages of Revolt, Chicago 2013, S.104ff.; White, a. a. O., S. 59f.

Bürgermeister und Kommunalräte mehrerer Städte ab, was zu heftigen Konfrontationen mit der palästinensischen Bevölkerung führte. Parallel dazu setzte Israel ab 1981 mit den »Dorfligen« eine neue kollaborierende einheimische Verwaltung ein, die weitreichende Befugnisse bekam, darunter die zur Erteilung von Bau- und Reisegenehmigungen sowie das Recht, Waffen zu tragen und Verhaftungen vorzunehmen. Doch die »Dorfligen« scheiterten am Widerstand der Palästinenser. Die Konfrontation nahm fortlaufend zu und kulminierte in der 1. Intifada 1987–1993. Dieser Aufstand ging als »Intifada der Steine« in die Geschichte ein. Neben Methoden des zivilen Ungehorsams wurden größtenteils »weiche Waffen« wie Steine und Molotow-Cocktails eingesetzt. Fast 1500 Palästinenser und 185 Israelis wurden in diesem Aufstand getötet.

Der Oslo-Prozess 1993–2000

Der Massenaufstand der Palästinenser endete im September 1993 durch die Unterzeichnung der Oslo-Abkommen. Diese setzten die PLO als einheimischen Vermittler zur Kontrolle der Bevölkerung und Gewährleistung der Sicherheit Israels ein. Zu diesem Zweck wurde 1994 die Palästinensische Autonomiebehörde (PA) gegründet, die begrenzte Selbstverwaltungsbefugnisse erhielt. Das Pariser Protokoll stellte sicher, dass die palästinensische Wirtschaft von der israelischen abhängig blieb. Israel trennte die palästinensische Bevölkerung ab, während es den größten Teil ihres Landes behielt. 1995 wurde die Westbank durch das Oslo II-Abkommen in drei Zonen aufgeteilt. In Zone A (18 %), den palästinensischen Städten, wo die Mehrheit der Palästinenser lebt, erhielt die PA die vollständige Kontrolle. In Zone B (20 %) erhielt die PA die zivile Kontrolle, während Israel weiterhin für die Sicherheit verantwortlich ist. Faktisch dringt die israelische Armee jedoch regelmäßig in die palästinensischen Städte in Zone A ein. Zone A und B sind keine zusammenhängenden Gebiete, sondern unterteilt in 165 kleine Kantone, die von Zone C umgeben sind. In Zone C (62 %), wo die meisten israelischen Siedler und nur sehr wenige Palästinenser leben, behielt Israel die vollständige Kontrolle.[60] Dort intensivierte Israel nach der Unterzeichnung der Oslo-Abkommen den Siedlungsbau und die Vertreibungsprozesse. In den Jahren 1993 bis 2000 verdoppelte sich die Anzahl der Siedler in der Westbank von 100.500 auf 191.600. Im gleichen Zeitraum beschlagnahmte Israel etwa 141 km² Land.[61]

Aus Protest gegen die Oslo-Abkommen eröffnete der aus den USA stammende Siedler Baruch Goldstein im Februar 1994 in der Ibrahimi-Moschee in al-Khalil/Hebron das Feuer auf betende Palästinenser, tötete 29 von ihnen und verletzte über 100 weitere. Israel nutzte das Massaker, um die Moschee zwischen Muslimen und Juden aufzuteilen und Teile der Altstadt, in der es mehrere zionistische Siedlungen gibt, für Palästinenser unzugänglich zu machen. Nach dem Massaker führten islamistische Organisationen mehrere Selbstmordattentate durch. 1995 wurde Ministerpräsident Rabin von einem national-religiösen Zionisten ermordet.

Die 2. Intifada 2000–2005

Fortgesetzter Landraub und Siedlungsbau sowie die Unzufriedenheit mit der Autonomiebehörde führten im Herbst 2000 zum Ausbruch der 2. Intifada. Der Auslöser war das Eindringen des israelischen Oppositionspolitikers und späteren Ministerpräsidenten Ariel Scharon auf den Haram al-Scharif/Tempelberg am 28. September in Jerusalem, wo die al-Aqsa-Moschee und der Felsendom liegen. Das war ein Bruch der seit Jahrzehnten geltenden Status-quo-Vereinbarung, der zufolge das Gelände muslimischer Kontrolle untersteht. Die al-Aqsa-Moschee ist nach Mekka und Medina das drittwichtigste Heiligtum des Islams.

60. Siehe dazu die Landkarten im Anhang.

61. Centre on Housing Rights (COHRE)/BADIL, Ruling Palestine. A History of the legally sanctioned Jewish-Israeli Seizure of Land and Housing in Palestine, May 2005, S. 140; Ben White, Israeli Apartheid. A Beginner's Guide, London/New York 2009, S. 59f.

Für Palästinenser ist sie überdies ein Hauptsymbol ihres Kampfes um Befreiung und die Errichtung eines unabhängigen Staates mit der Hauptstadt Jerusalem. Israel erhebt ebenfalls Anspruch auf das Gelände. Die Proteste gegen das Eindringen Scharons unter dem Schutz von etwa 1000 Polizisten, bei denen mehrere Palästinenser getötet wurden, sprangen auf die Westbank, den Gazastreifen und die palästinensischen Gebiete innerhalb Israels über.

Aufgrund der brachialen Gewalt, mit der Israel versuchte, den Aufstand niederzuschlagen, militarisierte sich dieser innerhalb kurzer Zeit. Die Palästinenser führten bewaffnete Angriffe auf Siedler und Soldaten in der Westbank sowie Selbstmordattentate innerhalb der Grünen Linie durch. Zur Niederschlagung des Aufstands setzte Israel Kampfhubschrauber und Kampfflugzeuge ein und riegelte die palästinensischen Städte ab. Im Frühjahr 2002 besetzte die israelische Armee die Städte der Westbank, Präsident Arafat wurde in seinem Amtssitz belagert, das Flüchtlingslager Jenin weitgehend zerstört. Da Arafat sich geweigert hatte, sich an der blutigen Niederschlagung des Aufstandes zu beteiligen, wurde er nach und nach entmachtet. 2003 wurde Mahmoud Abbas, der Architekt der Oslo-Abkommens, der sich immer wieder gegen die Intifada ausgesprochen hatte, auf Druck der USA zum Stellvertreter Arafats ernannt. Im Herbst 2004 starb Arafat unter ungeklärten Umständen. Während der 2. Intifada wurden etwa 4000 Palästinenser und 1000 Israelis getötet.

Die 2. Intifada veränderte die Westbank grundlegend, sie wurde – wie der Gazastreifen – in ein großes Gefängnis verwandelt. Im Juni 2002 begann Israel mit dem Bau der Mauer und intensivierte den Prozess der territorialen Fragmentierung und »Bantustanisierung« der Westbank. Das Jordantal, das 30 % der Fläche der Westbank ausmacht, wurde 2006 faktisch annektiert.[62] Dort ist es Israel durch eine gezielte Vertreibungspolitik gelungen, die Palästinenser von 320.000 auf etwa 60.000 zu reduzieren. Die Städte Nablus und Jenin blieben

62. Btselem, Israel has de facto annexed the Jordan Valley, 13.2.2006

bis 2007 abgeriegelt. Betreten oder verlassen werden durften sie nur mit israelischer Genehmigung.

Den Gazastreifen trennte Israel 2005 aus bevölkerungspolitischen Gründen von seinem Staatsgebiet ab. Völkerrechtlich ist es jedoch nach wie vor die Besatzungsmacht. Die palästinensische Bevölkerung der Westbank und des Gazastreifens wurde dadurch in zwei nicht miteinander verbundene »Bantustans« getrennt. Palästinenser aus dem Gazastreifen dürfen nicht in die Westbank oder nach Israel fahren und umgekehrt. Auch Palästinenser aus der Westbank brauchen für Besuche in Jerusalem oder Israel eine Genehmigung.

Von der Wahl der Hamas 2006 bis zu den Gaza-Kriegen 2008–2009/2012/2014

Nach gelungener Niederschlagung der Intifada wurden 2006 Parlamentswahlen abgehalten, die von der Hamas gewonnen wurden. Diese sprach sich klar gegen die Oslo-Abkommen und die Anerkennung Israels aus. Israel und dessen westliche und arabische Verbündeten verhängten eine Blockade gegen die gewählte Regierung. Im Gazastreifen scheiterte im Sommer 2007 ein von den USA in Zusammenarbeit mit dem Sicherheitsapparat der PA initiierter Umsturzversuch. In der Westbank setzte der palästinensische Präsident Mahmoud Abbas die gewählte Regierung ab, löste das Parlament auf und regiert seither per Dekret.[63] Zum Ministerpräsidenten ernannte er den ehemaligen IWF-Angestellten Salam Fayyad, unter dessen Ägide 2007 ein neoliberales Umstrukturierungsprogramm eingeführt wurde. Seither regiert der IWF als eine Art »Schattenregierung« in der Westbank mit. Unter Führung des US-Generals Keith Dayton wurde gleichzeitig die palästinensische Polizei reformiert, um ihre Sicherheitsaufgaben im Dienste Israels besser erfüllen zu können.

63. Joseph Massad, Pinochet in Palestine, Electronic Intifada, 11.11.2006; David Rose, The Gaza Bombshell, Vanity Fair, 3.3.2008

Nach dem Scheitern des Umsturzversuches in Gaza verschärfte Israel 2007 die Blockade des Küstenstreifens und versuchte in drei Kriegen (2008/2009, 2012, 2014), die dort regierende Hamas zu stürzen oder zumindest zu schwächen. Beides misslang. In diesen Kriegen wurden fast 4000 Palästinenser getötet und breitflächige Zerstörungen – darunter die wirtschaftliche Infrastruktur, Schulen, Wohnhäuser und Krankenhäuser – angerichtet. Dennoch vermochte Israel in keinem der Kriege seine Kriegsziele zu erreichen. Stattdessen sind die militärischen Kapazitäten der Widerstandsorganisationen gewachsen. Seit dem 2. Krieg von 2012 wird jeder Krieg gegen den Gazastreifen mit kontinuierlichem Raketenbeschuss Tel Avivs und anderer israelischer Städte beantwortet.

Vom 3. Gaza-Krieg 2014 bis zur Mini-Intifada im Herbst 2015

In den Jahren nach der Niederschlagung der 2. Intifada intensivierte Israel fortlaufend den Siedlungsbau in der Westbank. Die immer größer werdende Anzahl von Siedlern führt zur kontinuierlichen Zunahme der Siedlergewalt gegen Palästinenser. Jeden Tag wird mindestens ein Palästinenser durch Siedlergewalt verletzt.

Im Sommer 2014 entführten und erschossen Palästinenser in der Gegend von al-Khalil/Hebron drei zionistische Siedler. Daraufhin überzog Israel die Westbank mit der größten Repressionskampagne seit der Niederschlagung der 2. Intifada. Ministerpräsident Netanjahu forderte auf Facebook zur Vergeltung auf; innerhalb der Grünen Linie fanden immer wieder »Tod-den-Arabern«-Demonstrationen statt. Im Juli 2014 entführten Siedler in Jerusalem den 16-jährigen Muhammad Abu Khdeir, flößten ihm gewaltsam Benzin ein und verbrannten ihn bei lebendigem Leib. Im Sommer 2015 steckten Siedler in dem Dorf Douma bei Nablus nachts das Wohnhaus einer Familie in Brand. Ein junges Ehepaar und sein 18 Monate alter Sohn starben. Nur dessen 4-jähriger Bruder überlebte mit schweren Verbrennungen.

Die zunehmende Siedlergewalt sowie die explosive Lage in Ost-Jerusalem führten im Oktober 2015 zum Ausbruch eines Mini-Aufstandes (Habba Scha'biyya) in der Westbank, der sich in Windeseile auch auf den Gazastreifen und die palästinensischen Gebiete innerhalb der Grünen Linie ausbreitete. Die Lage der Palästinenser in Jerusalem ist geprägt von Vertreibung, Armut, Siedlergewalt und zunehmenden israelischen Angriffen auf die islamischen Heiligtümer. Der Mini-Aufstand dauerte bis Frühjahr 2016 an. In diesem Zeitraum unternahmen Palästinenser parallel zu den täglichen Straßenschlachten zahlreiche militante und bewaffnete Angriffe auf zionistische Siedler und Soldaten. Träger des Aufstandes war die palästinensische Jugend, die nicht mehr an die falschen Friedensversprechungen glaubt und die Autonomiebehörde als »Agenten Israels« ablehnt. Die gewaltsamen Zusammenstöße sowie die militanten und bewaffneten Aktionen halten seitdem mit niedriger Intensität an. Die Legitimität der Autonomiebehörde hat einen Tiefpunkt erreicht. Zwei Drittel der Palästinenser betrachten sie als Last und nicht als Errungenschaft und ebenso viele fordern den Rücktritt von Mahmoud Abbas, dessen Amtszeit bereits 2009 abgelaufen ist.[64]

Die Vorbereitung der Annexion von Teilen der Westbank

Seit dem Amtsantritt von US-Präsident Donald Trump Anfang 2017 verstärkt Israel den Siedlungsbau. Bereits 2016 hatte es mit 2630 Siedlerwohnungen den Siedlungsbau um 40 % im Vergleich zum Vorjahr erhöht. Im Januar 2017 wurde der Bau von über 3000 neuen Siedlerwohnungen bekannt gegeben. Im selben Monat kündigte Bildungsminister Naftali Bennett von der Jewish Home Party an, nach Trumps Amtseinführung einen Gesetzesentwurf zur Annexion der Siedlung Maale Adumim bei Jerusalem einbringen zu wollen. Das sollte der erste Schritt der

64. Petra Wild, Ein Jahr nach dem Mini-Aufstand – Habba Scha'biyya im besetzten Palästina, Inamo Jahrgang 23, Winter 2016, S. 27-30

Umsetzung eines Plans zur Annexion von Zone C der Westbank sein. Doch da Israel dafür wider Erwarten kein grünes Licht aus dem Weißen Haus bekam, wurde das Annexionsvorhaben vorerst zurückgestellt.[65]

Im Februar 2017 wurden 50 ohne Genehmigung auf palästinensischem Privatland errichtete Siedlungen nachträglich legalisiert. Im März bewilligte das Sicherheitskabinett den Bau der ersten neuen Siedlung seit den 1990er-Jahren. Im April erklärte Wohnungsminister Yoav Glant, dass es Pläne für 15.000 neue Siedlerwohnungen in Jerusalem gibt; und im Juni wurden Pläne für den Bau von 3000 weiteren Siedlerwohnungen in der Westbank bekannt.[66]

Die Erkenntnisse der Siedlerkolonialismus-Forschung zeigen, dass Landraub und Siedlungsbau erst dann aufhören, wenn die einheimische Bevölkerung weitgehend verdrängt ist oder aber, wenn deren Kampf stark genug geworden ist, um dem siedlerkolonialistischen Projekt eine Grenze zu setzen bzw. es zurückzurollen.

65. The New Arab, Israeli Settlement Activity Increased by 40 Per Cent in 2016, 23.3.2017; The New Arab, Israel to Build Thousands New Settlement Homes, US silent, 1.2.2017; RT, Israel Minister Outlines Plan to Annex West Bank Settlement After Trump Takes Office, 5.1.2017; AP, US Warning to Israel signals Backpedaling by Trump, Ahram Online, 6.3.2017

66. The New Arab, Israel Plans 15.000 New Settlement Homes in Jerusalem, 28.4.20117; The New Arab, Israel Announces Plans for Thousands More Settlement Homes in the Occupied West Bank, 8.6.2017

Zwei gegensätzliche Versionen von Zivilgesellschaft

Tariq Dana

Seit Beginn des Oslo-Prozesses im Jahr 1993 ist ein Sturmwind an gesellschaftlichen, politischen, kulturellen und institutionellen Veränderungen durch die besetzten palästinensischen Gebiete gefegt. Viele dieser Veränderungen sind auf die Gründung der Palästinensischen Autonomiebehörde (PA), auf die Neudefinition der offiziellen palästinensisch-israelischen Beziehungen, auf die Beteiligung internationaler Geldgeber sowie auf den radikalen Wandel der politischen Ökonomie in den besetzten Gebieten zurückzuführen.

Die frühen 1990er-Jahre stellten einen Wendepunkt zwischen zwei Entwicklungsphasen der Zivilgesellschaft dar. Die erste Phase der 1970er- und 1980er-Jahre wurzelte in der nationalen Befreiungsbewegung, vertreten durch Massenorganisationen wie Frauenbewegungen, Gewerkschaften, Studentengruppen, Kulturzentren und Genossenschaften. Die zweite Phase bzw. die zweite Version dominierte die Zeit nach Oslo und ist durch eine zunehmende Professionalisierung und durch eine Dominanz des NGO-Sektors gekennzeichnet.

Faktoren der Transformation der Zivilgesellschaft

Drei Hauptfaktoren trugen zur strukturellen Transformation der palästinensischen Zivilgesellschaft bei.

Der ideologische Faktor

Mit Beginn des Oslo-Prozesses und mit der Gründung der Palästinensischen Autonomiebehörde hielt der Neoliberalismus Einzug in die besetzten palästinensischen Gebiete. Die Autonomiebehörde hielt sich gewissenhaft an die neoliberalen Empfehlungen der Geldgeber für den Aufbau von Institutionen und Good Governance.[67] NGOs trugen zur Vermittlung wichtiger neoliberaler Werte wie scheinbarer individueller Entscheidungsfreiheit, Konsum, Verantwortung und Wettbewerb bei.[68] Diese Werte sind notwendig, um ein neoliberales System zu errichten, aber auch dazu, »die Ersetzung politischer Handlungen in Form von Mobilisierungen durch zivilgesellschaftliche Handlungen« zu bewirken sowie »neue Subjektivitäten und eine neue Reflexion gesellschaftlicher Normen zu fördern.«[69]

Der politische Faktor

Das Oslo-Abkommen zwischen der PLO und der israelischen Regierung im Jahr 1993 war ein entscheidender Moment in der Geschichte des palästinensischen Kampfes für nationale Befreiung und Selbstbestimmung, der sich seit damals offiziell an die Strategie hält, auf Grundlage des Zweistaaten-Schemas einen palästinensischen Staat aufzubauen. Dies ebnete der Friedensförderung aus dem Westen in den besetzten palästinensischen Gebieten den Weg, sodass Eingriffe von außen Einfluss auf palästinensische Angelegenheiten ausüben können und »eine Reihe gesellschaftlicher und wirtschaftlicher Ziele und Werkzeuge einführen, getragen von Zusagen beträchtlicher finanzieller Unterstützung.«[70] Diese Friedenssicherung ist ein komplexes Paradigma, das in einer Realität entworfen wurde, die von der weiterhin bestehenden israelischen Besatzung geprägt ist.[71]

67. Rashid Khalidi/Sobhi Samour, Neoliberalism as liberation: the statehood program and the remaking of the Palestinian national movement, *Journal of Palestine Studies*, 40(2), S. 6–25
68. Sibille Merz, Missionaries of the new era: Neoliberalism and NGOs in Palestine, Race & Class, 2012, S. 50–66
69. Sari Hanafi/Linda Tabar, The Emergence of a Palestinian Globalized Elite: Donors, Organizations and Local NGOs, Jerusalem: Institute for Jerusalem Studies/Muwatin 2005, S. 30
70. Rex Brynen, A Very Political Economy: Peacebuilding and Foreign Aid in the West Bank, Washington DC: United States Institute of Peace 2000, S. 6-7
71. Mandy Turner, Completing the Circle: Peacebuilding as Colonial Practice in the Occupied

Der Übergang vom nationalen Befreiungskampf zu einer vom Westen angeleiteten Friedenssicherung war ein vielschichtiger Prozess politischer, wirtschaftlicher, gesellschaftlicher und institutioneller Umgestaltungen, wie man sie häufig nach Konflikten findet. Der Aufbau staatlicher Strukturen wurde von der Bildung der Palästinensischen Autonomiebehörde verkörpert, die zwar bei ihrer Gründung der PLO untergeordnet war, diese jedoch mittlerweile als zentralen Bezugspunkt der palästinensischen Politik ersetzt hat. Dadurch wurde die PLO mit ihrem politischen Pluralismus in eine geografisch beschränkte Struktur im Belagerungszustand gezwängt und geriet unter die Herrschaft eines ausgrenzenden politischen Zentrums. In der Folge mussten sich zahlreiche Organisationen vor Ort an jene Vorgaben der politischen Arena anpassen, die von Oslo abgesteckt wurde, und ihre politischen Ziele im Zusammenhang mit der Dynamik des antikolonialen Kampfes durch die scheinbar unpolitischen Ansätze im Rahmen einer Friedenssicherungspolitik ersetzen.

Der finanzielle Faktor

Die ausländischen Finanzspritzen zur Förderung der Wirtschaft, eines effizienten Staatsapparates und einer demokratischen Zivilgesellschaft sollten den Friedensprozess unterstützen. Man rechnete mit Erfolg.[72] Die Geldgeber fanden eine geschwächte nationale Befreiungsbewegung vor, die sich immer weiter von offenem, politischem Aktivismus zurückzog, was die Einbeziehung palästinensischer Organisationen in den damals gerade angesagten zivilgesellschaftlichen Diskurs erleichterte. Finanzielle Förderungen, die an gewisse Bedingungen geknüpft waren, beeinflussten die Themensetzungen vor Ort; entscheidend für den grundlegenden Wandel der Landschaft der palästinensischen Zivilge-

Palestinian Territory, International Peacekeeping 2012, 19(4), S. 492-507

72. Anne Le More, International Assistance to the Palestinians after Oslo: Political Guilt, Wasted Money, London 2008

sellschaft war jedoch der Wettbewerb um finanzielle Unterstützung und die im Gegenzug geforderten organisatorischen Umstrukturierungen, d.h. organisatorische Professionalisierung.

Gleichzeitig machte die ausländische Finanzierung der palästinensischen NGOs sowohl qualitative als auch quantitative Veränderungen durch. Bis in die 1980er-Jahre standen den Palästinensern vor allem finanzielle Mittel aus der Region zur Verfügung, weniger aus westlichen bzw. internationalen Quellen,[73] darunter von der PLO, dem Jordanian-Palestinian Joint Committee, dem Arab Fund for Economic and Social Development und der Islamic Development Bank. Gegen Ende der Ersten Intifada nahm die Unterstützung aus dem Westen zu und diese wurde Mitte der 1990er-Jahre zur wichtigsten Finanzierungsquelle für die palästinensischen NGOs. Es hatte natürlich auch schon zuvor finanzielle Hilfe aus dem Westen gegeben, doch vor allem von internationalen Solidaritätsgruppen und diplomatischen Vertretungen. Mit Beginn des Oslo-Prozesses ist ein stärkeres Engagement multilateraler und bilateraler Entwicklungsorganisationen festzustellen, die mittlerweile »aufgrund ihrer alljährlichen Zuwendungen und ihrer gewaltigen Präsenz ... bei weitem die wichtigsten Geldgeber palästinensischer NGOs« geworden sind.«[74]

Quantitativ betrachtet erhielten die palästinensischen NGOS Anfang der 1990er-Jahre rund 170 bis 240 Millionen US-Dollar pro Jahr.[75] In der Anfangsphase nach Oslo gingen diese Zahlen zwar stark zurück – einerseits aufgrund des Ersten Golfkrieges und andererseits, da die Geldflüsse zur Palästinensischen Autonomiebehörde umgeleitet wurden. Doch danach stiegen sie wieder an und erreichten den Höhepunkt im Jahr 2000. Ausländische Hilfe für das Westjordanland und den Gazastreifen stieg von 2000 bis 2008 um mehr als 600 Prozent auf 3,25

73. Benoît Challand, Palestinian Civil Society: Foreign Donors and the Power to Promote and Exclude, London 2009

74. Ebd., S. 87

75. Rex Brynen, A Very Political Economy: Peacebuilding and Foreign Aid in the West Bank Washington D.C. 2000, S. 187

Milliarden US-Dollar pro Jahr; ausländische Hilfe für palästinensische NGOs stieg von 48 Millionen im Jahr 1999 auf 257 Millionen US-Dollar im Jahr 2000.[76]

Dimensionen des Strukturwandels

Sehen wir uns nun die vier Bereiche an, in denen sich die oben dargestellten Faktoren auswirkten: die Veränderung der organisatorischen Agenda, die Rolle der Basisebene, den Stellenwert von Politik und die Produktion von Wissen.

Nationale Agenda versus globalisierte Agenda

In der organisatorischen Agenda fand eine bedeutende Verschiebung statt, die sich im Diskurs, der Weltanschauung, Funktion, Darstellung und den Interventionsformen der Zivilgesellschaft widerspiegelte. Die nationale Agenda aus der Zeit vor Oslo wurde allmählich zugunsten einer globalen Agenda aufgegeben.

Die nationale Agenda war ein gemeinsames Dach gewesen, unter dem Massenbewegungen und andere Akteure der Zivilgesellschaft eng mit politischen Organisationen und gesellschaftlichen Gruppen zusammenarbeiteten. Innerhalb der PLO gab es jedoch zwei konkurrierende Agenden: erstens eine pragmatische politische Strömung unter der Führung der Fatah-Bewegung, die unter der Logik der »Eigenstaatlichkeit« einen territorialen Kompromiss suchte und mit der Schaffung von Organisationen vor Ort den Kern einer zukünftigen Autonomie und eines palästinensischen Staates schaffen wollte; zweitens die Strategie der »Befreiung« der radikaleren politischen Gruppierungen, welche die Bildung gesellschaftlicher Organisationen als entscheidenden Faktor

76. Joseph De Voir/Alaa Tartir, Tracking external donor funding to Palestinian non-governmental organizations in the West Bank and Gaza strip 1999–2008, Ramallah: Palestine Economic Policy Research Institute-MAS 2009

zur Stärkung der Dimension des Widerstandes der breiten Bevölkerung gegen die israelische Besatzung betrachteten, mit dem Ziel, Palästina schließlich zu befreien.[77]

Die Bemühungen, entsprechende institutionelle Infrastrukturen zu schaffen, fanden außerhalb, aber auch innerhalb der besetzten Gebiete statt. Eine jüngere Generation politisierter Palästinenser ergriff eine Reihe von Initiativen gegen die völlige Abhängigkeit von ausländischen Kräften:[78]

1. Eine politisierte Form von Dienstleistungen, die wesentlich für das Standhalten der Gemeinschaften vor Ort ist. Armut beispielsweise wurde nicht als eigenständiges Phänomen betrachtet, sondern als direkte Folge der israelischen Besatzung, was sich bei der Förderung eines solidarischen Bewusstseins und eines kollektiven Empowerments als besonders wirksam erwies.
2. Ein öffentliches Bewusstsein für politische, gesellschaftliche und wirtschaftliche Themen sowie eine Wiederbelebung des kulturellen Erbes. Dazu zählten Schulungen über innergesellschaftliche Probleme, Gesundheitsfragen und wirtschaftliches Überleben, wobei besondere Komitees (für Landwirtschaft, Gesundheit, Stärkung der Rolle der Frauen) jeweils Menschen in ihren Arbeitsbereichen unterstützten.
3. Mobilisierung der Bevölkerung, um den Unmut der Menschen in konkretes kollektives Handeln im Zuge des Kampfes für nationale Befreiung überzuführen.

Als man die Akteure der Zivilgesellschaft in den besetzten Gebieten

77. Zu weiteren Ausführungen über den Aufbau staatlicher Strukturen versus Befreiungsstrategien siehe beispielsweise Salim Tamari, What the Uprising Means, Middle East Report 1988, 18(3), S. 24-30

78. Siehe: David McDowall, Palestine and Israel: The Uprising and Beyond, Berkeley 1990, S. 110; Salim Tamari, The Palestinian National Movement in Transition: Historical Reversals and the Uprising, in: Rex Brynen (Hg.), Echoes of the Intifada: Regional Repercussions of the Palestinian-Israeli Conflict, Boulder 1991, S.17-18

nach den Abkommen von Oslo mit westlicher Hilfe überschüttete, wurden die besetzten Gebiete im Einklang mit neoliberalen Entwürfen für den Wiederaufbau, den (Wieder)aufbau staatlicher Strukturen und der Förderung der Zivilgesellschaft nach Konflikten umgestaltet. Dieser von außen vorgegebene Kontext ebnete der normativen Macht der internationalen Geldgeber den Weg, sodass diese eine entscheidende Rolle bei der Umformung der Strukturen und Aufgaben der Zivilgesellschaft im Kontext der Friedenssicherung spielen konnten. Die Organisationen vor Ort übernahmen somit eine weltweit anerkannte Agenda, die den Maßstäben der internationalen Entwicklungsbranche entspricht.

Die konkreten Veränderungen dieser Verschiebung hin zu einer globalisierten Agenda ergaben sich daraus, dass die Geldgeber auf die Entwicklung der administrativen Fähigkeiten der Organisationen sowie auf eine Stärkung des Management-Ansatzes pochten und zahlreiche Qualifizierungsprojekte in dieser Richtung durchführten. Die Organisationen vor Ort erlangten dadurch eine Vermittlerrolle, in der sie dem lokalen Kontext unkritisch transnationale Vorstellungen und Wahrnehmungen einimpften. Dies hat lokale Organisationen der Zivilgesellschaft in einer Heteronomie positioniert, in der sie keine Normen, Werte, Institutionen oder auch nur eine Sprache entwickeln können, die den Bestrebungen der Bevölkerung vor Ort entsprechen, wie Benoît Challand aufzeigt.[79]

Darüber hinaus zeigt sich die Aushöhlung der nationalen Agenda im veränderten Rahmen des Diskurses. Die historisch tonangebenden Begriffe des palästinensischen anti-kolonialen Diskurses – »Widerstand«, »Standhaftigkeit«, »Mobilisierung« und »Volk« – wurden durch modische Schlagwörter – »Empowerment«, »Partizipation«, »Stakeholder« und »Gender« – ersetzt. Während das alte Vokabular häufig an den Ausdruck einer kollektiven Sache gebunden war und ein Bewusstsein kollektiver Identität und Solidarität untermauerte, verweisen die NGO-Schlagwörter auf eine Individualisierung in der gesellschaftlichen

79. Challand, S. 20

Formation, die in Sektoren fragmentiert wird, welche im Wesentlichen von der Logik des Wettbewerbs und des Eigeninteresses geprägt sind.

Kollektiv versus Elite

Eine der auffälligsten Dimensionen der strukturellen Transformation der palästinensischen Zivilgesellschaft ist der dramatische Rückgang des dezentralen Aktivismus an der Basis; dieser wurde durch eine hierarchische Struktur ersetzt, die von einer zunehmend elitären Tendenz geprägt ist. Dieser Wandel ist das Kennzeichen einer Verschiebung der Machtverhältnisse: Macht wird nicht mehr von gesellschaftlichen Gruppen an der Basis ausgeübt, sondern eine neue Elite übt Macht über diese Basis aus.[80] Vor Oslo wollte man beispielsweise die Passivität und die gesellschaftliche Atomisierung in eine Dynamik der kollektiven Beteiligung am Kampf gegen die israelische Kolonialherrschaft transformieren; dies war die wichtigste Motivation bei der Bildung eines breiten Spektrums an Massenbewegungen. Es gab eine Verschiebung vom passiven Widerstand hin zu kollektivem Aktivismus, der sich gegen die militärische Besatzung richtete und den Widerstand der Bevölkerung organisierte, und es gelang diesem kollektiven Aktivismus, organische Verbindungen mit der Basis herzustellen sowie die gesellschaftlichen und wirtschaftlichen Probleme in Angriff zu nehmen.

Die organisatorischen Strukturen dieser Phase zeichneten sich durch Dezentralisierung, große horizontale Flexibilität und umfassende Präsenz aus, die es den zivilgesellschaftlichen Organisationen ermöglichte, einen wesentlichen Teil der Bevölkerung zu integrieren und als Mitglieder in Organisationen zu aktivieren. Dadurch spiegelten Entscheidungen den kollektiven Willen der Organisationsmitglieder wider und waren nicht bloß durch ein Durchsetzen der Ansichten der Führung von oben nach unten gekennzeichnet. Außerdem war das kollektive Handeln vor allem von einem Geist der Freiwilligkeit und

80. Islah Jad, The NGO-ization of Arab Women's Movements, IDS *Bulletin* 2004, S. 34-42

des Dienstes am Allgemeinwohl und am Allgemeininteresse getragen, das während der ersten Intifada einen Höhepunkt erreichte. Frauenorganisationen, Gewerkschaften, Studentengruppen und Berufsverbände trugen entscheidend dazu bei, die Spontanität der Anfangsphase in nachhaltiges, organisiertes Handeln zu überführen. Joost Hiltermann hält fest: »Es ist bemerkenswert, dass innerhalb weniger als einem Monat die gesamte Bevölkerung gleichzeitig mobilisiert wurde und Unterstützungsstrukturen gebildet werden konnten, um die Dynamik des Aufstandes aufrecht zu erhalten, und dass diese Strukturen effizient arbeiteten und eine Führung hatten, die von der Bevölkerung sofort als legitim anerkannt wurde.«[81]

Dieses Muster der kollektiven Organisierung löste sich ab den frühen 1990er-Jahren langsam auf, und die Massenbewegungen waren im Kontext nach Oslo keine einflussreichen Akteure mehr. Es fanden zwei grundlegende Prozesse statt, welche die elitäre Tendenz innerhalb der NGO-Landschaft nährten und in der Folge zu einer dramatischen Ablösung der Organisationen von ihrer gesellschaftlichen Basis führten.

Auf individueller Ebene führte der NGO-Elitismus zur Entstehung einer neuen Elite, die mit der NGO-Branche verbunden ist. Die NGOs stellen nun eine attraktive Einnahmequelle dar, die ihren Angestellten hohe Löhne und andere wirtschaftliche Privilegien sichern. Politisch unterhalten die Führungs- und Fachkräfte der NGOs Beziehungen zu zahlreichen einheimischen und ausländischen Politikern, Diplomaten, Abgeordneten sowie zu Mitarbeitern von UNO und anderen internationalen Organisationen. Sie werden häufig zu internationalen Veranstaltungen eingeladen und treten in verschiedensten Medien auf. Außerdem sind diese NGO-Führungskräfte aufgrund ihrer beruflichen Stellung gesellschaftlich privilegiert und werden gemeinhin als die zivilgesellschaftliche Elite der Palästinenser wahrgenommen.

Die NGO-Elite kann man in zwei Gruppen einteilen: Die erste besteht

81. Joost R. Hiltermann, Behind the Intifada: Labor and Women Movements in the Occupied Territories, Princeton 1993, S. 173

aus Akteuren aus der Mittelschicht, die an lokalen Universitäten ausgebildet wurden und in den politischen Parteien neue Möglichkeiten für ihren gesellschaftlichen Aufstieg fanden.[82] Es handelt sich um Aktivisten, die in den 1970er- und 1980er-Jahren ein breites Spektrum an Massenbewegungen und Basisorganisationen anführten und meist linksgerichteten Organisationen angehörten. Die zweite Gruppe besteht aus Palästinensern, die nach der Gründung der Palästinensischen Autonomiebehörde aus dem Exil in die besetzten Gebiete zurückkehren durften. Bei dieser Gruppe handelt es sich vor allem um areligiöse und gut ausgebildete Kräfte, die meist eine fundierte Ausbildung im Westen absolviert haben. Sie kennen sich in der »Entwicklungsbranche« und im Entwicklungsdiskurs bestens aus und unterhalten ein ausgedehntes Netzwerk an Kontakten im Ausland. Arbeitsplätze in den NGOs sind begehrt und lukrativ, besonders angesichts der Unterbezahlung im öffentlichen Sektor, in dem systematisch Patronage- und Klientelbeziehungen dominieren.[83]

Da die Geldgeber in diesen Verhältnissen eine wichtige Rolle spielen, treten viele lokale NGOs im Wesentlichen als Ein-Mann-Shows in Erscheinung. Diese Situation hat zu scharfer Kritik an NGO-Führungskräften geführt, die sich »wie Stammeshäuptlinge mit nahezu uneingeschränkter Macht« benähmen.[84] Die Widersprüche zwischen der Rhetorik der Förderung der Demokratie einerseits und der antidemokratischen Praxis andererseits stellen die Integrität und Glaubwürdigkeit der NGOs in Frage und fördern so das zunehmende Misstrauen der Öffentlichkeit gegenüber den lokalen NGOs. Nach einer Umfrage des norwegischen »Fafo Institute for Labour and Social Research« im Jahr

82. Sari Hanafi/Linda Tabar, Donor Assistance, rent-seeking and elite formation, in: Mushtaq Khan/George Giacaman/Inge Amundsen (Hg.) State Formation in Palestine. Viability and Governance during a Social Transformation, London 2004, S. 224

83. Amany A. Jamal (2009). Barriers to democracy: The other side of social capital in Palestine and the Arab world, Princeton 2009

84. Salah Abdelshafi, Civil Society and Political Elites in Palestine and the Role of International Donors: A Palestinian View, EuroMesco Working Paper 2004, 33, S. 5; http://www.euromesco.net/euromesco/media/paper33_final.pdf

2011 gaben etwa 59 Prozent der Befragten an, dass sie kein Vertrauen in die palästinensischen NGOs hätten.[85]

Der Einfluss des elitären Trends in der Zivilgesellschaft hat zu einer raschen Entfremdung der NGOs von ihrer Basis geführt und die Wechselbeziehung zwischen NGOs und Basis auf Grundlage einer marktwirtschaftlichen Logik neu definiert. Ein wichtiges Zeichen für diese Durchdringung sind die neuen Bezeichnungen für die gesellschaftliche Basis der NGOs – »Zielgruppe«, »Klienten«, »Stakeholder« oder »Leistungsempfänger« –, die jeweils ein entscheidender Bezugspunkt für das spezifische Verhältnis der jeweiligen NGO zur Bevölkerung sind. Hinter solchen Bezeichnungen stehen standardisierte Abläufe von Anträgen, Fundraising, Tabellen und Statistiken, Bilanzen und Evaluierungen, die bei Entscheidungen und Prioritätensetzungen stets Vorrang gegenüber jeder realen Beteiligung der Bevölkerung haben.

Mittlerweile sind Diskurse über Partizipation und Empowerment entscheidende Elemente des Modus Operandi für die Planung gesellschaftlicher Veränderungen geworden. Diese einst fortschrittlich besetzten Begriffe, die kollektive Handlungsformen implizierten, um den Status quo zu verändern, sind in der westlichen Logik des liberalen Individualismus gefangen und stehen keineswegs mehr für emanzipatorische Ziele. Die Individualisierung ist ein mächtiges Werkzeug, um die Bevölkerung politisch aus dem System auszuschließen und eine Anfechtung des Status quo zu unterbinden.

Politik versus Antipolitik

Die zahlreichen Methoden, die zivilgesellschaftliche Akteure einsetzten, um die Standhaftigkeit der Bevölkerung zu unterstützen – darunter die Umsetzung von alternativen Entwicklungsmodellen, die

85. Åge Tiltnes/Jon Pedersen/Silje Sønsterudbråten/Jing Liu, Palestinian Opinions about Governance, Institutions and Political Leaders: Synthesis of Results of Fafo's Opinion Polls in the West Bank and Gaza Strip, 2005–2011, FAFO-Bericht 2011; http://www.fafo.no/pub/rapp/10130/10130.pdf

Wiederbelebung des kulturellen Erbes sowie Methoden für das wirtschaftliche Überleben und der Selbstversorgung unter den schwierigen Bedingungen der Besatzung –, waren nur Elemente einer breiteren politischen Strategie, die als *Sumud* (»Standhaftigkeit«) bekannt ist. Diese Politik des *Sumud* betonte den Schutz der Heimat, die Erhaltung der nationalen Identität und des kulturellen Erbes sowie den kollektiven antikolonialen Kampf. Die Politik des *Sumud* kristallisierte sich zunächst in den frühen 1970er-Jahren heraus und wurde im Laufe der 1980er-Jahre weiter entwickelt. Das Verständnis von *Sumud* wurde von den Veränderungen der politischen Umstände der äußeren Lage und der politischen Rückwirkungen innerhalb der PLO geprägt. *Sumud* wurde daher zu einem Schlüsselbegriff, der in der politischen Erfahrung der Palästinenser unter der israelischen Besatzung in den 1970er- und 1980er-Jahren wurzelt.

Die Kristallisierung von politischem Bewusstsein auf eine äußerst strukturierte Art und Weise wäre ohne die entscheidende Rolle, welche die Massenbewegungen spielten, nicht möglich gewesen. Diese Bewegungen dienten dem Prozess der Politisierung, insbesondere als repräsentative Plattformen des politischen und kulturellen Ausdrucks. Außerdem stimulierten sie die Beteiligung der Massen an politischen Aktivitäten und die Einbeziehung neuer gesellschaftlicher Kräfte – vor allem gesellschaftlich benachteiligter Gruppen – in das politische Leben Palästinas.[86] Insbesondere die politische Rolle der palästinensischen Frauen wird immer wieder gewürdigt. Die Frauenbewegung war nach Eileen Kuttab »das Rückgrat des Widerstandes während der Intifada 1987, als sie gemeinsam mit anderen Massenorganisationen als lokale Behörde fungierte und die Standhaftigkeit der Community während der Krise unterstützte.«[87]

86. Siehe: Lisa Taraki, The Development of Political Consciousness among Palestinians in the Occupied Territories, 1967–1987, in: Jamal R. Nassar/Roger Heacock, (Hg.), Intifada: Palestine at the Crossroads, New York 1990, S. 53-71

87. Eileen Kuttab, Palestinian Women's Organizations: Global Cooption and Local Contradiction, Cultural Dynamics, 2008, 20(2), S. 103

Die NGO-isierung der Zivilgesellschaft im Zuge des Oslo-Prozesses und die darauffolgende Trennung zwischen NGOs und politischen Parteien sowie gesellschaftlicher Basis waren die ersten Zeichen einer Entpolitisierung. Die Darstellung der besetzten palästinensischen Gebiete als »Post-Konflikt-Zone« ebnete der Förderung einer prozeduralen Version der Zivilgesellschaft den Weg. Aus der Sicht der Geldgeber sollen die palästinensischen NGOs keine politische Zugehörigkeit aufweisen, und man erwartet nicht von ihnen, dass sie sich in irgendeiner Form an antikolonialer Politik beteiligen. Folglich hat die palästinensische Zivilgesellschaft mit der antikolonialen Politik, die so prägend für die Zeit vor dem Oslo-Prozess war, radikal gebrochen. Dies steht im Einklang mit der unpolitischen Logik einer neoliberalen Regierungsführung, welche die Interaktion zwischen Politik und sozioökonomischer Ordnung zu minimieren trachtet.

Darüber hinaus hat die Entpolitisierung der palästinensischen Zivilgesellschaft einen Trickle-Down-Effekt zur Folge, der sich auf die Entwicklung des politischen Bewusstseins der Massen auswirkt und den Fortschritt des politischen Lebens der Gesellschaft lähmt. Das politische Bewusstsein und Engagement der palästinensischen Gesellschaft, die einst als das am meisten politisch engagierte Volk der Region galt, ist dramatisch zurückgegangen.

Da die Geldgeber zu der Auffassung gelangten, dass eine weitere politische Entmobilisierung der Massen die Voraussetzung für Stabilität und Frieden sei, und um sicherzustellen, dass die Gebiete von der Autonomiebehörde regierbar sind, stellte die Förderung von NGO-Lobbyaktivitäten einen bequemen Ersatz für politische Massenmobilisierungen dar. In diesem Rahmen der Lobbyarbeit *(advocacy)* entstanden Anfang der 1990er-Jahre zahlreiche feministisch orientierte NGOs, die sich auf Frauenrechte und Geschlechterbewusstsein konzentrierten, was zu einem grundlegenden Wandel der Frauen-Massenorganisationen führte, die in den 1970er- und 1980er-Jahren das Rückgrat der Nationalbewegung gestellt hatten. Penny Johnson und Eileen Kuttab schreiben:

»[Der] Aktivismus der Massen, der die Erfahrung der Frauenbewegung während der Intifada kennzeichnete, [wurde] weitgehend … durch ein NGO-Lobbyismus-Modell sowie durch Bildungs- und Entwicklungsaktivitäten in Form von Workshops ersetzt.«[88] Diese Veränderung stand im Einklang mit den Programmen der Geldgeber zu Good Governance, Demokratie und Gender Mainstreaming, nach denen die Teilnahme von Frauenorganisationen am Aufbau der Zivilgesellschaft zu fördern sind, indem diese ein spezifisches Gruppeninteresse formulieren.

Antikoloniales versus neokoloniales Wissen

Hier tritt eine besonders tiefe Kluft zwischen der antikolonialen Wissensproduktion in der Zeit vor Oslo und dem Konsum sowie der Vermarktung von eurozentrischen Anschauungen von Politik, Kultur und Gesellschaft auf, die nunmehr vorherrschen und somit die Wissenssysteme, die im antikolonialen Kampf für die nationale Befreiung wurzeln, aufheben und ausgrenzen. Die palästinensische Nationalbewegung hatte beispielsweise lokale Organisationen dazu eingesetzt, einen Wissensfundus zu verbreiten, der von einer nationalen Agenda geprägt war und zielte darauf ab, ein ganzheitliches Verständnis auf der Grundlage des antikolonialen Widerstandes und der Selbstbestimmung zu schaffen. Die Zivilgesellschaft war ein fruchtbarer Boden für die Schaffung eines Gebäudes von antikolonialen Vorstellungen und Werten, einer gegenhegemonialen Kraft gegenüber der israelischen Kolonialherrschaft. Lisa Taraki zeigt, wie gleichzeitig mit der Gründung von Massenbewegungen eine Reihe von kulturellen und literarischen Foren entstand: Schriftsteller-, Künstler- und Journalistenverbände, Zeitschriften für Politik und für Literatur, Theatergruppen, Musikensembles und Initiativen zur Wiederbelebung nationaler Folklore.[89] Die

88. Penny Johnson/ Eileen Kuttab, Where Have All the Women (and Men) Gone? Reflections on Gender and the Second Palestinian Intifada. Feminist Review 2001, 69, S. 25

89. Lisa Taraki, The Development of Political Consciousness, S. 64

lokalen palästinensischen Zeitungen und Zeitschriften spiegelten eine Vielfalt politischer Tendenzen wider und spielten trotz der Zensur durch die israelischen Besatzungsbehörden eine wichtige Rolle bei der Meinungsbildung.

Durch die Verbreitung dieses Wissens wurden neben dem langen Kampf der Palästinenser auch die revolutionären Erfahrungen anderer kolonisierter Völker zu einem zentralen Bezugspunkt für das breitere Spektrum der antikolonialen Bewegungen der Welt. Es wurde beispielsweise immer wieder von den revolutionären Erfahrungen in Algerien, Südafrika, Vietnam u. a. berichtet. Das antikoloniale Wissen wurde von einer Reihe emanzipatorischer Ideologien untermauert, die in der arabischen Welt und anderen Ländern der Dritten Welt verbreitet waren und die in der Regel die Artikulation revolutionärer Ideen (z. B. palästinensischer Nationalismus, Panarabismus, Marxismus und Sozialismus) miteinschlossen.

Diese Ansätze für die Wissensproduktion bildeten die Grundlage des Widerstandes gegen die Kolonisierung des palästinensischen Bewusstseins.[90] Im palästinensischen Umfeld erkannten die Akteure der Zivilgesellschaft den Imperativ des Entwerfens und Verbreitens von antikolonialem Wissen, was sich in unzähligen Formen des Widerstandes gegen die israelische Kolonialherrschaft ausdrückte. Diese Aktivitäten wiederum spielten eine entscheidende Rolle bei der Formierung des revolutionären Charakters der Zivilgesellschaft und der Gesellschaft insgesamt. Außerdem spiegelten sie tatsächlich eine reale Vielfalt wider, die von dem politischen und ideologischen Pluralismus der nationalen Bewegung getragen wurde.

Die markanten strukturellen Veränderungen der Zivilgesellschaft haben das ganze System der antikolonialen Wissensproduktion erschüttert. Durch die zunehmende Präsenz der NGOs wurde der Prozess der Wissensproduktion drastisch in jenen standardisierten Wissensfundus

90. Siehe beispielsweise: Edward Said, Culture and Imperialism, New York 1994; Bill Ashcroft, Griffiths Gareth and Helen Tiffin, Key Concepts in Post-Colonial Studies, London/New York 1998

verwandelt, der üblicherweise in Situationen nach Konflikten verbreitet wird und der direkt mit dem (neo)liberalen Paradigma des Aufbaus staatlicher Strukturen und der Förderung der Zivilgesellschaft verbunden ist. So zielt das Wissen, das produziert, verbreitet und gefördert wird, auf die Eingliederung der Zivilgesellschaft in das westliche Paradigma des liberalen Institutionalismus ab. Darüber hinaus soll eine Vielzahl von Publikationen, Konferenzen und Seminaren die lokalen Perspektiven verändern und sowohl die Geldgeber als auch die Entwicklungsagenturen mit detaillierten Informationen über den Kontext vor Ort versorgen.

Die prominentesten NGOs, die auf den Bereich der Wissensproduktion spezialisiert sind, sind die sogenannten »Forschungszentren« *(research centers)*, die westlichen »Think-Tanks« stark ähneln. Anfang der 1990er-Jahre wurden zahlreiche solcher Forschungszentren gegründet. Sie hängen stark von ausländischer Finanzierung ab, produzieren eine Fülle an wissenschaftlichen Publikationen, politischen Empfehlungen und Broschüren und organisieren Seminare und Konferenzen. Es werden unterschiedliche Zahlen genannt: Das Palestinian Economic Policy Research Institute (MAS) zählt 19,[91] Benoît Challand schätzt, dass es etwa 29 dieser Institutionen gibt,[92] und Sari Hanafi zählt 42 Forschungszentren in den besetzten Gebieten auf.[93]

Kritiker dieses Phänomens meinen, dass diese Einrichtungen ausländischen Interessen dienen, da »die meisten Themen, mit denen sich diese Forschungszentren befassen, vor allem die Interessen externer Akteure in der Region betreffen.«[94] Khalil Nakhleh argumentiert, dass die Abhängigkeit der Forschungszentren von ausländischer Hilfe

91. Majdi Al-Maliki/Hassan Ladadweh/Yasser Shalabi, Mapping Palestinian Non-Governmental Organizations in the West Bank and the Gaza Strip, Ramallah 2007

92. Challand, ebd.

93. Sari Hanafi, Donor Community and the Market of Research Production Framing and de Framing the Social Sciences, Presented at the conference of the Council of National Associations, 23. bis 25. März 2009, Taipei

94. Challand, Palestinian civil Society, S. 109

problematisch sei, weil die Interessen, Ideen und Wahrnehmungen ihrer Geldgeber stark in ihre Forschung und ihre Erhebungen einfließen.[95] Sie werden deshalb als Auftragnehmer neokolonialen Wissens wahrgenommen, da sie kaum zur eigenständigen Wissensproduktion beitragen, die auf den Besonderheiten der Kultur und des Wissens vor Ort beruht. Es ist auch eine Reihe palästinensischer Intellektueller aktiv an der Verbreitung der Diskurse der Geldgeber über Kultur und Gesellschaft beteiligt, ohne die Folgen der Verbreitung dieser inkompatiblen Wissensformen ernsthaft in Frage zu stellen. Diese Art der Forschungsproduktion hat überdies zu einer gewissen Fragmentierung unter den palästinensischen Wissenschaftlern geführt, da sie mittlerweile fast das Monopol in dieser Branche hält. Challand berichtet, dass es »meistens dieselbe Gruppe von vier, fünf Personen [ist], welche die meisten Forschungsberichte schreiben.«[96] Dieses frappierende Beispiel ist in den besetzten Gebieten zur Regel geworden und untergräbt systematisch die Herausbildung neuer Wissenschaftler sowie die Berufsaussichten und Weiterbildungsmöglichkeiten von Hochschulabsolventen.

Aussichten

Die zunehmende Überzeugung, dass die Zweistaatenlösung im Rahmen der Oslo-Abkommen nicht mehr durchsetzbar ist, könnte zu einer Umorientierung vieler palästinensischer Gruppen entlang neuer politischer Linien führen. Ganz gleich, ob das Ziel eine Ein-Staat-Formel, ein binationaler Staat, Föderalismus oder eine alternative Zwei-Staaten-Formel ist – der ausschlaggebende Faktor wird ein nationaler Konsens sein. Wenn die palästinensische Nationalbewegung sich unter einem gemeinsamen organisatorischen Schirm mit klar definierten politischen Zielen neu formiert, wird dies die Zivilgesellschaft beleben und zum Fokus der politischen Orientierung und Mobilisierung machen. Die

95. Khalil Nakhleh, Globalized Palestine: the National Sell-out of a Homeland, o.O. 2011
96. Challand, S. 121

Schwächen und die Spaltung der Nationalbewegung werden die Zivilgesellschaft zwar weiterhin polarisieren, doch es könnten dann neue Akteure mit alternativen Vorstellungen des nationalen Befreiungskampfes entstehen, welche die Politik der bestehenden Parteien und der Mainstream-NGOs überholen.

Die israelische Besatzung ist nach wie vor der bestimmende Faktor und das grundlegende Hindernis für die Entwicklung der palästinensischen Zivilgesellschaft. In den besetzten Gebieten blühte eine alternative Zivilgesellschaft, die explizit das Ziel hatte, Widerstand gegen die Besatzung zu leisten. Die israelische Besatzungsmacht wird das Gefüge der Zivilgesellschaft allerdings weiterhin mit Überzeugungs- und mit Zwangsmaßnahmen infiltrieren. Die unlängst verkündete Politik der Besatzungsmacht, ohne Vermittlung durch die Palästinensische Autonomiebehörde Kontakt mit Vertretern der Zivilgesellschaft aufzunehmen, ist ein typisches Beispiel in dieser Richtung.[97] Ihr Ziel ist es, die gemäßigten Akteure der Zivilgesellschaft zu kooptieren, um die Autonomiebehörde weiter zu schwächen oder eventuell eine Alternative zu dieser vorzubereiten, falls sie aufgelöst wird.

Trotz der aktuellen Stagnation ist die palästinensische Zivilgesellschaft nach wie vor der Ausgangspunkt für eine Kraft des Widerstandes gegen die israelische Kolonialpolitik. Insgesamt wird die Fähigkeit und die Bereitschaft der Zivilgesellschaft, sich von den Einschränkungen zu befreien, die ihr die Abhängigkeit von den Geldgebern und deren politischen Vorgaben auferlegt, ihre zukünftige Rolle und Agenda bestimmen. Wenn sie der hegemonialen Macht und dem Status quo etwas entgegensetzen möchte, wird sie vor allem ihre Verbindungen zur Bevölkerung an der Basis wiederbeleben müssen.

Da einige Organisationen mit abweichender politischer und ideologischer Orientierung trotz ihrer derzeit marginalen Rolle und geringen Sichtbarkeit weiterhin bestehen, ist dies nach wie vor eine

97. Yossi Melman, Liberman Unveils New »Carrot and Stick« Policy for West Bank Palestinians, *The Jerusalem Post*, 17. August 2016

Möglichkeit. Diese Gruppen können einen Kern der Hoffnung für das Wiedererstehen eines kritischeren Modells der Zivilgesellschaft (als Ort des Widerspruchs, der Opposition, des Widerstandes und der Veränderung) bilden.

Übersetzung aus dem Englischen: Gregor Kneussel

50 Jahre koloniales Wirtschaftsverhältnis[98]

Nur Arafeh

Dieser Artikel beleuchtet die Wirtschaftslage der besetzten palästinensischen Gebiete (Occupied Palestinian Territories, OPT) seit deren Besatzung im Jahr 1967 aus der Perspektive des Siedlungskolonialismus.[99] Tatsächlich war die Besatzung lediglich eine Fortsetzung des siedlungskolonialistischen Projekts der Zionisten. Israels Kontrolle über die OPT ist als kolonialistisch zu bezeichnen, weil eine ausländische Einheit involviert ist, welche die Absicht hat, sich Land der einheimischen Bevölkerung anzueignen und eine neue koloniale Gesellschaft zu gründen. Sie basiert außerdem auf dem wirtschaftlichen Zerfall der OPT, der die besetzten Gebiete zutiefst von der israelischen Wirtschaft abhängig macht und die Unabhängigkeit und Souveränität Palästinas verhindert.[100]

Welche strukturellen Mechanismen stecken hinter der israelischen kolonialen Herrschaft und wie haben sich die wirtschaftlichen Beziehungen zwischen Israel und den OPT über die Jahre verändert?

Eingeschränkte wirtschaftliche Integration (1967–1993)

Nach der Besatzung im Jahr 1967 versuchte Israel, die Wirtschaft der OPT in seine eigene Ökonomie zu integrieren, indem es die maximale Enteignung von Land erlaubte, während es die israelische Abhängigkeit

98. Dieser Artikel basiert auf einem Beitrag, der im Juni 2016 in der Zeitschrift *This Week In Palestine* veröffentlicht wurde.

99. Nach Patrick Wolfe folgt der »Siedlungskolonialismus« einer »Eliminierungslogik«, die »die Auflösung einheimischer Gesellschaften anstrebt«, um »eine neue koloniale Gesellschaft auf dem enteigneten Land zu gründen.« Patrick Wolfe, Settler colonialism and the elimination of the native, Journal of Genocide Research, Vol. 8, No. 4, 2006, S. 387-388

100. Leila Farsakh The Political Economy of Israeli Occupation: What is colonial about it? *Electronic Journal of Middle Eastern Studies*, Nr. 8, 2008

von billigen palästinensischen Arbeitskräften zu verhindern versuchte.[101] Die Art und Weise, wie dieses System implementiert wurde, führte allerdings dazu, dass die palästinensischen Gebiete zutiefst von der israelischen Wirtschaft abhängig wurden.

Handel und Arbeitsmarkt stellten die zwei Hauptsäulen der partiellen, peripheren wirtschaftlichen Integration dar. Im Bereich Handel erlegte Israel Palästina eine einseitige Zollunion auf. In der Theorie ist eine Zollunion ein Wirtschaftsabkommen zwischen zwei Ländern, das beiden Parteien den freien Warenverkehr innerhalb der Union erlaubt und bei dem sich die Partnerländer auf einen gemeinsamen Zolltarif gegenüber Drittländern einigen. In der Praxis diktierte allerdings nur eine Partei – Israel – die Bedingungen des Abkommens nach ihren eigenen Interessen und Bedürfnissen.

So waren beispielsweise israelische Produkte frei am palästinensischen Markt erhältlich, während Waren aus Palästina nur sehr eingeschränkten Zugang zum israelischen Markt hatten. Israel schützte sich auch vor der Einfuhr gewisser palästinensischer Waren, besonders landwirtschaftlicher Produkte.[102] Zusätzlich vervierfachte das Handelsabkommen die Ausfuhrtarife und lenkte dadurch den Handel der OPT weg von den benachbarten arabischen Ländern hin zum israelischen Markt.[103]

Auf diese Weise entstand eine starke wirtschaftliche Abhängigkeit des Handels der palästinensischen Gebiete von Israel. Der palästinensische Markt stellte sich für israelische Produkte als Monopol dar, insbesondere begünstigt durch die fehlenden Zollschranken zwischen Israel und Palästina und die niedrigen Transportkosten. Im Jahr 1984 stammten 89 % aller Importe der Westbank aus Israel.[104] Zudem gerieten sowohl die

101. Ebd.

102. Arie Arnon, Israeli Policy Towards the Occupied Palestinian Territories: The economic dimension, 1967–2007, Middle East Institute 2007

103. Fadle Naqib, Economic Aspects of the Palestinian-Israeli Conflict: The collapse of the Oslo Accords, World Institute for Development Economics Research 2002

104. Antoine Mansour, The West Bank Economy: 1948–1984, in: George T. Abed (Hg.), The Palestinian Economy 1988

Produktion als auch der Export Palästinas ins Stocken, als palästinensische Produzenten ihre Wettbewerbsfähigkeit am internationalen Markt verloren und mit der starken Konkurrenz fortschrittlicher israelischer Hersteller zu kämpfen hatten. Daher ist diese Periode von einem starken Handelsbilanzdefizit für Palästina geprägt, da die Exportwachstumsrate deutlich unter der Importwachstumsrate lag.[105]

Diese negative Handelsbilanz wurde hauptsächlich aus den Einkünften palästinensischer ArbeiterInnen auf dem israelischen Markt finanziert. Tatsächlich war die Integration palästinensischer ArbeiterInnen in die israelische Wirtschaft ein weiterer Schlüsselfaktor bei der Integration der Wirtschaft der besetzten Gebiete in jene Israels.

In den Jahren 1967 bis 1990 waren 35 bis 40 % der palästinensischen Erwerbstätigen in Israel beschäftigt.[106] Sie erwirtschafteten mehr als 25 % des Bruttoinlandsprodukts der OPT und trugen zur Verdopplung des Pro-Kopf-Einkommens in den Jahren 1970 bis 1987 bei. [107] Allerdings ging die Zunahme des Einkommens mit einem Rückgang der Produktivität in den OPT einher, die durch folgende Faktoren bedingt war: Stagnation der industriellen Produktion, Rückgang bewirtschafteter Flächen, niedrige Investitionen in produktives Vermögen und von Israel auferlegte Hindernisse bei der Entwicklung palästinensischer Unternehmen, die Israel Konkurrenz machen könnten.[108]

Die limitierte und aufgezwungene wirtschaftliche Integration durch Handel und Arbeitskräfte machte jegliches Wirtschaftswachstum Palästinas unmöglich, da es an den israelischen Markt und nicht an palästinensische Bedürfnisse von Angebot und Nachfrage gekoppelt war. Es blieb vom Zugang zum israelischen Arbeitsmarkt und anderen externen Einkommensquellen abhängig. Darüber hinaus führte das oben beschriebene System zu einem Transfer wesentlicher Ressourcen

105. Ebd.

106. Leila Farsakh, Palestinian Economic Development: Paradigm shifts since the first Intifada, *Journal of Palestine Studies* Vol. XLV, Nr. 2, Winter 2016

107. Farsakh, 2008

108. Mansour, 1988

aus der Wirtschaft der OPT in Richtung Israel.[109] Zum einen gab es keine Übereinkunft bezüglich der Aufteilung der Einkünfte aus den Importsteuern der Zollunion, die größtenteils nach Israel flossen. Zum anderen waren die Einkünfte aus Steuern und Sozialversicherungsbeiträgen, die von palästinensischen ArbeiterInnen in Israel entrichtet wurden, eine weitere Einnahmequelle. Hinzu kamen noch die Einkünfte aus der Seigniorage, dem durch die Emission des Schekel entstehenden Gewinns, da die israelische Währung auch in Palästina zum legalen Zahlungsmittel erklärt wurde.

Dieser Geldabfluss wurde noch weiter verschärft durch die Enteignung palästinensischer wirtschaftlicher Ressourcen und Produktionsfaktoren, insbesondere durch illegale Besiedlung. Laut der Konferenz der Vereinten Nationen für Handel und Entwicklung (United Nations Conference on Trade and Development, UNCTAD) im Jahr 1996 waren bis 1992 68 % der Westbank und 40 % des Gazastreifens aufgrund Israels Konfiszierungspolitik nicht länger unter palästinensischer Kontrolle.[110]

Der Oslo-Friedensprozess (1993/1995): Eine Festung lähmender kolonialer Abhängigkeiten

Als Teil des Oslo-Friedensprozesses wurden im Pariser Protokoll von 1994 die finanziellen und wirtschaftlichen Beziehungen zwischen palästinensischen Behörden und Israel festgelegt. Diese Abkommen haben die Strukturen der israelischen Besatzung lediglich weiter vertieft, indem sie Israels Dominanz gegenüber den OPT sowie die wachsende Abhängigkeit Palästinas von Israels Wirtschaft stärkten, während sie Palästina Souveränität und Selbstbestimmung verwehrten.

Für den Handel war die Post-Oslo-Periode der Prä-Oslo-Periode außerordentlich ähnlich. Das Pariser Protokoll legte eine quasi-Zollunion

109. Naqib, 2002
110. UNCTAD, Prospects for Sustained Development of the Palestinian Economy: Strategies and policies for reconstruction and development, 1996

fest. Doch warum installierte man eine Zollunion und kein Freihandelsabkommen, wie es Palästina ursprünglich forderte? Weil nur eine Zollunion es Israel ermöglichte, das Thema Grenzen und somit die Kontoverse um Trennung und Integration weiterhin aufzuschieben. Ein formelles Freihandelsabkommen hätte eine klare und verbindliche Festlegung der Grenzen zwischen Israel und der Westbank vorausgesetzt, was Israel unbedingt verhindern will. Das erklärt auch, warum Palästinas Zustimmung zur Zollunion Bedingung für die Aufrechterhaltung des Arbeitskräftetransfers von Palästina nach Israel war.[111]

Die Zollunion nach 1994 war somit ebenso einseitig orientiert wie in der Prä-Oslo-Periode, da den palästinensischen Gebieten die Handelspolitik Israels (Zolltarife und andere Bestimmungen) auferlegt wurden (abgesehen von bestimmten Gütern, die in den sogenannten Listen A1, A2 und B angeführt waren). Das Abkommen erlaubte auch den uneingeschränkten Fluss israelischer Waren in den palästinensischen Markt, während es für den Transfer palästinensischer Güter aus den OPT nach Israel starke Einschränkungen vorsah. Deshalb fanden israelische Güter auf dem palästinensischen Markt eine Monopolstellung vor. Laut UNCTAD hat Israel kürzlich bekannt gegeben, dass es für 70 % des palästinensischen Imports und für 85 % des palästinensischen Exports verantwortlich zeichnet.[112]

Während der Handel der Post-Oslo-Periode eine ähnliche Rolle spielte wie in der Prä-Oslo-Periode, kam dem Arbeitskräftetransfer nicht mehr dieselbe integrative Eigenschaft zu wie zuvor. Arbeitskräftevereinbarungen waren von Israels Versuchen geprägt, die territorialen und wirtschaftlichen Grenzen zur Westbank und zum Gazastreifen neu zu definieren.[113] Im Falle der Westbank hatte Palästina immer noch Zugang zum israelischen Arbeitsmarkt, was die Strategie Israels widerspiegelt,

111. Arnon, 2007

112. UNCTAD, Report on UNCTAD Assistance to the Palestinian People: Developments in the economy of the Occupied Palestinian Territory, 2016

113. Leila Farsakh, Palestinian Labor Flows to the Israeli Economy: A finished story? *Journal of Palestine Studies* XXXII, No. 1, Autumn 2002

Teile der Westbank einzugliedern und gleichzeitig eine verbindliche Festlegung der Grenzen zu vermeiden. Im Gegensatz dazu ließen die Restriktionen beim Arbeitskräftetransfer im Gazastreifen auf eine Abgrenzung der israelischen Wirtschaft von Gaza schließen.

Die obige Kurzanalyse des Pariser Protokolls zeigt, dass wirtschaftliche Abkommen mit den Palästinensern in erster Linie nach den politischen Interessen und territorialen Erwägungen Israels ausgerichtet sind. Während eine palästinensische Behörde geformt wurde, führte der Oslo-Friedensprozess zu einer Fragmentierung der palästinensischen Politik und verstärkte Israels Dominanz über die OPT. Das Pariser Protokoll vertiefte die Abhängigkeit Palästinas von Israels Handels-, Währungs- und Steuerpolitik und verlieh Israel die Kontrolle über den Arbeitskräfte- und Steuerfluss Palästinas, wobei zusätzlich jegliche noch so eingeschränkte Möglichkeit zur wirtschaftlichen Entwicklung Palästinas Israels territorialen und Sicherheitsinteressen untergeordnet wurde.[114] Währenddessen wurde die palästinensische Wirtschaft auf die palästinensischen Gebiete beschränkt, entsprechend der zukünftig angestrebten Grenzen eines palästinensischen Nationalstaates. Die Palästinenser wurden auch zunehmend von Spendenhilfe abhängig, die seit dem Oslo-Friedensprozess geleistet wurde. So setzte sich eine ökonomische Abwärtsspirale in Gang.[115]

Die wirtschaftliche Bantustanisierung der palästinensischen Gebiete (2000–2017)

Israels Abriegelungspolitik ist ein wesentlicher wirtschaftlicher Aspekt der Post-Oslo-Periode. Seit den 1990er-Jahren schränkt Israel die Freizügigkeit und den Zugang von Palästinensern aus den besetzten Gebieten durch ein System aus physischen, administrativen und institutionellen Hindernissen stark ein. Fixe und mobile Kontrollpunkte,

114. Farsakh, 2008
115. Roy, 1999

Straßensperren, Erdwälle, Schranken, Passierscheine und »die Mauer« sind zu gängigen Praktiken der Besatzungsmacht in den OPT geworden, mit äußerst schädlichen Auswirkungen auf die Freizügigkeit von Personen sowie für den Transport von Gütern innerhalb der palästinensischen Gebiete.

Diese Abriegelungsstrategie ging Hand in Hand mit vermehrten Landenteignungen von Palästinensern, unter anderem durch die Ausdehnung illegaler Siedlungen und den Bau der Mauer. Die darauffolgende Zersplitterung der OPT wurde von einer politischen Polarisierung der palästinensischen Gesellschaft begleitet, insbesondere nach der Teilung in die Fatah-geführte Palästinensische Autonomiebehörde (PA) in der Westbank und in die Hamas-geführte Regierung im Gazastreifen. Mit dem politischen ging auch der wirtschaftliche Zerfall einher, bis zu dem Punkt, an dem man heute nicht mehr von einer palästinensischen Wirtschaft sprechen kann, sondern lediglich von palästinensischen Wirtschaftsregionen oder Fragmenten derselben.[116] Diese Wirtschaftsregionen umfassen folgende Gebiete:

1. Gaza

Die Wirtschaft Gazas befindet sich seit der von Israel auferlegten Zehn-Jahres-Blockade und den drei israelischen Angriffen in den Jahren 2008–2009, 2012 und 2014 in einem fortschreitenden Stadium der Rückentwicklung. Durch Einschränkungen zu Land und auf See wurde Gazas Wirtschaft zunehmend vom Rest der palästinensischen Gebiete abgeschnitten und der internationale Handel gedrosselt. Abriegelung und Einschränkungen der Freizügigkeit haben auch die Landwirtschaft, das Baugewerbe, die Fischerei und die Industrie lahmgelegt.

116. Mehr zur wirtschaftlichen Fragmentierung der OPT in: Strengthening Trade and Economic Interaction Between Palestinians in the West Bank and Inside Israel: An Arab »north-north« alternative to Israelization, Raja Khalidi and Qossay Alsattari, Centre for Development Studies, Birzeit 2015

Insbesondere die Liste der Gegenstände mit doppeltem Verwendungszweck (dual use) – laut israelischer Behauptungen können diese Produkte nicht nur für zivile, sondern auch für militärische Zwecke verwendet werden – hat die Menge an Gütern verringert, deren Kosten erhöht und dazu geführt, dass ganze Produktlinien eingestellt werden mussten.

Folglich wurden die Produktionsbasis und der private Sektor Gazas schwerwiegend unterminiert. Solche Strategien in Kombination mit erschöpften Ressourcen zur Versorgung mit Wasser, Energie, Bildung, Gesundheits- und anderen Leistungen haben Gaza zunehmend unbewohnbar gemacht, indem seiner Fähigkeit, nachhaltiges Wirtschaftswachstum zu generieren und soziale Veränderungen hervorzubringen, Einhalt geboten wurde.

Allerdings hat die israelische Besatzung in Gaza auch neue Wirtschaftsformen hervorgebracht. Es hat sich eine informelle Schattenwirtschaft entwickelt, die bis vor kurzem der Hauptmotor für Gazas wirtschaftliches Überleben und Wachstum war. Durch den Schwarzmarkt verringerte sich Gazas Abhängigkeit von der israelischen Wirtschaft. Gaza erlangte wieder Kontrolle über den Warenimport. Im Jahr 2009 versuchte die Hamas-Regierung, den Schwarzmarkt zu formalisieren und gründete eine Schwarzmarktkommission (Tunnel Affairs Commission, TAC), die zur regulativen Behörde kommerzieller Aktivitäten wurde. Diese Art von Schmuggel brachte jedoch kein nachhaltiges Wachstum: Die Märkte waren über die Nachfrage hinaus gesättigt und der Schwarzmarkt bot quasi keine Vorteile für arbeitsintensive Sektoren und Produktionssektoren. Darüber hinaus wurde der Schwarzmarkt durch eine ägyptische Großrazzia Mitte 2013 erschüttert, die die sozioökonomische und humanitäre Krise Gazas noch verschärfte.

2. *Ostjerusalem*

Ostjerusalem war das verkehrstechnische, kommerzielle, touristische und kulturelle Herzstück Palästinas. Allerdings wurde es sukzessive von der Wirtschaft Gazas und der Westbank abgeschnitten und auf einseitige und verzerrte Weise in die israelische Wirtschaft integriert. Dabei wuchs die Abhängigkeit von Beschäftigung, Handel und Finanzen vom israelischen Markt.

Die Marginalisierung der Wirtschaft Ostjerusalems wurde von Israels Annexions-, Isolations- und Abriegelungsstrategien verursacht, insbesondere durch die Errichtung der Mauer. Dies führte zu einer rapiden Verschlechterung der sozioökonomischen Verhältnisse.

Palästinenser leiden unter sehr hoher Arbeitslosigkeit und einer hohen Armutsrate, die im Jahr 2014 82 % betrug, akuter Wohnungsnot, mangelnden Investitionen und wirtschaftlicher Infrastruktur, einem verarmten kommerziellen Sektor, einem Tourismussektor, der weit hinter seinem Potenzial liegt, und einem ruinierten Bildungs- und Gesundheitswesen.

3. *Das zersplitterte Archipel Westbank*

Während der Gazastreifen und Ostjerusalem wirtschaftlich marginalisiert und isoliert wurden, entwickelte sich in Ramallah eine neoliberale Wirtschaft. Das von der Regierung Salam Fayyads implementierte Entwicklungsmodell bemüht sich in erster Linie um Privatisierungen und versucht, die Inflation niedrig zu halten. Es führte zum Anstieg individueller Verschuldung und steigender sozialer Ungleichheit. Vor diesem Hintergrund begann für eine relativ kleine Schicht von vornehmlich in der Gastronomie tätigen Personen eine Periode wirtschaftlichen Aufschwungs. Allerdings dauerte dieser nicht lange an und war letztendlich nicht nachhaltig, da er auf einer künstlich geschaffenen, Geber-abhängigen Wirtschaft basierte.

Dieses Wachstum war also weit davon entfernt, Vermögen zu generieren, da es meist in Zone A und B der Westbank stattfand, während Zone C für palästinensische Investitionen nicht zugänglich war.[117]

117. Siehe dazu die Landkarten im Anhang.

Im Gegensatz zur Ökonomie Ramallahs und der Zone C der Westbank wurden Hebron und die südliche Westbank immer mehr zur kommerziellen und industriellen Kernzone der palästinensischen Gebiete. Überdies ist die südliche Westbank nach wie vor für ihren starken sozialen Zusammenhang bekannt, während Ramallah von vorherrschendem Konsumdenken und sozialem Zerfall gekennzeichnet ist. Dies könnte die Basis für den Aufbau einer stärkeren Wirtschaft in der südlichen Westbank sein.

4. Neue »Nord-Nord«-Beziehungen

Unterdessen entwickeln sich neue Nord-Nord-Beziehungen und Handelsströme zwischen der nördlichen Westbank (Nablus, Jenin, Tubas und Qalqiya) und der arabischen Wirtschaft in den arabischen Städten und Dörfern in der Dreiecksregion von Galiläa. Diese neuen Wirtschaftsbeziehungen umfassen die Bereiche Hotellerie, Tourismus und Gastronomie, den Einzelhandel, den Dienstleistungssektor – insbesondere Gesundheitsdienste, Finanz- und Steuerberatungsleistungen, Rechtsdienstleistungen sowie Transit und Transport. Der geschätzte Gesamtwert aller Güter und Dienstleistungen, die von in Israel lebenden Palästinensern vom Markt der nördlichen Westbank konsumiert werden, beläuft sich auf 1,1 Mrd. Schekel (umgerechnet 280 Mio. Euro) jährlich. Palästinenser, die in Israel leben, werden also immer mehr zum wirtschaftlichen Motor der nördlichen Westbank.[118]

Ausblick

Vor diesem Hintergrund stellt sich nun die Frage, welche Handlungsmöglichkeiten es in Zukunft gibt. Eine Untersuchung der Wirtschaftsstrategien während der ersten Intifada bietet hier historische Einblicke in die Rolle der Wirtschaft im Kampf der Palästinenser.

118. Ebd.

Die auch als Krieg der Steine bekannte erste Intifada brach 1987 in Form von zivilem Ungehorsam und wirtschaftlichem Widerstand aus. Sie verband wirtschaftliche Aktivitäten mit politischen Visionen, wirtschaftliche Befreiung und Unabhängigkeit wurden als Notwendigkeit zur politischen Befreiung erachtet. Die Wirtschaft wurde als Werkzeug wahrgenommen, um soziale und nationale Ziele zu erreichen. [119]

Die Förderung der palästinensischen Produktionskapazität und Eigenständigkeit war das Kernstück des wirtschaftlichen Widerstandes während der ersten Intifada. Ein Netzwerk aus Basiskomitees wurde errichtet, um die Produktion über den Konsum zu erhöhen, um landwirtschaftliche Schulungen und Bildungskampagnen durchzuführen und um Familien dabei zu unterstützen, ihre Gärten zu bepflanzen. Komitees wie die palästinensische PARC (Palestinian Agricultural Relief Committee) spielten eine bedeutende Rolle bei der Verbreitung von Familiengärten zur Selbstversorgung. Ziel war es, eine eigene, von Israel unabhängige Wirtschaft zu schaffen.

Es gab auch groß angelegte Boykotte israelischer Produkte wie Zigaretten und alkoholische Getränke. Das Ergebnis war eine Steigerung der palästinensischen Zigarettenproduktion um 25 % innerhalb eines Monats, während der israelische Zigarettenhandel um mehr als 50 Mio. US-Dollar sank, ein Rückgang von 63 %.[120]

Palästinenser leisteten auch steuerlichen Widerstand, indem sie ihre Steuerzahlungen zurückhielten, die zum Großteil der Finanzierung der Besatzung dienten. Beit Sahour war eine der Städte, die sich weigerten, Steuergelder zu bezahlen. Zudem blieben palästinensische Geschäfte und Betriebe im Zuge teilweiser und genereller Streiks geschlossen. Viele palästinensische ArbeiterInnen kündigten ihre Jobs auf dem israelischen Arbeitsmarkt mit der Absicht, die israelische Produktion ins Stocken zu bringen. Israelische Unternehmen erlitten Verluste, vor allem

119. Adel Samara/Odeh Shehadeh, Al-Himayah al-Sha'biya, 1988

120. Judith Gabriel, The Economic Side of the Intifadah, *Journal of Palestine Studies*, http://jps.ucpress.edu/content/18/1/198.Vol. 18, No. 1, Autumn 1988

landwirtschaftliche Betriebe, die Textilproduktion, die Bauwirtschaft und der Dienstleistungssektor. Palästinensische Geschäftsleute spielten eine wichtige Rolle bei der Senkung der Warenpreise und Einstellung von Arbeitskräften, die sie gar nicht wirklich brauchten. Trotz aller gemeinsamen Aktionen wirtschaftlichen Widerstandes gelang es den Basiskomitees allerdings nicht, eine Alternative zum herrschenden kolonialen System zu etablieren.[121]

Wäre eine solche ökonomische Kriegsführung angesichts der derzeitigen Schwäche der Basisbewegungen und der fehlenden politischen wie wirtschaftlichen Führung heute überhaupt möglich?

Eine Strategie des wirtschaftlichen Widerstands ist sowohl möglich als auch notwendig. Wirtschaft sollte ein Instrument der zukünftigen gegen-hegemonialen Widerstandsstrategie gegenüber Israels Siedlungskolonialismus und dessen Machtstrukturen sein. Allerdings braucht es dazu eine neue Führung mit einer neuen Vision und einer neuen Strategie.

Die untenstehenden Strategievorschläge können bereits jetzt, noch vor einer Änderung der politischen Machtverhältnisse, verfolgt werden. Es muss jedoch betont werden, dass für die Umsetzung dieser Vorschläge weitere detaillierte Untersuchungen notwendig sind.

1. Aufbau von Produktionskapazitäten in der palästinensischen Wirtschaft zur Sicherung der ökonomischen Eigenständigkeit und stärkere Integration der arabischen Wirtschaft. Es besteht dringender Bedarf zur Entwicklung einer nationalen politischen und wirtschaftlichen Vision, welche die nationale Widerstandsstrategie gemeinsam mit lokalen Strategien leitet und dabei die unterschiedlichen Ausprägungen der einzelnen Regionen berücksichtigt. In diesem Rahmen ist die Förderung der Landwirtschaft essenziell, da diese eng mit dem Kampf gegen Enteignungen durch Israel verbunden und der

121. Linda Tabar, People's Power: Lessons from the first intifada, book chapter in Critical Readings of Development under Colonialism, Centre for Development Studies, Birzeit 2015

Schlüssel zur Entwicklung einer produktiven Wirtschaft ist. Die Industrie sollte ebenfalls gestärkt werden, um die lokale Produktion zu erhöhen und damit die Abhängigkeit von Israel zu verringern.

2. Boykott israelischer Güter (soweit als möglich), um einerseits die Kosten der Besatzung zu erhöhen und andererseits palästinensische Produkte wettbewerbsfähiger zu machen. Der Boykott muss daher mit der Ankurbelung lokaler Produktion in entsprechend hoher Qualität Hand in Hand gehen. Dafür könnten eigene Komitees gegründet werden, um eine entsprechende Legislative zum Boykott zu entwickeln und regelmäßige Evaluierungen zur Verbesserung der Boykottstrategie durchzuführen.
3. Der internationale Druck auf Israel sollte erhöht werden, um die vielfältigen wirtschaftlichen Diskriminierungen der besetzten Gebiete zu beseitigen bzw. zumindest zu verringern. Die internationale Gemeinschaft sollte an ihre rechtlichen Pflichten und ihre Verantwortung erinnert werden, ihre Worte in Taten umzusetzen und Israel für die Rechtverletzungen zur Verantwortung ziehen. Beispielsweise sollten die EU-Richtlinien zur Kennzeichnung von Produkten aus den besiedelten Gebieten, die von den Mitgliedsstaaten noch nicht durchgesetzt werden, auf ein komplettes Verbot aller direkten und indirekten Investitionen sowie aller wirtschaftlichen, finanziellen und geschäftlichen Aktivitäten in israelischen Siedlungen ausgedehnt werden, die nach internationalem Recht illegal sind. Die EU sollte also ein Verbot aller israelischer Güter in Betracht ziehen, da Israel Drahtzieher der Besatzung und der illegalen Besiedlung ist. Damit würde die EU die Ursache der Besatzung adressieren (die israelische Regierung) und nicht das Symptom (die Siedlungen).

Da sich dieser Beitrag hauptsächlich mit der Situation in der Westbank befasst, sei abschließend doch auf die weitaus prekärere Lage im Gazastreifen hingewiesen. Trotz seines Rückzuges im Jahr 2005 kontrolliert Israel den Gazastreifen völlig zu Land, zu Wasser und in der Luft und ist daher für die katastrophale wirtschaftliche und soziale Situation primär verantwortlich. Die Beendigung des Boykotts des Gazastreifens ist daher eine unabdingbare Forderung.

Zudem könnte die EU bessere Handelsbeziehungen mit Palästina etablieren. Die EU ist Israels größter Handelspartner, mit einem Gesamtvolumen von etwa 30 Mrd. Euro im Jahr 2014, was 33 % des gesamten Exportvolumens Israels in diesem Jahr entspricht.[122] Indessen betrug das Handelsvolumen der EU mit den Palästinagebieten in diesem Jahr lediglich 195 Mio. Euro. Die EU muss auch ihre Finanzbeziehungen zu israelischen Banken abbrechen, die in hohem Maße an der Finanzierung der Besatzung und der Errichtung illegaler israelischer Siedlungen beteiligt sind.[123]

Übersetzung aus dem Englischen: Kerstin Dohnal

122. Laut Daten des israelischen Wirtschafts- und Industrieministeriums.

123. Who Profits, Financing Land Grab: The Direct Involvement of Israeli Banks in the Israeli Settlement Enterprise, Februar 2017; http://tinyurl.com/hq27tt9

BDS für Menschenrechte: Die Köpfe dekolonisieren

Omar Barghouti

Im Jahr 1923 schrieb der zionistische Führer Ze'ev Jabotinsky: »Jede einheimische Bevölkerung auf der Welt widersetzt sich den Kolonisten, solange sie die geringste Hoffnung hat, sich der Gefahr der Kolonisierung zu entledigen. [...] Die zionistische Kolonisation muss entweder beendet werden oder ohne Rücksicht auf die einheimische Bevölkerung fortgeführt werden. Das bedeutet, sie kann nur unter dem Schutz einer von der einheimischen Bevölkerung unabhängigen Macht fortschreiten, hinter einer eisernen Mauer, welche die Einheimischen nicht durchbrechen können.«

Es wurde zu einem Schlüsselelement dieser zionistischen »eisernen Mauer«, nicht nur das Land der indigenen Palästinenser zu kolonisieren, sondern auch deren Köpfe, indem sie die Notwendigkeit akzeptierten, sich Israels Unrecht schicksalhaft zu ergeben und die Vergeblichkeit, dem Regime der Unterdrückung widerstehen zu können. Dies wurde durch hegemoniale und ununterbrochene Machtausübung in unsere Köpfe eingebrannt.

Folglich war der Kampf um Gerechtigkeit für Palästinenser immer dadurch bestimmt, tief verwurzelte Verzweiflung und Barrieren zu überwinden, um einen radikalen Prozess der Dekolonisation der Köpfe loszutreten. Ohne diese Befreiung können sich die Palästinenser nicht vorstellen, wie Freiheit überhaupt aussehen kann. Diese Dekolonisation des Verstandes verlangt wiederum ein Wiedererwecken der Hoffnung.

Hoffnung kann ansteckend sein. Gerade deshalb versucht Israel mit aller Macht, die globale Bewegung Boycott, Divestment and Sanctions (Boykott, Desinvestitionen und Sanktionen/BDS) zu unterbinden. BDS ist eine Hauptquelle jeder Hoffnung, ein essenzieller Teil unseres Volkswiderstandes und die effektivste Form der internationalen Solidarität mit dem palästinensischen Kampf für Freiheit, Gleichheit und Gerechtigkeit. BDS hat schließlich nicht nur auf die Rechte *aller* Palästinenser bestanden; es hat das palästinensische Bestreben nach Emanzipation, Gerechtigkeit und Frieden dadurch bestärkt, indem es effektiv einen gewaltlosen und doch realistischen Weg gezeigt hat, diese Ziele zu erreichen.

Ausschlaggebend ist, dass BDS die inhärente Beziehung zwischen dem Kampf für palästinensische Rechte und den diversen internationalen Kämpfen für ethnische, indigene, wirtschaftliche, geschlechtliche und soziale Gerechtigkeit wie auch für Klimagerechtigkeit wiederhergestellt hat.

Umfassende palästinensische Rechte betonen

2005 von der größten Koalition in der palästinensischen Zivilgesellschaft gegründet, fordert BDS ein Ende der israelischen Besatzung seit 1967, ein Ende der institutionellen und legalisierten Rassendiskriminierung, welche die UN-Definition von Apartheid erfüllt, sowie die Aufrechterhaltung des UN-verbrieften Rechtes der palästinensischen Flüchtlinge, zu den enteigneten Wohnstätten und Grundstücken zurückzukehren, von denen sie 1948 vertrieben wurden.

Diese drei Grundrechte gelten für die drei Hauptteile des palästinensischen Volkes: jenes im besetzten Gazastreifen und Westjordanland inklusive Ostjerusalem (machen laut einer Statistik aus dem Jahr 2016 38 % der Palästinenser aus), die palästinensischen Staatsbürger von Israel (12 %) sowie jenes im Exil (50 %). Mehr als zwei Drittel der Palästinenser sind Geflüchtete/Flüchtlinge oder intern Vertriebene.

Obwohl BDS erst 2005 gestartet wurde, ist die Bewegung in Jahrzehnten palästinensischen, populären und gewaltlosen Widerstands gegen den Siedlerkolonialismus und die ethnischen Säuberungen tief verwurzelt. Sie wurde von der südafrikanischen Anti-Apartheid-Bewegung und der US-amerikanischen Bürgerrechtsbewegung inspiriert und stark beeinflusst.

Die BDS-Bewegung ist in der Allgemeinen Erklärung der Menschenrechte verankert und hat durchwegs und kategorisch alle Formen von Rassismus und Rassendiskriminierung abgelehnt, einschließlich des anti-jüdischen Rassismus und der Islamophobie. Die Bewegung hält hoch, dass die persönliche Identität niemals den Anspruch eines Menschen auf Rechte verringern oder beschränken soll. Folglich zielt BDS nicht auf Identität, sondern auf Mitschuld ab.

BDS ist eine inkludierende Menschenrechtsbewegung, die sich anwachsender Unterstützung von vielfältigen Gemeinschaften erfreut. Dazu gehört auch eine wachsende Zahl jüdisch-israelischer BDS-Unterstützer, die eine bedeutende Rolle dabei spielen, das israelische Regime der Unterdrückung bloßzustellen und für seine Isolation einzutreten.

Ist Israel ein Apartheid-Staat?

Trotz der klaren Unterschiede zwischen Israels Regime der Unterdrückung und jenem von Südafrika während der Apartheid bleibt die Ähnlichkeit erstaunlich. Das geben heute viele israelische und südafrikanische Experten zu. Israels Regime der Unterdrückung gegen die Palästinenser mag ein einzigartiger Cocktail sein, doch ist es zum Teil eine raffiniertere, weiterentwickelte und brutalere Form der Apartheid als ihr südafrikanischer Vorgänger. Die Vorsitzende der südafrikanischen Nationalversammlung Baleka Mbete erklärte kürzlich: »Apartheid in Südafrika war ein Picknick im Vergleich zu dem, was wir in den besetzten [palästinensischen] Gebieten gesehen haben.«

Anfang 2017 schloss ein Bericht im Auftrag der Wirtschafts- und Sozialkommission für Westasien (Economic and Social Commission for Western Asia/ESCWA), der von Richard Falk, einem bedeutenden Völkerrechtsexperten und ehemaligen UN-Sonderberichterstatter für Menschenrechte, mitverfasst wurde, dass Israel des Verbrechens der Apartheid gegen die Gesamtheit der Palästinenser schuldig sei und rief zu BDS-Maßnahmen auf, um es zur Rechenschaft zu ziehen.[124] Nach der enormen Empörung von israelischer Seite und auf das folgende Drängen der USA hin, zogen die Vereinten Nationen den Bericht zurück.

Wie manche israelische Persönlichkeiten und Kommentatoren heutzutage einräumen, hört die in gut 60 rassistische Gesetze gegossene israelische Apartheid nicht bei den Grenzen von 1967 auf. Beispielsweise zerstörten israelische Polizeikräfte Anfang 2017 den Großteil des beduinischen Dorfes Umm al-Hiran in der Naqab- bzw. Negev-Wüste. Dessen Bewohner waren palästinensische Staatsbürger von Israel. Die Zerstörung erfolgte, um auf den Ruinen eine rein jüdische Siedlung zu bauen. Die israelischen Kräfte gaben den palästinensischen Familien kaum eine Vorwarnung, um ihre Möbel, Fotos, Bücher oder Spielzeuge zu holen, bevor sie ihre Häuser und Existenzgrundlage niederrissen.

Umm al-Hiran ist nicht die Ausnahme, sondern die Regel. Von Macht und Straflosigkeit berauscht, besonders seit Trumps Machtaufstieg, hat Israel, so fürchten die Palästinenser, eine Eskalation der laufenden Nakba angetreten. Es hat seine dünne Maske, die sogenannte Zweistaatenlösung zu unterstützen, fallen gelassen und geht mit schwindelerregendem Tempo vor, so viele Siedlungen wie möglich in dem besetzten palästinensischen Gebiet zu bauen.

Während Israel offen und unverblümt mit den weltweit zunehmenden Rechtsextremen verkehrt, einschließlich xenophoben und antisemitischen Gruppen, vor allem in den Vereinigten Staaten und in Europa, und während es vermehrt, wie Tony Judt es einst formulierte, den »aggressiv-intoleranten, glaubensgetriebenen Ethno-Staaten« zugeschrieben wird, werden mehr Basisbewegungen und progressive Institutionen die moralische Pflicht empfinden, sich der BDS-Bewegung als effektivster Form der Solidarität mit den Rechten der Palästinenser anzuschließen.

Eine führende Persönlichkeit des als »Alt-right« bezeichneten Rechtsextremismus in den USA, Richard Spencer, ging so weit, den rassistischen Nationalismus dieser der »White Supremacy« (»weiße Überlegenheit«)

124. Siehe dazu den Beitrag von Richard Falk in diesem Buch.

zugehörigen Bewegung als »eine Art weißen Zionismus« zu verteidigen. Diese unmissverständliche Anspielung auf Israels ausgrenzendes Fundament, auf einen Staat, der jüdische Siedler über die einheimische palästinensische Bevölkerung privilegiert und afrikanische Asylsuchende wie ein »Krebsgeschwür« behandelt, entlarvt weiter die oft verschleierten Widersprüche zwischen Zionismus und liberalen Idealen.

Indem diese Widersprüche sichtbarer werden, wächst die Unterstützung dafür, Israel zur Rechenschaft zu ziehen, sowohl unter amerikanischen Juden als auch in der breiteren Öffentlichkeit Amerikas. Eine Befragung aus dem Jahr 2014 zeigte, dass 46 % der nicht-orthodoxen jüdischen Amerikaner unter 40 Jahren den Boykott Israels befürworten, um die Besatzung zu beenden. Dies könnte auch das rasante Wachstum führender jüdischer Organisationen erklären, die BDS unterstützen – wie etwa Jewish Voice for Peace.

Israel sieht eine tiefgreifende Bedrohung im steigenden Widerstand prominenter jüdischer Persönlichkeiten, die die israelische Neigung, in ihrem Namen zu sprechen, ablehnen, seine Behauptung, »nationale Heimat« aller Juden zu sein, anfechten, oder den inhärenten Konflikt zwischen seiner ethno-religiösen Selbstdefinition und seinem Anspruch, demokratisch zu sein, zur Sprache bringen. Was der US-amerikanische Journalist Isidor Stone prophetisch 1967 zu Israel schrieb, nämlich, dass es aufgrund seiner »rassischen und exklusionistischen« Ideale »eine Art moralische Schizophrenie im Weltjudentum erzeugt«, ist nicht mehr von der Hand zu weisen.

An Israels Apartheid und kolonialer Unterdrückung ist nichts jüdisch; demnach ist an sich nichts anti-jüdisch an einem gewaltfreien, moralisch konsequenten Kampf gegen diese Unterdrückung.

In der amerikanischen Öffentlichkeit im Ganzen stieg die Befürwortung der Logik von BDS drastisch. Eine 2016 von der Brookings Institution durchgeführte Befragung zeigt, dass fast die Hälfte aller Amerikaner eine Sanktionierung oder härtere Maßnahmen gegen Israel befürworten würden, um seinen illegalen Siedlungsbau aufzuhalten.

Diese Umfragen und andere Hinweise deuten auf ein beeindruckendes Wachstum der palästinensisch geführten Boycott, Divestment and Sanctions (BDS)-Bewegung. Wir ziehen viel Inspiration aus dem wachsenden Band wechselseitiger Solidarität mit Bewegungen, die die Rechte von Flüchtlingen, Migranten, Frauen, Arbeitern, schwarzen Amerikanern, Muslimen, indigenen Amerikanern und der LGBTQI[125]-Gemeinschaft sowie auch aus der Tatsache, dass die altehrwürdige Taktik des Boykotts die Waffe der Wahl für Amerikaner geworden ist, die Trump und ihm nahestehende Unternehmen ablehnen.

Da eine auf Illusionen beruhende Hoffnung die Unterdrückten nicht näher zur Gerechtigkeit bringt, müssen wir uns stets fragen, ob die Hoffnung, die wir hegen, nicht nur auf moralisch konsequenten Strategien basiert, sondern auch auf effektiven Strategien des Widerstands, die uns zum Ziel bringen.

Die Wirkungskraft von BDS

In dieser Hinsicht muss die Wirkungskraft von BDS in Anbetracht zweier eng verwandter Strategien bewertet werden: Weltweit das Bewusstsein für die von den Vereinten Nationen vorgeschriebenen Rechte des palästinensischen Volkes zu schärfen sowie den materiellen und psychologischen Preis des israelischen Regimes der Unterdrückung zu erhöhen, indem Individuen, Institutionen, die Zivilbevölkerung und letztendlich Staaten mobilisiert werden, um ihre praktische Mitwirkung an der Aufrechterhaltung dieses Regimes zu beenden. Jüngste internationale Meinungsumfragen, zusammen mit der hysterischen Reaktion Israels, deuten darauf hin, dass BDS an beiden Fronten erfolgreich ist.

Im April 2017 gab die Stadtverwaltung Barcelonas Maßnahmen bekannt, um die Mittäterschaft in Israels Besatzungs- und Siedlungsregime zu beenden und verteidigte das Recht, Rechte der Palästinenser

125. Die Abkürzung LGBTQI steht für Lesbian, Gay, Bisexual, Transgender, Transsexual, Queer und Intersex Life.

mit BDS-Taktiken zu verfolgen. Dieser Verlautbarung folgten Dutzende regionale Räte überall in Spanien, die sich unlängst zu »israelisch-Apartheid-freien Zonen« erklärt haben.

Im September 2015 wurde Veolia, ein französischer Großkonzern, zum ersten internationalen Unternehmen, das nach einer weitreichenden siebenjährigen BDS-Kampagne, die dem Konzern weltweit Umsätze im Wert von über 20 Mrd. US-Dollar gekostet hat, all seine Beteiligungen an illegalen israelischen Tätigkeiten beendete. Das löste einen Domino-Effekt aus, wodurch andere Unternehmen wie etwa Orange und CRH ebenfalls aus der israelischen Wirtschaft abzogen.

Auch G4S, die weltweit größte private Sicherheitsfirma, beugte sich, nachdem sie, wie die *Financial Times* es beschrieb, »Rufschädigung« erlitt, dem Druck von BDS und beendete den Großteil seiner Beteiligung in illegalen israelischen Gewerben. G4S hatte Verträge unter anderem in Jordanien, Norwegen, Libanon, Südafrika, Kolumbien und im Europäischen Parlament verloren.

Anfang 2016 erklärte der 20 Mrd. US-Dollar schwere Pensions- und Gesundheitsfond der Evangelisch-methodistischen Kirche die fünf größten israelischen Banken als gesperrt für Investitionen und desinvestierte aus zweien, die sich in seinen Portfolios befanden. Damit folgte er dem zweitgrößten holländischen Pensionsfond PGGM, welcher 2014 ebenfalls aus diesen israelischen Banken ausstieg.

Kürzlich gab SEB, eine schwedische Bankengruppe, ihre Desinvestition aus bedeutenden Unternehmen bekannt, die in Israels Besatzung und Menschenrechtsverletzungen verwickelt sind, darunter die größten israelischen Banken, das größte israelische Rüstungsunternehmen (Elbit) sowie Hewlett-Packard Enterprise (HPE).

Die Presbyterian Church (USA) stimmte 2014 dafür, aus Caterpillar, Hewlett-Packard (HP) und Motorola Solutions zu desinvestieren. Andere protestantische Kirchen in den Vereinigten Staaten taten dies ebenfalls.

Sollte BDS weiterhin wachsen, so schätzt die Ratingagentur Moody's, wird es einen erheblichen Einfluss auf die israelische Wirtschaft haben.

Diese stetig wachsende wirtschaftliche Wirkungskraft kam nach Jahren des Erfolges von BDS in kulturellen und akademischen Gebieten.

So haben beispielsweise über 1000 schwarze AktivistInnen in den USA und darüber hinaus sowie das »Movement for Black Lives« BDS ihre Unterstützung zugesagt.

Seit 2015 gaben mehr als 1000 kulturelle Persönlichkeiten in Großbritannien ihre Unterschrift zur Unterstützung des Boykotts von Israel. Ähnliche Initiativen gab es in Montreal (Kanada), Irland und Südafrika.

Neben den vielen Künstlern und Musikern, die Auftritte in Tel Aviv abgesagt haben oder sich vollständig weigern, dort aufzutreten, hat von den 26 Oscar-Kandidaten 2016, denen von der israelischen Regierung eine aufwendige, komplett bezahlte Propagandareise angeboten wurde, niemand das Angebot angenommen. Sechs von elf NFL-Spielern, darunter Michael Bennett, haben eine ähnliche Vergnügungsreise abgesagt.

Akademische Gesellschaften und dutzende Studentenvertretungen in Stanford, UCLA, Berkeley, Northwestern und vielen weiteren US-amerikanischen, kanadischen und britischen Universitäten stimmten für ähnliche BDS-Maßnahmen, unter anderem Desinvestition aus Unternehmen, die in Israels Besatzung verwickelt sind.

Dennoch kann BDS nicht die ganze Verantwortung für die wachsende akademische, kulturelle und zunehmend wirtschaftliche Isolation Israels übernehmen. Ein Teil des Verdienstes gehört Israel selbst.

Die israelische Parlamentswahl 2015 brachte ihre bislang »rassistischste Regierung« an die Macht, die sich damit beschäftigt, ein rassistisches Gesetz nach dem anderen durch das israelische Parlament zu jagen. Israelische Minister haben einen unverdeckten und ungenierten rechtsextremen Rassismus angenommen, während Israels Oberrabbiner der sephardischen Gemeinschaft unlängst zur ethnischen Säuberung von Nichtjuden aus dem Land Israel aufrief.

Führende israelische politische und militärische Persönlichkeiten haben öffentlich Bedenken darüber geäußert, dass Israel in einen Abgrund sinkt. Ehud Barak, ein ehemaliger Ministerpräsident, dem vorgeworfen wird, viele Kriegsverbrechen gegen die Palästinenser begangen zu haben, warnte, dass Israel von einem »Keim des Faschismus infiziert« sei. Der derzeitige stellvertretende Generalstabschef Jair Golan verglich die »ekelerregenden Entwicklungen« in der israelischen Gesellschaft mit Deutschland in den 1930er-Jahren. Israels Ruck nach Rechtsaußen hat ungewollt den Rückhalt für die Rechte der Palästinenser gestärkt.

Israels Kriegserklärung an BDS

Nachdem Israel viele Schlachten um die Köpfe und Herzen der Menschen an der Basis verloren hatte, führte es 2014 einen neuen Top-down-Ansatz ein, der seine bisherige erfolglose Strategie des alleinigen »Branding« und kostspieliger Propaganda, um diese Bewegung zu bekämpfen, ersetzen soll.

Teil dieser »Brand Israel«-Kampagne war es zum Beispiel, riesige Geldsummen in die Vermarktung des Landes als Schutzort für LGBTQI-Rechte zu investieren. Diese Taktik wird von palästinensischen Queer-Aktivisten und ihren weltweiten Unterstützern als sogenanntes »pinkwashing« verurteilt.

Die neue Strategie gebraucht nun juristische Kriegsführung, Spionage und intensivierte Propaganda, um Fürsprache für BDS zu untergraben oder gar zu verbieten, was Erinnerungen an die McCarthy-Ära weckt. Ein verzweifelter israelischer Minister hat führenden BDS-Aktivisten öffentlich mit »gezielter ziviler Tötung« gedroht, ein zweiter gründete eine »Verunglimpfungseinheit«, um BDS-Aktivisten und Netzwerke zu verleumden.

Ein israelisches Anti-BDS-Gesetz verwehrt nun jedem die Einreise, der eine Organisation unterstützt oder einer Organisation nahesteht, die BDS unterstützt oder auch bloß für ausgewählte, gegen israelische Siedlungen gerichtete Boykotts eintritt. Der israelische Minister für strategische Angelegenheiten arbeitet an einer schwarzen Liste von Israelis, die in BDS-Boykotts oder Teilboykotts aktiv sind.

In Deutschland, den Vereinigten Staaten, Frankreich, dem Vereinigten Königreich und andernorts machen Israels einflussreiche Lobbys Überstunden, um die BDS-Bewegung zu verteufeln oder zu kriminalisieren. Der US-Kongress überlegt, eines dieser drakonischen Anti-BDS-Gesetze zu verabschieden.

Diese neue Anti-BDS-Strategie scheint fehlzuschlagen, wie auch einige große israelische Gruppierungen und Lobbys in letzter Zeit zugegeben haben. Ein großer Rückschlag für Israels juristischen Krieg gegen BDS waren beispielsweise die Erklärungen der Europäischen Union, der Regierungen von Schweden, Irland und den Niederlanden sowie führender internationaler Menschenrechtsorganisationen wie Amnesty International, der Internationalen Liga für Menschenrechte (FIDH) und der American Civil Liberties Union. Alle verteidigten das Recht, Israel zu boykottieren, als freie Meinungsäußerung.

Zudem gaben 2016 zweihundert Anwälte und Rechtsexperten aus fünfzehn europäischen Ländern ein Statement ab, indem sie BDS als »eine rechtmäßige Ausübung der freien Meinungsäußerung« anerkennen.

Der zynische Missbrauch der Antisemitismuskeule

Eine weitere Waffe, die Israel und seine einflussreichen Interessensvertretungen im Westen gerne gebrauchen, ist die Antisemitismuskeule, die dazu verwendet wird, jegliche Debatte über die Notwendigkeit, Israel mit denselben Standards des Völkerrechts wie jedes andere repressive Regime zu messen, zu unterbinden. Besonders gegen Europäer und Amerikaner, die den Boykott unterstützen, wird diese Hetzkampagne geführt, indem ihre Mitschuld für den Holocaust dafür instrumentalisiert wird, ihnen das Recht abzusprechen, sich für die Palästinenser und deren Menschenrechte einzusetzen. Diese Antisemitismuskeule wirkt allerdings nicht bei Palästinensern, den Opfern des Zionismus und seinem Kolonialprojekt, die keine Rolle im Holocaust spielten und daher dafür nicht mit ihren Rechten bezahlen sollten.

Als Israel, seine Lobbygruppen und die internationale zionistische Bewegung dabei scheiterten, gewaltlose Menschenrechtsverfechter als Antisemiten zu diffamieren, da jene durchwegs alle Formen von Rassismus ablehnen, mussten sie Antisemitismus neu definieren, um Israel vor Verantwortung und Strafe zu schützen. So versuchen sie aggressiv eine neue Definition von Antisemitismus zu etablieren, die den Antizionismus, Kritik an Israels Politik und Gesetz sowie die Fürsprache effektiver Maßnahmen, um es vor dem Völkerrecht rechenschaftspflichtig zu machen, miteinschließt.

Dieses von Israel propagierte Konzept des modernen anti-jüdischen Rassismus wird dazu genutzt, um eine über dem internationalen Gesetz stehende Stellung Israels zu rechtfertigen. Und der Kampf der Palästinenser gegen das repressive israelische Regime wird so dargestellt, als wäre er nicht von einem sehr menschlichen Streben nach Freiheit, Gleichheit und Gerechtigkeit, sondern von einem abgrundtiefen »Hass« auf Juden getrieben.

Dieses trügerische Dogma des »neuen Antisemitismus« stellt eine wesentliche Gefahr für Menschen mit Gewissen auf der ganzen Welt dar, einschließlich jener jüdischen Glaubens, die in Solidarität mit dem palästinensischen Kampf stehen, denn es delegitimiert Menschenrechtskampagnen gegen Israels Unrechtssystem oder gar gegen spezifische politische Richtlinien.

Zu behaupten, dass Israel zu boykottieren an sich antisemitisch sei, ist nicht nur falsch, es betrachtet auch Israel und »die Juden« als ein und dasselbe. Diese Behauptung ist so absurd und bigott, wie es wäre, zu behaupten, dass der Boykott eines islamischen Staates wie Saudi-Arabien, etwa wegen seiner erschreckenden Menschenrechtslage, seiner legalisierten Diskriminierung von Frauen oder seiner Kriegsverbrechen im Jemen, zwingendermaßen islamophob sei.

Die Definition von Antisemitismus zu politisieren, indem er mit berechtigtem Widerspruch gegen den Staat von Israel verbunden wird, ist letztendlich auch gefährlich für jüdische Gemeinschaften auf der ganzen Welt, denn es verwässert die Auffassung von anti-jüdischem Rassismus bis zur Unkenntlichkeit und schürt auch echten anti-jüdischen Hass, indem jüdische Gemeinschaften in ihrer Gesamtheit indirekt für ungeheuerliche Verbrechen Israels gegen die Palästinenser und andere mitverantwortlich gemacht werden.

Die Rückkehr der Flüchtlinge: ein unabdingbares Recht

Israel und seine Lobbygruppen stellen oft die wilde Behauptung auf, die »wahre« Agenda von BDS sei es, »Israels Existenz zu beenden«, da es auf die UN-verbrieften Rechte der palästinensischen Flüchtlinge beharrt, die einer systematischen ethnischen Säuberung ihrer Heimat ausgesetzt wurden, um Platz für einen mehrheitlich jüdischen Staat in Palästina zu schaffen. Flüchtlinge machen den Großteil des palästinensischen Volkes aus. Wenn die Ausübung ihres naturgegebenen und unveräußerlichen Rechts, in ihre ursprüngliche Heimat zurückzukehren, den hegemonialen und kolonialen Charakter der israelischen Gesellschaft in Frage stellt, warum ist das problematisch?

Während der Nahost-»Friedensverhandlungen« im Jahre 2000 erinnerte Human Rights Watch Ehud Barak, Bill Clinton und Jassir Arafat an ihre gesetzliche Verpflichtung, das Rückkehrrecht der palästinensischen Flüchtlinge zu respektieren. Die Organisation stellte klar: »Die Alternative der regionalen Integration und Drittlandumsiedlung sollte das Rückkehrrecht [der palästinensischen Flüchtlinge] nicht erlöschen lassen. Stattdessen sollte sie die Wahlmöglichkeiten, die individuellen Flüchtlingen zur Verfügung stehen, erweitern. Alle drei Optionen sollten vorhanden sein. [Das Rückkehrrecht] ist ein Recht, das fortbesteht, auch wenn die Souveränität über ein Territorium umstritten ist oder in andere Hände übergegangen ist.«

Die zionistische Angst, die der Erkenntnis entspringt, dass jüdische Israelis zur Minderheit würden, sollten die palästinensischen Flüchtlinge ihr international anerkanntes Rückkehrrecht in ihre Heimat ausüben, ist rassistisch und irrational. Sie ist auch in kolonialen Gemeinschaften weit verbreitet. Kolonisten fürchten stets, dass die kolonisierte einheimische Bevölkerung sich eines Tages gegen sie erhebt und ihnen das antut, was ihnen lange Zeit angetan wurde.

In Bezug auf Palästina und den arabischen Raum ist diese israelische Furcht, als Juden in der Minderheit zu sein, wie sie es vor der planvoll durchdachten, systematischen ethnischen Säuberung der einheimischen palästinensischen muslimischen und christlichen Bevölkerung der Fall war, rassistisch, denn sie bevorzugt das »Recht«, einen hegemonialen, ausgrenzenden jüdischen Staat zu führen, vor den Rechten der Geflüchteten, wie sie im Völkerrecht festgesetzt sind.

Des Weiteren bürdet sie eine europäische Geschichte von anti-jüdischem Rassismus, Pogromen und schließlich Völkermord der arabischen Gegenwart auf, die diese Geschichte nicht teilt. Nichtmuslimische Araber sowie andere ethnische Gruppen erlebten im arabischen Raum Ungleichheit, diese ist allerdings nicht zu vergleichen mit den Pogromen, den ethnischen Säuberungen und den Massakern, die sich im christlichen Europa ereigneten. Das goldene Zeitalter jüdischer Kultur existierte in Andalusien unter arabisch-islamischer Herrschaft. Vor der zionistischen Kolonisation Palästinas war institutioneller anti-jüdischer Rassismus – von Gewalt gegen Juden ganz zu schweigen – kein häufiges Phänomen in der arabischen Geschichte. Juden sind seit Jahrhunderten ein Teil der Mischung, die die arabische Kultur und Zivilisation ausmacht. Sie waren – und sind in manchen Fällen immer noch – einheimisch in arabischen Gemeinschaften, z. B. auch in Nablus, im besetzten palästinensischen Gebiet.

Würde Gleichberechtigung Israel »zerstören«?

Der Aufruf der BDS-Bewegung zu völliger Gleichwertigkeit der palästinensischen Staatsbürger von Israel in Gesetz und Politik ist besonders besorgniserregend für Israel, da er Fragen zu Israels Selbstdefinition als ausgrenzenden jüdischen Staat aufwirft. Israel erachtet jede Infragestellung seines Systems der »institutionellen, juristischen und gesellschaftlichen Diskriminierung« gegen seine palästinensischen Bürger als »existentielle Bedrohung«, zum Teil wegen des Apartheid-Images, das diese Infragestellung hervorruft.

In einer vielsagenden Entscheidung wies das israelische oberste Gericht 2013 einen Versuch liberaler Israelis zurück, ihre Nationalität oder Ethnizität einfach als »Israeli« im Bevölkerungsregister (das Kategorien wie Jude, Araber, Druse etc. führt) eintragen zu lassen. Das Gericht befand, dass dies zuzulassen eine ernsthafte Gefahr für Israels Gründeridentität als jüdischer Staat für das jüdische Volk darstellen würde.

Israel bleibt das einzige Land auf der Welt, dass seine eigene Nationalität nicht anerkennt, da dies theoretisch gleiche Rechte für alle seine Bürger bedeuten und seine »ethnokratische« Identität untergraben würde. Die Behauptung, dass die gewaltlose Bewegung BDS, die nach gleichen Rechten für alle Menschen verlangt, die »Zerstörung« Israels zum Ziel hat, muss in diesem Kontext verstanden werden.

Hat die Gleichberechtigung den US-amerikanischen Süden zerstört? Oder Südafrika? Zweifellos hat sie die diskriminierende rassische Ordnung, die an beiden Orten herrschte, zerstört. Doch die Menschen hat sie nicht zerstört. Würden Freiheit, Gleichheit und Gerechtigkeit Israel tatsächlich »zerstören«, was sagt das über Israel aus?

Zusammenfassend sei gesagt, dass das israelische Regime der Besatzung, des Siedlungskolonialismus und der Apartheid trotz der unnachgiebigen und aufwendigen Bemühungen, die BDS-Bewegung zu vernichten, gescheitert ist. Eine Menschenrechtsbewegung, die in einer langen Tradition des Kampfes um Rechte verwurzelt ist und die Köpfe und Herzen von Menschen mit Gewissen überall auf der Welt für sich gewinnt, kann nicht durch Israels Propaganda, den neuen McCarthyismus und die juristische Kriegsführung geschlagen werden.

Nichts kann eine unterdrückte Gemeinschaft davon abhalten, nach Freiheit und Gerechtigkeit zu streben, außer einer Kolonisierung ihrer

Köpfe mit Verzweiflung und Mutlosigkeit. Unser populärer Widerstand und unsere weltweit blühende, internationale Bewegung der Solidarität, wie in der BDS-Bewegung manifestiert, hilft uns Palästinensern, unsere Köpfe zu dekolonisieren, parallel zu unserem Kampf, unsere Heimat zu dekolonisieren.

Übersetzung aus dem Englischen: Ibrahim Assem

Es ist Zauberei!

Miko Peled

Sieben Jahrzehnte lang besetzen Zionisten Palästina. Während dieser Zeit versuchten sie alles in ihrer Macht stehende, um die Geschichte dieser Region auszulöschen und ihre Besatzung rechtmäßig zu machen; darunter fällt auch die Namensänderung Palästinas zu Israel. Während dieser sieben Jahrzehnte beging das zionistische Regime das Verbrechen des Völkermordes – gemäß der Genfer Konvention der Vereinten Nationen –, führte eine Kampagne der ethnischen Säuberung durch und errichtete ein Apartheid-Regime zu Gunsten der Juden und zum Nachteil der indigenen, palästinensischen Bevölkerung. Dann kreierte der Staat Israel, als hätte er Zauberkräfte, die Illusion, er wolle nichts mehr als ein friedliches Zusammenleben mit seinen Nachbarn. Allerdings wird bei näherer Betrachtung deutlich, dass hier nur wenig Zauberei im Spiel ist und dass Israel trotz seiner Brutalität gescheitert ist bei dem Versuch, Palästina oder die palästinensische Identität des Landes und des Volkes zu eliminieren.

Obwohl Israel zahlreiche Kriege initiiert hat, an unzähligen Kriegsverbrechen beteiligt war, Atomwaffen im Nahen Osten eingeführt und die Region destabilisiert hat, betrachtet die internationale Staatsgemeinschaft – wie unter Hypnose – Israel als legitime, politische Einheit, die Frieden anstrebt. Mit der Zeit verschwindet der Zauber jedoch und die Behauptungen Israels, es wolle mit Palästina Frieden schließen, werden immer weniger überzeugend und immer unglaubwürdiger, sodass nur wenige diese Behauptungen noch ernst nehmen. Den Menschen wird klar, dass Israel sich kaum für Frieden und Gerechtigkeit interessiert. Da Israel mit seinem Siedler-Kolonisationsprojekt Erfolg hatte und einen unstillbaren Hunger nach Macht und Land hat, wird es nicht einen Zentimeter Land den Palästinensern gewähren. Zionismus, die Ideologie auf deren Grundlage der Staat Israel errichtet wurde, ist ein

Nullsummenspiel. Ihm zufolge steht den Juden das Land Israel zu. Niemand sonst darf auf diesem Land leben, es bewirtschaften oder Anspruch darauf erheben. Das alles, weil die Zionisten behaupten, die heutigen Juden seien Nachfahren eines alten Stammes, der vor zwei- oder dreitausend Jahren in Teilen Palästinas gelebt hatte.

Heute, 100 Jahre nach der Balfour-Deklaration, 70 Jahre nach dem UN-Teilungsplan für Palästina, 69 Jahre nach der Gründung Israels und 50 Jahre nach dem Sechs-Tage-Krieg im Jahre 1967, ist nur eine Sache klar: Israel wird niemals das Recht der Palästinenser akzeptieren und die Wahl, die zu treffen sein wird, ist eine zwischen Israel und Frieden, Israel und Gerechtigkeit und Israel und Stabilität.

Die Idee der Zweistaatenlösung, in der die Legitimität des jüdischen Staates in Palästina anerkannt wird, wurde 1947 im UN-Teilungsplan verankert und dann in einer gekürzten Version nach 1967 bereitwillig von der internationalen Staatsgemeinschaft als bevorzugte Lösung für die Palästinafrage angenommen. Das könnte unter Umständen am simplen Ansatz dieses Lösungsvorschlags liegen. Die Zweistaatenlösung schafft eine (weitere) Illusion, nämlich dass alle Parteien beruhigt oder gar zufriedengestellt werden könnten. Aber Israel hat nie eine Lösung akzeptiert, die Teilung bedeutet und die Palästinenser erkannten erst – nachdem sie es akzeptiert hatten –, dass das Anerkennen Israels nur weitere Dominanz der Israelis über das Land, seine Ressourcen und das Leben der Palästinenser bedeutete. Tatsache ist, die endlose Debatte um die Zweistaatenlösung hat niemals Garantien gebracht, dafür hat sie Israel erlaubt, ohne Unterbrechungen mit Unterdrückungen und Zwangsenteignung fortzufahren.

In vielen westlichen Ländern besteht die Überzeugung, dass die bloße Andeutung, Israel unter Druck zu setzen, politischem Suizid gleichkäme und so versucht man es gar nicht erst. Durch die Gespräche um die Zweistaatenlösung entsteht die Illusion, Israel würde Frieden im Nahen Osten wollen, jedoch ohne die dazu notwendigen Schritte zu machen. Die Zweistaatenlösung erkennt die Leistungen des

Zionistenprojekts an, was an sich eurozentrisch ist und Palästinensern einen Bruchteil ihrer Rechte zugesteht. Für westliche Kolonialmächte ist das eine perfekte Situation.

Jene, die sich noch immer an das Zweistaatenparadigma klammern, täuschen vor, dass es jemals ein sanftes, liebevolles Israel gegeben hätte und dass es wieder so werden könnte und die Rechte der indigenen Bevölkerung respektiert werden. Es würde außerdem eine Vereinbarung mit den Repräsentanten des palästinensischen Volkes eingehen. Die Anhänger der Zweistaatenlösung glauben, es gäbe ein »Israel Proper«, das ohne Westbank und Gaza existiert. Dann gibt es noch die palästinensischen Autonomiegebiete. Was ist nun dieses »Israel Proper«? Gibt es ein Israel, das sich nicht auf besetztem, palästinensischem Gebiet befindet? Und gibt es palästinensische Gebiete, die nicht besetzt sind? Die Antwort auf beide Fragen lautet nein. Ganz Israel ist das besetzte Palästina, alle Israelis sind Siedler, die im gestohlenen, palästinensischen Land sitzen und trotzdem sprechen manche von der Zweistaatenlösung in dem Glauben, dass die Westbank eines Tages wie durch Zauberei frei von jüdischen Siedlern sein wird und somit der Staat Palästina errichtet werden kann. Bei dieser Science-Fiction-Version der Realität geht man außerdem davon aus, dass die Westbank ein eigenes Gebiet, getrennt vom Rest Israels, ist und man ignoriert die Tatsache, dass die Westbank 1967 von Israel eingenommen wurde, um die Eroberung des Landes Israel zu vollenden und es mit jüdischem Volk zu besiedeln.

Als der Staat Israel 1948 gegründet wurde, ist von israelischer Seite die Entscheidung getroffen worden, die Westbank außerhalb der Grenzen des Staates zu belassen. Diese Entscheidung wurde dann 1967 aufgehoben. Mit der Gründung des Staates Israel wurde außerdem beschlossen, dass die Westbank und der Gazastreifen unter jordanische und ägyptische Kontrolle fallen sollten. Fest entschlossen, Israels Grenze nach Osten bis hin zum Jordan zu erweitern, wartete das israelische Militär auf eine Gelegenheit. Im Juni 1967 ergab sich eine solche Gelegenheit: Die israelischen Kommandanten handelten rasch und nahmen die Westbank sowie den Gazastreifen zusammen mit den Golanhöhen und der Sinai-Halbinsel, welche außerhalb der Grenzen Palästinas lagen, ein. Danach gratulierten sie sich selbst dazu, dass sie die Arbeit, die 1948 unvollendet geblieben war, vollendet hatten.

Der Pulverdampf hatte sich noch nicht verzogen, als die israelischen Bulldozer im Juni 1967 begannen, die palästinensischen Städte, Nachbarschaften und Dörfer im erst kürzlich eroberten Gebiet zu zerstören und die palästinensischen Gemeinschaften ins Exil zu zwingen. Gleichzeitig wurden Städte für die jüdische Bevölkerung gebaut und während der darauf folgenden fünf Jahrzehnte tat die Regierung Israels alles, um die Westbank in das Gebiet, das unter dem Namen »Israel Proper« bekannt wurde, zu integrieren. Heute werden diese Gebiete als Judäa und Samaria bezeichnet und alle Behördendienste sind für die Siedler zugänglich genauso wie für die jüdische Bevölkerung in allen anderen Teilen des Landes. Ungefähr drei Millionen Palästinenser, die ebenfalls in der ehemaligen Westbank wohnen, erhalten keine Dienstleistungen und leben unter der Herrschaft des israelischen Militärs. Selbst die liberalsten, kompromissbereitesten, nach links tendierenden Politiker sagen, dass es, sollte es je zu einer Vereinbarung mit Palästina kommen, dann bliebe Jerusalem mit seinen erweiterten Grenzen, dem gesamten Jordantal und den großen Städten bzw. Siedlungsblöcken und alles was zur Westbank dazugehört, ein Teil des Staates Israel.

»Den Boden der Tatsachen« begreifen

Israel und seinen unterstützenden Gruppen aus aller Welt gelang es zu verhindern, dass die Diskussion über die Zukunft Post-Israels und des Post-Zionismus in Palästina die Entscheidungsträger erreicht. Durch Israels Beharren auf Anerkennung von Seiten der Palästinenser sowie auch vom Rest der Welt wird ersichtlich, dass Israel ein jüdischer Staat ist, der Staat der Juden, der Nationalstaat der Juden und dass Israel sich sehr wohl darüber im Klaren ist, dass seine Legitimität in Frage gestellt wird. Dies erklärt auch, warum Israels politische Vertreter die Stadt Jerusalem nicht ohne den Zusatz »die ewige Hauptstadt der Juden« erwähnen können. Israelische Gesetzgeber arbeiten momentan an einem Gesetz, welches das in Israel geltende Recht zum geltenden Recht des gesamten Landes machen soll. So ist beispielsweise gleichzeitig geplant, den Status der arabischen Sprache als eine der zwei offiziellen Amtssprachen zu degradieren und somit Hebräisch zur alleinigen Amtssprache zu machen. Das alles ändert jedoch nichts daran, dass die Legitimität Israels in Frage gestellt wird, weil ein jüdischer Staat in Palästina nichts anderes bedeuten kann, als die Verletzung der Rechte der indigenen, palästinensischen Bevölkerung.

Zwischen dem Jordan und dem Mittelmeer leben fast zwölf Millionen Menschen. Etwas weniger als die Hälfte davon sind Juden, etwas mehr als die Hälfte sind Palästinenser und weil Palästinenser größere Familien haben, ist davon auszugehen, dass sie in wenigen Jahren eine solide Mehrheit ausmachen werden. Die Existenz der Palästinenser zu ignorieren, wie es Israel die letzten sieben Jahrzehnte getan hat, mag für kurze Zeit noch weiter funktionieren, aber die Ignoranz ist nicht aufrechtzuerhalten, auch dann nicht, wenn man den unmoralischen Aspekt ignoriert.

Es leben zwei Millionen Menschen im Gazastreifen ohne Zugang zu sauberem Wasser, Strom oder medizinischer Grundversorgung, obwohl Wasser, Strom und genügend Medikamente in den israelischen Siedlungsgebieten, nur einen Steinwurf von Gaza entfernt, leicht zugänglich wären. Ein Kind, das an einer heilbaren Krebsform leidet, würde in Gaza sterben, während ein Kind mit derselben Krankheit in Israel problemlos überleben kann, weil Israel die Kontrolle über den Zugang zu medizinischer Versorgung hat.

Israel betrachtet »Israeli« nicht als Nationalität, sondern identifiziert es mit den zwei Nationalitäten »Jude« und »Araber«, weil die zionistische Ideologie, auf deren Basis der Staat Israel gegründet wurde, Juden als eine Nation, das Alte Testament als das jüdische Geschichtsbuch und Palästina als das Heimatland der Juden definiert. Deshalb kommt man zu dem Schluss, dass das Land tatsächlich den Juden gehört und über 95 % des Landes nicht an Nicht-Juden verkauft oder verpachtet werden können. Israel behauptet, dass seine »Minderheiten« als Bürger mit gleichen Rechten leben, während es in Wahrheit das Leben dieser »Minderheiten« oder »Nicht-Juden«, wie sie gerne von den israelischen Amtsträgern und Bürokraten bezeichnet werden, ganz anders ist als das der jüdischen Bürger Israels. Dieser Unterschied ist in jeder Facette des Lebens deutlich zu sehen, von Geburt an bis zum Tod.

»Juden« und »Araber« interagieren innerhalb Israels kaum. Wir gehen auf unterschiedliche Schulen, leben in unterschiedlichen Gemeinschaften, erhalten unterschiedliche Mengen Wasser zugeteilt und bekommen unterschiedliche Ressourcen vom Staat. Egal ob es ein Antrag für ein Wohnbaudarlehen, eine Anfrage für eine Baugenehmigung, ein Führerscheinantrag, eine Bewerbung für die Uni oder für die Arbeit ist, man muss sich immer als »Jude« oder »Araber« zu erkennen geben. Araber werden anders behandelt und haben weniger Rechte als Juden und zwar deutlich weniger. Hanin Zo'abi, palästinensisches Mitglied der Knesseth, findet nicht weniger als 95 Gesetze in den israelischen Gesetzbüchern, die palästinensische Bürger Israels diskriminieren.

Die Behauptung, Israel wäre eine Demokratie, ist also falsch. Israel regiert das Leben der Palästinenser und das der Juden mit vollkommen unterschiedlichen Gesetzen. Darüber hinaus sind die Gesetze, die das Leben der Palästinenser kontrollieren, davon abhängig, wo diese wohnen. Für Palästinenser, die die israelische Staatsbürgerschaft haben, gelten andere Gesetze, als für Palästinenser, die in der Westbank wohnen, wo das Land zusätzlich in die Zonen A, B und C eingeteilt ist.[126] Und dann gibt es noch die Bewohner des Gazastreifens, die in einer ganz anderen Wirklichkeit leben. Somit ist Demokratie das letzte Wort, mit dem man den Staat Israel beschreiben sollte.

126. Siehe die Landkarten im Anhang.

Der Teufel steckt im Detail

Und wieder schafft es Israel, wie durch Zauberei, die Existenz der Palästinenser zu ignorieren, während es deren aller Leben kontrolliert. So ignorieren sie: 1994 wurde ein Massaker von einem jüdisch-amerikanischen Siedler bei der Al-Ibrahimi-Moschee in Hebron verübt. 29 Betende wurden getötet und weitere verletzt. Nach diesem Massaker wurde eine israelische Kommission ernannt und eine der Empfehlungen dieser Kommission war es, eine neue Abteilung innerhalb der israelischen Polizei zu schaffen. Das ist das Polizeirevier von Judäa und Samaria oder kurz SHAY. Das Logo hat die Form der Westbank und ist violett. Jeder Offizier trägt eine Anstecknadel mit diesem Logo auf seinem Uniformhemd. Auf der Webseite des Polizeireviers von Judäa und Samaria ist folgendes zu lesen:

> »Das SHAY-Polizeirevier erstreckt sich über ein großes Territorium, von den Hebron-Bergen im Süden bis zur Megiddo-Kreuzung im Norden und ist das zweitgrößte israelische Polizeirevier, aber es steht an erster Stelle, was seine Sensibilität betrifft.«

Der Grund für diese Sensibilität ist nicht genannt, aber man versteht, dass die Existenz der Araber gemeint ist. Tatsächlich leben fast drei Millionen Palästinenser innerhalb dieser Region.

Auf der Website des Polizeireviers ist außerdem Folgendes zu lesen:

> »Innerhalb des Reviers sind 120 Siedlungen. 3 Gemeinden: Ariel, Maale Adummim und Beitar Illit. 12 Gemeinderäte: Oranit, Alfe Menasche, Elkana, Efrat, Bet El, Bet Arje, Modi'in Illit, Ma'ale Efraim, Emanuel, Kedumim, Kiriat Arba und Karnei Shomron. 6 Regionalräte: Shomron, Mateh Benjamin, Gusch Etzion, Har Hevron, Megilot, Arvot Hajarden.«

Obwohl dieses Polizeirevier für die gesamte Westbank Dienste leistet, wird weder eine palästinensische Stadt noch ein palästinensisches Dorf genannt.

Und so wird kontrolliert: Ein Kommentar, der von Israelis und Besuchern des Landes oft gemacht wird, ist, dass jüdische Siedlungen grün und sauber seien, aber die Städte und Dörfer, in denen die Palästinenser leben, trocken, ausgedörrt und staubig und das läge – so sagt man oft – daran, dass die Juden wüssten, wie sie die Wüste zum Blühen bringen, wohingegen die Araber in ihrer Entwicklung noch nicht so fortgeschritten seien. Der erste Teil dieser Beobachtung ist tatsächlich wahr. Wenn man durch jene Teile des Landes fährt, wo die palästinensischen Dörfer an die jüdischen Siedlungen grenzen, so wird der starke Kontrast zwischen der grünen Landschaft, den modern aussehenden, westlichen Bauten auf der jüdischen Seite und der ausgedörrten, staubigen Landschaft auf der palästinensischen Seite deutlich. Ziemlich oft liegen diese beiden Seiten so nahe nebeneinander, dass sie buchstäblich auf zwei Seiten derselben Straße sind. Aber dieser Umstand liegt nicht am jüdischen Einfallsreichtum oder einem Fehler der Palästinenser.

Das Folgende ist für Reisende nicht so offensichtlich: Die jüdischen Siedlungen haben unbegrenzten Zugang zu Wasser, während die Palästinenser nur sehr eingeschränkt Wasser zur Verfügung haben. Tatsächlich erhalten Palästinenser oftmals nicht mehr als zehn bis zwölf Stunden Wasser pro Woche. Es wurde berichtet, dass das israelische Wasserversorgungsunternehmen »Mekorot« den palästinensischen Gemeinden nicht mehr als drei Prozent des Wassers im Land zuteilt. Dementsprechend haben die jüdischen Siedlungen Wasser im Überfluss und können es sich leisten, grüne Rasenflächen und Swimmingpools zu haben. Palästinensern ist allerdings nicht einmal erlaubt, auf ihrem eigenen Land Brunnen zu graben und sie müssen sparsam mit ihrem Wasser umgehen, damit es zum Trinken und Bewässern des Landes ausreicht.

Die Westbank wird nur von den Palästinensern und Menschen, die außerhalb Palästinas leben, als besetztes Gebiet betrachtet, aber sicherlich nicht von den israelischen Behörden. Es ist definitiv kein Gebiet, das nach der Überzeugung der Israelis eines Tages ein palästinensischer Staat werden könnte. Es ist eine Region innerhalb des Staates Israel, wo hunderttausende jüdische Bürger und Gegner der Zweistaatenlösung in hunderten Siedlungen wohnen.

»Lebe frei oder stirb«

Privilegierte Gesellschaften und unterdrückende Regime geben ihre Privilegien oder ihre Macht für gewöhnlich nicht freiwillig auf. Um Gerechtigkeit durchzusetzen, müssen Regime und Gesellschaften dazu gezwungen werden, ihre ungerechten und unterdrückenden Praktiken aufzugeben, bevor sie sich zur Veränderung bereit erklären. Das Mittel, um dies zu erreichen, war und ist wahrscheinlich immer der organisierte Widerstand. Allerdings begegnet man in der Realität, die innerhalb der internationalen Staatengemeinschaft besteht, einer palästinensischen Aufforderung zum Widerstand immer mit Ablehnung und mit Terrorismusvorwürfen. Diese Doppelmoral ist vor allem in westlichen Ländern sehr deutlich, denn obwohl diese sich selbst im bewaffneten Kampf für ihre Befreiung eingesetzt hatten und ihre Freiheitskämpfer als Helden gefeiert werden, verurteilen sie den Kampf der Palästinenser, sogar wenn er unbewaffnet ist, als unrechtmäßigen Terrorismus.

»Lebe frei oder stirb« lautet der Slogan, der immer wieder in den USA sowie in anderen westlichen Länder wiederholt und befürwortet wird, solange er von Menschen weißer Hautfarbe ausgerufen wird. Jene, die darum kämpfen, sich von westlichem Kolonialismus und westlicher Unterdrückung zu befreien, seien es Afrikaner, Asiaten, Araber oder andere Nicht-Europäer, müssen weiterhin für die Großzügigkeit, die ihnen vom Westen zuteil wird, dankbar sein und sich entsprechend benehmen. Andernfalls müssen sie einen hohen Preis bezahlen. Das brutale Attentat auf Patrice Lumumba im Kongo ist ein Beispiel eines solchen Preises. Entmachtet und in geheimer Absprache zwischen der belgischen und US-amerikanischen Regierung ermordet und dann durch einen der schlimmsten Diktatoren des 20. Jahrhunderts, Mobuto Sese Seko, ersetzt. Mobuto wurde in Israel ausgebildet und von Israel unterstützt. Ich erinnere mich an meinen eigenen Vater, den verstorbenen General Matti Peled, wie er in Uniform in den Kongo reiste und sich mit Mobutu zu einigen Anlässen traf.

Das Gleiche galt auch für Algerien, wo die französischen Kommandanten, die für die Befreiung Frankreichs von den Nazis kämpften, sich einfach umdrehten, um genau dieselbe Brutalität an den Algeriern zu verüben, die sie bekämpft hatten. Auch die Briten taten zu Zeiten des britischen Weltreichs Ähnliches und jetzt – obwohl der demokratisch gewählte Präsident Ägyptens Mohammad Mursi im Gefängnis sitzt –, wird der Anführer der Militärjunta, General Abdel Fatah as-Sisi, der Mursi zu Fall brachte, in westlichen Ländern als »hilfsbereiter« und »gemäßigter« Anführer eines arabischen Landes gefeiert. Palästina ist nicht anders. Die jüdischen Milizen, die 1948 eine Kampagne zur ethnischen Säuberung und zum Genozid anführten, maskierten diese als »Befreiung« und »Unabhängigkeit«, da Juden als Helden gefeiert und Palästinenser, die unter der israelischen Unterdrückung leiden, verunglimpft und Terroristen genannt werden. Mehr als zehn Jahre lang steht der demokratisch gewählte Ministerpräsident der Palästinenser Ismail Haniyya unter Belagerung in einem Open-Air-Gefängnis im Gazastreifen. Er ist als Ministerpräsident nicht anerkannt, ganz zu schweigen davon, dass er von irgendeiner westlichen Regierung willkommen geheißen würde.

2005 appellierte die palästinensische Zivilgesellschaft an die internationale Staatengemeinschaft, eine Kampagne »Boykott, Desinvestitionen und Sanktionen« gegen den Staat Israel zu unterstützen. Diese Kampagne wurde unter dem Namen »BDS«-Kampagne bekannt. Sie enthielt und enthält gewaltfreie Maßnahmen, die drei simple und vernünftige Forderungen erheben:

1. Ende der israelischen Besatzung und Kolonialisierung palästinensischer Gebiete sowie Demontage der Mauer.
2. Anerkennung von Grundrechten der palästinensischen Bürger Israels bis hin zu Gleichstellung und
3. Respektierung des Rückkehrrechtes palästinensischer Flüchtlinge, wie es die UN-Resolution 194 vorsieht.

Der Aufruf zu BDS ist ein Geschenk der palästinensischen Zivilgesellschaft an den Rest der Welt oder zumindest an diejenigen, die ein Gewissen haben, weil es jenen, die keine Palästinenser sind, einen Weg zeigt. Die Kampagne definiert drei klare, vernünftige, realisierbare Forderungen und zeigt gleichzeitig Wege auf, um diese Ziele zu erreichen. Die Verwirklichung dieser drei Forderungen würde das Leben der Palästinenser wesentlich verändern, sie sind simpel, vernünftig und stellen außerdem keine Bedrohung für die israelischen Juden dar.

Israel unterteilt die Palästinenser in die folgenden Gruppen: Flüchtlinge, Westbank-Palästinenser und die 1948er-Palästinenser, die eine israelische Staatsbürgerschaft haben. Jede Gruppe hat Probleme, die der jeweiligen Realität entspricht, die ihr von Israel auferlegt wurde, und die BDS-Forderungen thematisieren alle drei Gruppen.

Was wäre denn vernünftiger, als eine demokratische Zivilregierung für alle Menschen in Palästina aufzubauen, die Eliminierung systematischer Diskriminierung palästinensischer Bürger Israels, die Gewährung des Rückkehrrechts für die Flüchtlinge und die Sicherstellung, dass es Entschädigung für die vielen Jahre der Enteignung und des Exils gibt? Diese drei Forderungen können erst durch großen Druck realisiert werden. Druck, der nur durch Boykott, Desinvestitionen und Sanktionen, entstehen kann.

Ein neuer Anfang

Die zionistische Vision eines homogenen jüdischen Staates in Palästina ist unmoralisch, ungerecht und äußert unrealistisch. Man kann versuchen was man will, die Zionisten haben es nicht geschafft, Palästina seine einheimische Bevölkerung oder sein arabisches Erbe zu nehmen. Auch die Kampagne zur ethnischen Säuberung, die noch in vollem Gange ist, scheitert. Das Regime der Apartheid wird mit voller Gewalt fortgeführt, versetzt Palästinenser in eine unvorstellbar schwierige Lage und hält zwei Millionen Menschen, die in einer humanitären Katastrophe leben, in Gaza gefangen. Aber nichts davon ändert etwas an der Tatsache, dass der Großteil der Bewohner des historisch-palästinensischen Gebiets, das von Zionisten als das Land Israel bezeichnet wird, keine Juden, sondern palästinensische Araber sind. Die Vision eines jüdischen, demokratischen Staates ist eine Illusion und obgleich der Apparat der israelischen Öffentlichkeitsarbeit sich sehr bemüht, der Welt zu zeigen, dass im jüdischen Staat alles gut verläuft, ist es in Wahrheit vollkommen anders.

Die Vorstellung, dass Israelis und Palästinenser als gleichwertige Bürger in Frieden innerhalb eines demokratischen Staates leben, ist realistisch und bedarf keiner Zauberei, sondern nur harter Arbeit; friedliche Koexistenz und eine Chance, die Wunden verheilen zu lassen, und eine Umgebung zu schaffen, wo Gerechtigkeit regiert und jeder Bürger sich sicher fühlt. Dies steht an erster Stelle. Das Leid, das Palästinensern zugefügt wurde, ist unermesslich und wird wahrscheinlich niemals ganz behoben, aber das Beste, das man tun kann, ist sicherzustellen, dass die nächsten Generationen ein gerechtes, friedliches und glückliches Leben in Palästina haben.

Übersetzung aus dem Englischen: Regina Elias

Beendigung der Apartheid: Der einzige Weg zum Frieden

Richard Falk

Vor mehreren Monaten wurden Professor Virginia Tilley und ich von der Wirtschafts- und Sozialkommission der Vereinten Nationen für Westasien (ESCWA) gebeten, eine Studie zu verfassen, in der geprüft werden sollte, inwiefern Israel in seinem Umgang mit dem palästinensischen Volk als »Apartheid-Regime« agiere, und zwar laut der Definition des Begriffes »Apartheid« im Internationalen Strafgesetz. Die Befolgung solch eines *legalen* Zugangs ist im Vergleich zu einer oft im *politischen* oder *moralischen* Kontext verwendeten Bezeichnung von Israel als »Apartheid-Staat« – die zwar von diesem Gesichtspunkt verständlicherweise tendenziös impressionistisch und emotional ist – sehr viel anspruchsvoller und genauer, da sie das Aufzeigen einer willkürlichen Etablierung von rassenbedingten diskriminierenden Strukturen erforderlich macht. Unser Bericht zeichnet sich durch das Bemühen aus, Israels Umgang mit dem palästinensischen Volk und die damit einhergehende Politik ausschließlich auf rechtlicher Basis zu beurteilen. Die Untersuchungsergebnisse führen zu einigen moralischen und politischen Schlussfolgerungen, die sich in den Empfehlungen für diesbezügliche Maßnahmen und Handlungen der Vereinten Nationen, der Regierungen souveräner Staaten und der Aktivisten und Organisationen der Zivilgesellschaft widerspiegeln.

Es freute uns, diesen Auftrag und damit unsere Rolle als Ermittler, die an einem akademischen Unterfangen teilnehmen, anzunehmen. ESCWA, eine von mehreren regionalen Kommissionen der UN, ersuchte auf Grund eines unangefochtenen und von seinen 18 arabischen Mitgliedsstaaten angenommenen Antrages, um Durchführung dieser Studie.

Innerhalb weniger Stunden nach Veröffentlichung unseres Berichtes am 15. März 2017, der den Titel »Israels Umgang mit dem palästinensischen Volk und die Frage der Apartheid« trug,[127] setzten Reaktionen ein, die bestenfalls als hysterisch und höhnisch bezeichnet werden können. Auffallend an der sofortigen und wütenden Ablehnung des Berichts durch Israel und die Vereinigten Staaten war außerdem das absolute Fehlen auch nur irgendeiner substanziellen Kritik am Inhalt der im Bericht angeführten Ergebnisse oder Analysen. Die neu ernannte UN-Botschafterin der USA, Nikki Haley, verurteilte den Bericht und forderte die Vereinten Nationen auf, ihn zurückzuziehen, ohne andere Gründe zu nennen als dass der Bericht in seiner Beurteilung des Verhaltens von Israel gegenüber den Palästinensern unvorteilhaft sei. Der frisch gewählte Generalsekretär der Vereinten Nationen, António Guterres, reagierte schnell und forderte ESCWA öffentlich auf, den Bericht von ihrer Webseite zu löschen; und obwohl Rima Khalaf, Leiterin der Kommission, anfänglich noch versuchte zu erklären, weshalb dies eine unangebrachte Forderung sei, bestand Guterres darauf. Anstatt dieser Forderung nachzugeben, trat Khalaf von ihrem Posten zurück und richtete ein Schreiben an den Generalsekretär, in dem sie freundlich und prinzipientreu die Gründe ihres Rücktrittes erklärte. Dieses Schreiben ist ein eloquenter Ausdruck des Gewissens der Öffentlichkeit, was an sich in der Geschichte und den Erfahrungen der Vereinten Nationen bereits sehr rar gesät ist und daher eine besonders positive Erwähnung verdient.[128] Kurze Zeit später wurde der Bericht von der Webseite der Kommission entfernt.

Das Verblüffende an diesem Aktions- und Reaktionsmuster, das in vielerlei Hinsicht der Reaktion der US-Regierung auf den Goldstone-Bericht (Untersuchungskommission der Vereinten Nationen zum Gaza-Konflikt von 2008/09) ähnelt, ist das Ausmaß, in welchem Israels

127. Nachdem der Text des Berichts von der Webseite entfernt wurde, kann er im Internet wie auch von meinem Blogeintrag vom 19. März 2017 heruntergeladen werden; siehe: richardfalk.wordpress.com; siehe auch: https://electronicintifada.net/sites/default/files/2017-03/un_apartheid_report_15_march_english_final_.pdf

128. Text des Schreibens von Khalaf siehe: http://www.globalresearch.ca/israels-crime-of-apartheid-text-of-resignation-letter-by-escwa-executive-secretary-rima-khalaf/5580624

Funktionäre im Tandem mit ihren amerikanischen Kollegen auf massive Kritik lediglich mit der Diffamierung und Verletzung des Verfassers reagieren, anstatt mit inhaltlicher Kritik aufzuwarten und diversen Anschuldigungen mit detaillierten und substanziellen Argumenten zu begegnen und dadurch die im Umgang mit den Palästinensern befolgte Politik zu verteidigen. Jedes Mal, wenn es dieser Technik der Ablenkung gelingt, erfolgreich zu diskreditieren, zu verletzen und die Aufmerksamkeit umzuleiten, wird die Rolle der Vereinten Nationen als Bewahrerin des Allgemeinwohls geschwächt, und zwar symbolisch wie auch inhaltlich. Die Organisation wird zunehmend als Instrument wahrgenommen, durch das geopolitische Kräfte ihren eigenen Willen zu Lasten der Wahrheit, der Vernunft, der Gerechtigkeit und des menschlichen Wohlbefindens durchsetzen.

Die Vereinten Nationen sind unweigerlich eine politische Arena, in der rivalisierende Regierungen ihre entgegengesetzten Meinungen zu globalen Themen vertreten, doch sollten sie trotzdem danach trachten, eine Atmosphäre zu schaffen, in der kontroversielle Themen verantwortlich diskutiert und verschiedene Blickwinkel beleuchtet werden können, ohne auf Verleumdungs- oder Hetztaktiken zurückzugreifen. Besonders bei kontroversiellen Themen sollten Rede- und Gedankenfreiheit gewährleistet sein, wenn die Vereinten Nationen ihr Mandat, internationalen Frieden und Sicherheit zu stärken und die Menschrechte schutzbedürftiger Menschen zu gewährleisten, wahrnehmen wollen. Globale Interdependenz macht es umso wichtiger, dass sich die Vereinten Nationen Kontroversen gegenüber offen zeigen, ganz gleich wie hitzig die Debatte auch sein möge. Es gelingt den Vereinten Nationen, auch solch eine Atmosphäre in Bezug auf viele internationale Belange zu schaffen; allein im Zusammenhang mit dem israelisch-palästinensischen Konflikt gelingt ihr dies leider nicht, denn hierzu werden alle Diskussionen im Keim erstickt, selbst wenn es sich um akademische Untersuchungen handelt, deren Berichte in Methodik und Stil wissenschaftlichen Standards entsprechen.

Virgina Tilley, Professorin für Politikwissenschaften an der Universität Carbondale von Southern Illinois und internationale Apartheid-Expertin, und ich, emeritierter Professor für internationales Recht an der Princeton Universität, sowie auch ESCWA haben wiederholt unsere Bereitschaft signalisiert, auf inhaltliche Kritik und kritisches Feedback einzugehen. Wir hatten gehofft, dass unsere Analyse und Schlussfolgerungen eine Basis für Diskussion, Dialog und weitere Erörterung der Empfehlungen, die am Ende des Berichtes angeführt sind, bieten würden. In diesem Zusammenhang sei darauf hingewiesen, dass auch ESCWA ihrerseits Maßnahmen gesetzt hat, um sicherzustellen, dass der Bericht wissenschaftlichen Standards entspricht und legte unseren Rohbericht daher drei prominenten internationalen Juristen vor, die ausgewählt worden waren, um eine objektive Beurteilung abzugeben. Ihre Identität wurde uns erst nach der Abgabe ihrer Beurteilungen bekannt gegeben. Jeder dieser Experten gab eine sehr positive Beurteilung ab, mit einigen Überarbeitungsvorschlägen, die wir dankend in den Endbericht, der in weiterer Folge an die Vereinten Nationen weitergegeben wurde, eingefügt haben. Vor dem Hintergrund dieser sorgfältigen wissenschaftlichen Prüfung ist es von Regierungsvertretern und anderen Funktionären höchst fahrlässig, den Bericht als einseitig polemisch abzutun, und zwar ohne sich auch nur ansatzweise mit den Inhalten der Analysen auseinandersetzen zu wollen. Solch ein Zugang untergräbt nicht nur die Autorität der Vereinten Nationen sondern auch allgemein den Respekt für internationales Völkerrecht. Es ist jedoch auch auf geopolitische Einflussnahme zurückzuführen, und zwar besonders im Zusammenhang mit UN-Finanzierungen, wenn brisante internationale Herausforderungen und damit zusammenhängende Argumente, die, vernünftig vorgebracht, eigentlich den Raum für gegensätzliche Meinungen schaffen sollten, um einen Austausch über diesbezügliche gegenteilige Positionen zu erlauben, leichtfertig übergangen und in Misskredit gebracht werden. Das gesamte Konzept, internationale Konflikte friedlich zu lösen, basiert doch darauf, Kommunikationskanäle für

Diskussionen offen zu halten. Es war leider doch anzunehmen, dass es nach 50 Jahren diskriminierender Besatzung und erfolgloser Diplomatie die Grenzen vernünftiger Diskussion sprengen würde, wenn Israels Umgang mit den Palästinensern im Verständnis des internationalen Völkerrechts als Apartheid bezeichnet wird. Diese Verweigerung verstärkt lediglich den Status quo, der letztendlich dem palästinensischen Volk über solch einen langen Zeitraum sehr viel Leid zugefügt hat.

Außerdem ist es irreführend, das zu tun, was amerikanische und israelische Diplomaten wie auch die Medien getan haben, nämlich diese Studie so zu behandeln, als wäre sie ein Bericht, der offiziell von den Vereinten Nationen verabschiedet worden ist. Solch eine Behandlung übersieht eindeutig den Haftungsausschluss, der auf der Einführungsseite des Berichtes aufscheint und in dem unmissverständlich erklärt wird, dass die im Bericht erwähnten Analysen und Interpretationen eindeutig jene der Autoren sind und daher nicht der ESCWA und schon gar nicht den Vereinten Nationen zugeordnet werden können. Tatsächlich handelt es sich dabei um ein Dokument, dessen Erstellung von den Vereinten Nationen in Auftrag gegeben wurde, dessen Qualität bezüglich der Übereinstimmung mit wissenschaftlichen Standards geprüft und das in weiterer Folge von der Organisation jedoch weder angenommen noch verabschiedet wurde, obwohl dies in Zukunft geschehen könnte, ein Schritt, den wir als Autoren willkommen heißen würden.

Berechtigte Kritik wird diskreditiert

Während meiner Amtszeit als Sonderbeauftragter der Vereinten Nationen für Menschenrechte in den besetzten palästinensischen Gebieten (2008–2014) wurde ich Zeuge, wie Verteidiger Israels häufig versuchten, vorgebrachte Kritik zu diskreditieren. Meine halbjährlichen Berichte, die ich in der Zeit, als ich diesen Posten innehatte, an die Menschenrechtskommission der Vereinten Nationen und an das dritte Komitee der Generalversammlung richtete, beinhalteten oft scharfe Kritik an Israel und an anderen Akteuren, die sich auf verschiedene Themenbereiche bezog, einschließlich der Missachtung des Völkerrechts, illegaler Expansion des Siedlungsbaus und unverhältnismäßiger Gewaltanwendung. Außerdem wies ich in den Berichten auch auf die Komplizenschaft internationaler Unternehmen und Banken hin, die gewinnbringende Geschäfte mit den Siedlungen unterhalten. Zu meiner Überraschung erhielt ich in Bezug auf diese konkreten Vorwürfe weder von Israel noch von den USA abweisende Reaktionen. Hingegen musste ich die leidvolle Erfahrung machen, dass meine Worte zu einer damit gar nicht zusammenhängenden Thematik aus dem Kontext gerissen wurden, um in weiterer Folge von UN-Watch und anderen NGOs, deren Energien und Ressourcen fast ausschließlich der Verteidigung Israels dienen, den Vertretern der Vereinten Nationen und wichtigen Diplomaten, die Mitgliedsstaaten repräsentieren, zur Kenntnis gebracht zu werden. Dies geschah nicht etwa mit vernünftigen Argumenten oder durch das Einbringen von Gegenbeweisen, sondern lediglich durch das Lancieren von Diffamierungskampagnen, die sich häufig um die bösartige Behauptung drehen, dass Kritik an Israel als Antisemitismus zu betrachten sei. Zu meinen schärfsten Kritikern gehörten die üblichen ultra-zionistischen NGOs, die durch die Verbreitung diffamierender Erklärungen über meine Meinungen die Unterstützung pro-israelischer Regierungen mobilisierten. Ich war überrascht und enttäuscht, dass die Diplomaten Barack Obamas bei den Vereinten Nationen, einschließlich Susan Rice und Samantha Power, wie auch der damalige Generalsekretär Ban Ki-moon und eine Reihe hochrangiger Diplomaten aus Kanada und Australien – d. h. aus Ländern, die selbst mit einer peinlichen kolonialen Siedlungsvergangenheit behaftet sind – diese Vorwürfe akzeptierten, ohne weiter nachzufragen oder meine Seite der Geschichte anzuhören, und damit ihren Einfluss und ihre Autorität für solch eine Art von Rufmord zur Verfügung stellten. Als ich mich beim Büro von Ban Ki-moon über die Ungerechtigkeit seiner Verurteilung meiner Meinung beschwerte, wurde mir von seinem Assistenten entschuldigend mitgeteilt, »wir haben es an der angemessenen Sorgfaltspflicht fehlen lassen, doch abgesehen davon waren wir durch Washington unter Druck, zeigen zu müssen, dass wir Israel unterstützen.« Ich erwähne diese persönliche Erfahrung, nur um darauf hinzuweisen, dass sie sich in ein seit langem bestehendes Muster schmutziger Tricks einreihen lässt, bei denen die leidenschaftlichsten Verteidiger Israels es vorziehen, ihre Gegner zu verleumden, anstatt das Risiko einzugehen, sich auf die augenscheinliche Gefahr einer vernünftigen Diskussion über wichtige zur Debatte stehende gesetzliche und rechtliche Aspekte einzulassen.

Der »Apartheid-Bericht«

Das Verbrechen der Apartheid wurde 1973 in der Internationalen Konvention über die Unterdrückung und Bestrafung des Verbrechens der Apartheid verbindlich definiert. Darin wird das Verbrechen der Apartheid als vorsätzlicher und systematischer Akt der Rassendiskriminierung bezeichnet, der mit dem Ziel ausgeführt wird, ungesetzliche Strukturen rassischer Dominanz, d.h. der Unterdrückung einer Rasse durch eine andere Rasse, aufrecht zu erhalten. Unser Bericht ging auch auf die Frage ein, ob es im Zusammenhang mit der Untersuchung des Vorliegens von Apartheid angebracht ist, Juden und Palästinenser als eigene Rassen zu betrachten. Wir kamen zu dem Schluss, dass es dafür genug Grundlagen gibt. Wie unser Bericht zeigt, wird »Rasse« in diesem rechtlichen Kontext als sozial und politisch konstruierte Kategorie behandelt, die entwickelt wurde, um ein spezifisches Volk oder eine spezifische Ethnie zu identifizieren. Dies steht in keinem Zusammenhang zur biogenetischen Wirklichkeit, die in diesem Fall ironischerweise eine beträchtliche Überlappung zwischen Juden und Palästinensern zeigt.

Der Bericht geht auch von der Prämisse aus, dass das Vorkommen oder auch das Nicht-Vorkommen von Apartheid davon abhängt, wie das palästinensische Volk als Ganzes und *im Ganzen* behandelt wird und nicht nur von der Untersuchung des einfachen Falles einer dualen gesetzlichen Struktur, die Palästinensern und Israelis, die im Westjordanland leben, seit 1967 auferlegt wird. Im Bericht wird vorgebracht, dass es jene Unterteilung der Palästinenser in bestimmte Bereiche, die von Israel absichtlich als integrierter Kontrollmechanismus konstruiert wurden und aufrechterhalten werden, ist, die das Vorliegen von Apartheid so überzeugend machen.

Durch die Anwendung einer, wie wir glauben, innovativen Methode näherten wir uns der Herausforderung, das Vorliegen eines Apartheidsystems als Gesamtkonzept zu beurteilen, indem wir die Palästinenser in vier Kategorien aufteilten, die der Art und Weise entsprechen, wie Israel seine Dominanz im Laufe von sieben Dekaden gesichert hat, wobei berücksichtigt wurde, dass die spezifischen Kontrollmaßnahmen im Laufe der Zeit variieren, da sie an die sich verändernden Umstände angepasst wurden. Dies ist auch nicht das erste Mal, dass sich internationale Wissenschaftler mit der Frage auseinandergesetzt haben, ob Israel der Apartheid bis zu einem bestimmten Grad schuldig ist.

Meine Mitautorin bei diesem Bericht, Virginia Tilley, hat vor ein paar Jahren ein Team internationaler Rechtsgelehrten geleitet, welches befunden hat, dass die israelischen Praktiken in den besetzten palästinensischen Gebieten als Apartheid einzustufen sind.[129] Diese Studie weist im Besonderen auf die systematische Diskriminierung von Palästinensern hin, die im Westjordanland unter der israelischen Militärverwaltung – der Besatzungsmacht – leben. Das bedeutet, dass Palästinenser als indigene Bevölkerung in all den Jahren ohne Rechte lebten, während die jüdischen Siedler in den gesamten Genuss der Rechtsstaatlichkeit kommen, wie sie in Israel in Bezug auf jüdische Staatsbürger praktiziert wird. Die Tilley-Studie befand, dass Straßen, die nur Siedlern vorbehalten sind, duale Rechtssysteme, zahlreiche Checkpoints, die zu zahlreichen Verzögerungen für Palästinenser führen, wie auch die

129. Siehe: Virginia Tilley (Hg.), Beyond Occupation: Apartheid, Colonialism and International Law in the Occupied Palestinian Territories, London 2012

drakonische rassenbedingte Aufteilung von zwei Bevölkerungsgruppen auf spezifische Regionen, genügend Elemente eines Apartheid-Systems beinhalten, um eine solche Schlussfolgerung zuzulassen.

Repressive Praktiken, die das Leben einfacher Palästinenser in eine tägliche Tortur verwandelt haben, sind eine Hauptdimension dieses rassisch organisierten Kontrollsystems. Hierzu sollte auch erwähnt werden, dass einige fortschrittliche Interpretationen des internationalen Völkerrechts die Bestrafung und Kriminalisierung von gewaltlosen Formen des Widerstandes gegen Apartheid als eigene Strafdelikte bezeichnen, wodurch das eigentliche Verbrechen der Apartheid selbst noch verschärft wird.

Der Apartheidcharakter der Besetzung des Westjordanlands ist hierbei noch die am wenigsten umstrittene Bestätigung der Behauptung, dass Apartheid die gesamte Beziehung zwischen Juden und Palästinensern unter israelischer Verwaltung beschreibt.

Erwähnenswert ist außerdem, dass für den Gazastreifen seit 2005, als die Siedlungen im Rahmen des israelischen »Abzugsplans« entfernt wurden, eine gesonderte Analyse erforderlich ist. Für die Zeit von der Besetzung des Gazastreifens 1967 bis 2005 trifft für den Gazastreifen dieselbe Analyse zu wie derzeit für das Westjordanland. Seit 2005 wird der israelische Kontrollmechanismus auf eine besondere und grausame Art und Weise aufrechterhalten, um die jüdische Dominanz über die palästinensische Bevölkerung im Gazastreifen zu gewährleisten. Dies umfasst strafende Blockaden, periodische militärische Einfälle, gezielte Tötungen und bestätigte Bemühungen, der Zivilbevölkerung genügend Lebensmittel zu verweigern, die ihr erlauben würde, ein gesundes Leben zu führen.

Eine weitere im Bericht untersuchte Kategorie waren Palästinenser, die in Jerusalem leben. Hier äußert sich der Apartheidcharakter der israelischen Herrschaft in der Art, wie die israelische Regierung die individuelle Sicherheit der in Jerusalem lebenden Palästinenser massiv untergräbt, indem ihre Aufenthaltsrechte manipuliert und ihnen eine

Vielzahl verschiedener diskriminierender Vorschriften auferlegt werden, die von steuerlichen Maßnahmen über Zerstörungen bis zur willkürlichen Vorenthaltung von Baugenehmigungen reichen. Im Gegensatz dazu genießen Juden in den Siedlungen in Ost-Jerusalem seit 1967 alle Vorteile und jeglichen Schutz der israelischen Staatbürgerschaft.

Die dritte Kategorie setzt sich mit der palästinensischen Minderheit auseinander, die in Israel lebt und die möglicherweise die problematischste Komponente in Bezug auf die Etablierung einer rechtlichen Definition von Apartheid darstellt, welche alle palästinensischen Einwohner umfasst. In dieser Kategorie gibt es ungefähr 1,7 Millionen Bürger von Israel, denen es erlaubt ist, politische Parteien zu gründen und zu wählen. Doch dieser Minderheit, die ungefähr 20 % der israelischen Bevölkerung ausmacht, ist es gesetzlich verboten, den erklärten jüdischen Charakter des Staates zu hinterfragen. Außerdem ist sie Opfer einer ganzen Bandbreite diskriminierender Staatsbürgerschaftsgesetze wie auch Verwaltungspraktiken, welche die Rechte der Palästinenser im Hinblick auf Landkauf, Besitz, Einwanderung, Familienzusammenführung und Freiheiten in der Eheschließung stark einschränken.

Das internationale Strafgesetz hat Apartheid aus seinem südafrikanischen Kontext genommen. Apartheid wird jetzt als unabhängiges Verbrechen gegen die Menschlichkeit angesehen, das nicht mit dem Vorliegen ähnlicher Merkmale wie jene, die das Apartheidsystem in Südafrika ausmachten, steht oder fällt. Hier gibt es wichtige Unterschiede. Zum Beispiel befolgt Israel nicht die notorische Praxis der »Passgesetze«, die das Leben für betroffene Menschen in Südafrika so jämmerlich machte. Gleichzeitig ist die südafrikanische Erfahrung keine Schablone für ein Apartheidsystem schlechthin, auch wenn sie manchmal als Analogie hilfreich ist. Die Natur des Verbrechens der Apartheid wird im Völkerrecht dahingehend und nicht konkreter definiert als dass es sich um eine Struktur der absichtlich ausgeübten Rassendominanz einer rassischen Personengruppe über eine andere handelt.

Eine vierte Kategorie, die das demografisch größte Segment betrifft, umfasst die Palästinenser, die entweder bei den Vereinten Nationen als Flüchtlinge registriert wurden oder gezwungen sind, unfreiwillig im Exil zu leben. In diesem Zusammenhang steht Israels Ablehnung von Resolution 194 (1948) der Generalversammlung der Vereinten Nationen, in welcher festgehalten wird, dass Palästinenser, die 1948 durch Israel enteignet oder vertrieben wurden sowie ihre Nachfahren das Recht auf Rückkehr genießen. Die Resolution 3236 der Generalversammlung der Vereinten Nationen erklärt dieses Rückkehr- oder Wiedereinbürgerungsrecht zu einem »unabdingbarem Recht«, das wahrscheinlich auch für jene hunderttausende Palästinenser gilt, die später durch den Krieg von 1967 vertrieben wurden. Soweit bekannt, wurde keinem Palästinenser, der seit der Gründung von Israel im Jahr 1948 vertrieben worden ist, erlaubt, von seinem Rückkehrrecht Gebrauch zu machen und seinen Aufenthalt wiederzuerlangen, ganz gleich wie stark seine Wurzeln auch sein mögen.

Wie bereits erwähnt, kommt der ESCWA-Bericht zu dem Schluss, dass das Verbrechen der Apartheid von seinen historischen südafrikanischen Wurzeln getrennt wurde. Weder die Konvention von 1973 noch das Römische Statut als Grundlage für den Internationalen Strafgerichtshof verknüpfen Apartheid mit Südafrika, sondern behandeln diese Praxis als eigenständiges Verbrechen gegen die Menschlichkeit. Es ist wichtig zu erkennen, dass es bedeutsame Unterschiede gibt zwischen dem Apartheidsystem, wie es in Südafrika praktiziert wurde, und der Art und Weise, wie es derzeit gegen Palästinenser umgesetzt wird. Wobei diese Unterschiede für die Frage, ob der Vorwurf der Apartheid gerechterweise, überzeugend und genau auf Israel zutrifft, nicht relevant sind. Ein maßgeblicher Unterschied ist, dass die afrikaanische Führung in Südafrika das Apartheidsystem freimütig zum Spiegelbild ihres ideologischen Glaubens an die Rassentrennung erklärt hat, während in Israel solch eine Struktur der diskriminierenden Trennung auf Grund der Rasse geleugnet und abgelehnt wird. Nennen auswärtige Quellen diese Struktur beim Namen, so wird dies als infame Beleidigung behandelt, wie es bei diesem Bericht der Fall war. In diesem Zusammenhang sei erwähnt, dass eine Reihe von Israelis, einschließlich etlicher ehemaliger Premierminister, die Gefahren bzw. Existenz eines Apartheidsystems in den Beziehungen zwischen Juden und Palästinensern, besonders in Bezug auf das Westjordanland, anerkannt und davor gewarnt haben, als sie ihrer Sorge um die Zukunft Israels Ausdruck verliehen.

Diese fast permanente Dominanzstruktur auf Grund der Rasse kann nicht mit dem Hinweis auf Israels legitimes Bedürfnis nach Sicherheit gerechtfertigt oder erklärt werden. Eine Teilmotivation für die Aufrechterhaltung einer Apartheid-Struktur ist es, der zionistischen Vorstellung von Israel als »jüdischem Staat« Substanz und Nachhaltigkeit zu verleihen. Solch ein Zugang und die Berücksichtigung des mit faktischer Gewissheit erfolgten nationalen Widerstands des palästinensischen Volkes in der post-kolonialen Ära erfordern an sich schon fast die Notwendigkeit einer harten rassenbasierten Kontrollstruktur. Dies umso mehr, nachdem Israel ein Staat ist, welcher der palästinensischen Nation durch subventionierte Einwanderung und den in Europa durch den Holocaust geschaffenen außergewöhnlichen Umständen aufgezwungen worden ist.

Unser Bericht kommt zur Schlussfolgerung, dass Israel in Bezug auf diese vier angeführten demografischen Kategorien das palästinensische Volk absichtlich zersplittert hat und sich dabei auf systematische Diskriminierung, einschließlich »unmenschlicher Handlungen«, gestützt hat, um in erster Linie seine Kontrolle aufrechtzuerhalten und palästinensischen Widerstand schwieriger und gefährlicher werden zu lassen, während Israel selbst seine Territorien ausweitet und damit die Perspektive einer Selbstbestimmung der Palästinenser weiter schwinden lässt. Aufgrund dieser Ergebnisse, die durch angeführte empirische Daten, einschließlich der Bezugnahme auf offizielle israelische Quellen, gestützt werden, kamen wir zum dem Schluss, dass der rechtliche Vorwurf der Apartheid fundiert und wohlbegründet ist sowie die derzeitige Situation besser beschreibt als jegliche Standardterminologie zur Besatzung, die im internationalen Dialog verwendet wird und die eher irreführend ist.

Wie eingangs angedeutet, ist es uns absolut bewusst, dass dieser ESCWA-Bericht das Ergebnis einer akademischen Untersuchung ist und keine verbindliche, von einem offiziellen rechtlichen Gremium oder einer Regierungsinstitution verfasste Abhandlung zur Apartheid darstellt. Wie bereits erwähnt – und zwar widersprüchlich zu dem, was in Medien berichtet und mittels diplomatischer Verleumdungen behauptet wird –, ist der Bericht niemals von den Vereinten Nationen oder auch von ESCWA angenommen oder bestätigt worden. Wir würden solch eine Annahme sehr empfehlen und wir drängen die Vereinten Nationen wie auch nationale Regierungen und die Zivilbevölkerung, Maßnahmen zu treffen, die darauf abzielen, Israel dazu zu bewegen, seine Apartheidherrschaft abzubauen und das palästinensische Volk in einer Art und Weise zu behandeln, die mit den Vorgaben des Völkerrechts, der Menschenrechte wie auch grundlegender Moralvorstellungen übereinstimmt.

In weiterem Sinne basiert unsere Behauptung, dass sich Israel zu einem Apartheid-Staat entwickelt hat, auf der Tatsache, dass es auf diplomatischer Ebene keine friedliche Lösung des Konfliktes und damit auch keine vorhersehbare Perspektive für eine Beendigung des diskriminierenden Regimes und des andauernden Leidens des palästinensischen Volkes gibt. Es ist ein langanhaltender schädlicher Trugschluss, weiterhin vorzugeben, dass es irgendeine Art ausgehandelter Lösung geben wird, sobald nur beide, Israelis und Palästinenser, zu »schmerzhaften Zugeständnissen« bereit sind. Solange Israel weiterhin daran festhält, ein jüdischer Staat zu sein, gibt es für Palästinenser kein Entrinnen aus dem eisernen Käfig der Apartheid.

Diese fast permanente Dominanzstruktur kann nicht überzeugend mit Israels Bedürfnis nach Sicherheit gerechtfertigt werden, zumal dieses Bedürfnis zu einem erheblichen Maße durch den Unwillen Israels, den Palästinensern die ihnen laut Völkerrecht zustehenden

Rechte zu gewähren, geschaffen wird. Eine spezifische Ethnie kann nicht von einer anderen Ethnie dauerhaft durch militärische Gewalt und administrative Zwänge unterdrückt werden, ohne auch die damit einhergehende Struktur, die als Apartheidherrschaft entstanden ist, zu berücksichtigen. Tatsächlich war ein Teil des Grundes, weshalb wir nicht auf eine offiziellere Beurteilung dieser Beschuldigungen durch ein ordnungsgemäß konstituiertes juristisches Gremium warteten, unser Empfinden, jene Reihe von Maßnahmen dringend beenden zu wollen, die nun schon so lange für das große Leiden des palästinensischen Volkes verantwortlich sind, was wiederum direkt daraus resultiert, dass Palästinensern ihre grundlegenden Rechte verweigert werden, vor allem das Recht auf Selbstbestimmung.

Ein Politik-Gebot: Von der Beendigung der Besatzung zur Beendigung der Apartheid

Seit 1967 verdichtet sich die Hauptforderung all jener, die sich um Frieden zwischen Israelis und Palästinenser bemühen, in dem Slogan »Ende der Besatzung«. Grundsätzlich folgen die Vereinten Nationen dieser Denkweise, in der jedoch die notwendigen Vorbedingungen für einen Frieden niemals ganz berücksichtigt werden – mit Ausnahme der Perspektiven liberaler Zionisten –, da sie das Leid der Palästinenser auf den territorialen Konflikt beschränken. Tatsächlich könnte Israel Frieden haben, der auch von Palästinensern akzeptiert werden sollte, wenn die Rückzugsbedingungen, wie vom Sicherheitsrat in seiner Resolution 242 festgelegt, erfüllt werden und wenn ein palästinensischer Staat mit Ost-Jerusalem als Hauptstadt errichtet oder eine andere Formel gefunden wird, auf die sich beide Staaten einigen können und die beiden Staaten erlaubt, ihre Flaggen in der geeinten Stadt von Jerusalem wehen zu lassen. Diese Denkweise, die nach wie vor die politische Phantasie jener beflügelt, die an der Durchsetzung der Idee eines verhandelten Friedens festhalten, übersieht das Leid und die traurige Situation der Palästinenser, die seit mehreren Generationen in Flüchtlingslager gepfercht oder gezwungen sind, ein unfreiwilliges Exil auf sich zu nehmen. Diese Idee eines vernünftigen Kompromisses setzt die Bereitschaft der Palästinenser voraus, auf jegliches spezifisches Rückkehrrecht zu verzichten. Das grundsätzliche Missverständnis dieses allgemeinen Zuganges ist es, zu vergessen, dass der palästinensische Kampf hauptsächlich ein Kampf um die *Rechte eines Volkes* und erst sekundär einer um *territoriales Recht* ist.

Abgesehen von diesen konzeptuellen Bedenken gibt es aus der Perspektive einer Konfliktlösung empirische und normative Gründe dafür, sich von »Besatzung« als Hauptfokus abzuwenden. Zunächst wird »Besatzung« als juristischer Begriff mit der legitimen Situation der »kriegsbedingten Besatzung« gemeint, die von einem temporären Zustand ausgeht, wie in dem Vierten Abkommen der Genfer Konventionen, in dem die Folgezeit eines Krieges geregelt wird, festgehalten ist. Berücksichtigt man, dass die Besatzung des Westjordanlandes, von Ost-Jerusalem und vom Gazastreifen nunmehr seit 50 Jahren besteht, ohne dass ein Ende in Sicht ist, wird es zu einer Parodie der Realität, diese Situation anders als fast-permanent zu bezeichnen. Tatsächlich hat sich Israel Gebiete mit Gewalt angeeignet, getarnt als Besatzung und als Folge des Ausganges des Krieges von 1967, was eine Verletzung einer fundamentalen Norm des Völkerrechts darstellt.

Es gibt noch weitere empirische Tatsachen, die außerdem eine Vermeidung des Begriffs Besatzung begründen. Die Natur einer Besatzung wurde durch die Ambitionen und Handlungen Israels umgewandelt, um die eigene territoriale Hegemonie zu erweitern. Das wird insbesondere angesichts der massiven israelischen Siedlungen im Westjordanland und in Ost-Jerusalem ersichtlich, die eine direkte Verletzung des Artikels 49(6) des Vierten Genfer Abkommens darstellen und die im Rahmen eines Friedensabkommens, sollte ein solches jemals zustande kommen, in den Staat Israel eingegliedert werden müssten; eine Forderung, auf die Israel besteht. Mit anderen Worten:

Israel hat Tatsachen geschaffen, die einen Rückzug faktisch unmöglich machen, was wiederum die operative Relevanz der Forderung nach einem »Ende der Besatzung« sehr irreführend werden lässt. Israel hat vor Ort zusätzliche Fakten geschaffen, die es schwierig machen, sich die Durchsetzung eines wahren Endes der Besatzung vorzustellen: Das teure Straßennetz, eigens konstruiert, um die Siedlungsblocks mit den israelischen Gebieten von vor 1967 zu verbinden; der Trennwall, der vom Internationalen Strafgerichtshof in einer fast einstimmig erteilten Stellungnahme im Jahre 2004 als illegal erklärt wurde und daher abgetragen und betroffene Palästinenser entschädigt werden sollten; und letztlich sogenannte Sicherheitszonen, in denen Israel das Recht einfordert, bis in eine unendliche Zukunft militärische Macht auszuüben, und zwar besonders im Jordantal.

Die Fortdauer der »Besatzung«, obwohl es sich dabei um eine Fehlbezeichnung handelt und in seiner ausschlaggebenden rechtlichen Dimension von Israel als Besatzungsmacht missachtet wird, ist noch immer ein relativ neutraler Begriff, das der israelischen kriminellen Verantwortung für die Aufrechterhaltung der derzeitigen unterdrückerischen Herrschaft nicht entspricht. Es ist an der Zeit, den die Situation beschreibenden und normativen Terminus zu verändern, und zwar von »Besatzung« zu »Apartheid«. Apartheid ist ein internationales Verbrechen, dessen Aufrechterhaltung den schwerwiegenden Machenschaften einer kriminellen Vereinigung gleichkommt. Im Endeffekt wird somit die Besatzung durch das Apartheidsystem kriminalisiert, was die Verpflichtung mit sich bringt, diese Situation zu beenden. Außerdem liefert dies auch der Zivilbevölkerung eine Vielzahl starker Rechtfertigungen, sich in gewaltlosen Formen militanter Aktionen zu engagieren, um auf Israel und seine Unterstützer Druck auszuüben, was wiederum die Exekutive, die israelische Führung und Bürger veranlassen wird, ihre Interessen neu zu berechnen. Die Logik hinter der BDS-Kampagne[130] folgt dieser Argumentationslinie.

130. BDS steht für Boycott, Divestment, Sanctions.

Der Begriff Apartheid spiegelt die Realität, mit der sich die Palästinenser konfrontiert sehen, besser als jener der Besatzung wider. Die allgemeine Situation der palästinensischen Bevölkerung als Ganzes ist von Unterjochung durch eine israelische Politik gekennzeichnet, die sich lediglich an der rassischen Identität orientiert. Eine Beendigung der Apartheid ist notwendig, um Umstände einer existentiellen Gleichheit zwischen beiden Völkern zu etablieren und damit die wichtigste Bedingung für eine konstruktive Diplomatie zu schaffen, die sich der Konstituierung von Regeln widmet, die in weiterer Folge zu einem nachhaltigen und gerechten Frieden zwischen diesen beiden Völkern führen.

Vor allem unterstreicht die Akzentsetzung auf die Beendigung einer den Palästinensern auferlegten dominierenden, diskriminierenden und als Apartheid verstandenen Struktur die Legitimität der palästinensischen nationalen Bewegung für die Erlangung von Rechten. Apartheid zeigt auf, dass sich der palästinensische Missstand auf die *Menschen* wie auch auf die *Gebiete* und damit fundamentaler und umfassender auf das gesamte Volk bezieht.

Die Existenz der Apartheid anzuerkennen, hat außerdem den positiven Effekt, die Tendenz ausländischer Regierungen, und zwar besonders jener der USA, zu überwinden, die meinen, dass die Verhandlungen Beziehungen zwischen zwei Seiten umfassen, die sich in einem ausgeglichenen Verhältnis gegenüberstehen, das ein gleichwertiges Geben und Nehmen zur angemessenen Dimension der Erwartungen werden lässt. Die Realität der Apartheid hingegen fordert solche Illusionen heraus und verdeutlicht eine Situation der fundamentalen Ungleichheit. Ohne Auflösung der Apartheid bleibt die Perspektive eines nachhaltigen Friedens eine Chimäre. In diesem Zusammenhang ist die Analogie zu Südafrika erleuchtend. Der Abbau der Apartheid war eine Voraussetzung für den Schritt, eine Versöhnung der in Südafrika beheimateten Rassen zu erleichtern. Ohne diese Voraussetzung wäre die Entlassung Nelson Mandelas aus dem Gefängnis eine vergebliche Geste geblieben, die schnell zum Bumerang hätte werden können.

Es war die Hoffnung der Autoren dieses Berichts, dass dessen Ergebnisse in Bezug auf die Apartheid zu einem klareren Verständnis des palästinensischen Leids führen und die Vereinten Nationen, die Regierungen und die Zivilgesellschaft ermutigen, effektivere Positionen einzunehmen. Außerdem ist unser anhaltender Wunsch, dass Menschen des guten Willens auf der ganzen Welt, aber besonders in Israel, auf eine politische Lösung hinarbeiten werden, die es Juden und Palästinensern endlich erlaubt, in nachhaltigem Frieden zusammenzuleben, in einem Rahmen, der auch die Lösung gerechtfertigter Beschwerden miteinschließt.

Übersetzung aus dem Englischen: Magda Assem

Der israelisch-amerikanische Würgegriff auf Palästina[131]

Rashid Khalidi

Einige feiern im Jahr 2017 den 50. Jahrestag der längsten militärischen Besatzung in der modernen Geschichte. Es ist absolut angemessen, dass diese Feierlichkeiten auch eine gemeinsame Sitzung des US-Kongresses und der israelischen Knesseth, abgehalten via Video-Verbindung, beinhalten. Israels Herrschaft über Ost-Jerusalem, die Westbank, den Gazastreifen und die Golanhöhen sind nur möglich durch die ständige Unterstützung, die sämtliche US-Regierungen seit dem Juni 1967 leisteten. Daher ist es nicht alleine eine israelische Besatzung: Von Anbeginn an war es in der Tat ein gemeinsames Projekt, eine israelisch-amerikanische Gemeinschaftsherrschaft, wenn man so möchte. Die verschiedenen Formen der Gewalt, welche nötig waren (und sind), um die Herrschaft über nahezu fünf Millionen Menschen ausüben, waren (und sind) ausschließlich israelisch, das finanzielle, militärische und diplomatische Gewicht dahinter war (und ist) überwiegend amerikanisch.

Das Ausmaß der bedingungslosen amerikanischen Unterstützung dieser 50-jährigen Besatzung kann man am Unterschied erkennen, wie die US-Administrationen seit Lyndon Johnson Israels Eroberungen von 1967 betrachteten, im Gegensatz zu Präsident Eisenhowers Einstellung zum Krieg gegen Ägypten von 1956. Im früheren Fall von Roosevelt war die amerikanische Reaktion eindeutig und stark. Nur wenige Tage nach dem israelisch-britisch-französischen Angriff auf Ägypten setzten die USA eine UN-Resolution durch, in der der bedingungslose und sofortige Abzug aus dem besetzten Gazastreifen und der Sinai-Halbinsel verlangt wurde. Unter mächtigem Druck Amerikas tat dies Israel widerwillig sechs Monate später.

131. Dieser Kommentar wurde am 5. Juni 2017 in der Online-Ausgabe der US-Zeitschrift *The Nation* veröffentlicht: https://www.thenation.com/article/israeli-american-hammer-lock-palestine

Als 16-Jähriger war ich selbst am 9. Juni 1967 Zeuge, wie stark sich seit 1956 die Verhältnisse geändert hatten. Am vierten Tag des Krieges saß ich auf der Besuchergalerie des Sicherheitsrates (mein Vater arbeitete für das UN-Sekretariat). Ich beobachtete US-Botschafter Arthur Goldberg, der den Sicherheitsrat über Stunden hinhielt, um einen Beschluss zu verhindern, der Israel gezwungen hätte, den offensichtlich unaufhaltbaren Vorstoß gegen Damaskus zu stoppen. Trotz einer darauffolgenden Waffenstillstandsresolution des Sicherheitsrates und dank dieser taktischen Unterstützung der USA wurde der Vormarsch bis zum nächsten Tag nicht beendet.

Es kam aber noch schlimmer. Im Unterschied zu den Tagen, die die UNO im Jahr 1956 benötigte, um zu agieren, benötigten die Vereinten Nationen mehr als fünf Monate, um eine Resolution zu verabschieden, welche sich mit der Situation nach dem Sechstagekrieg von 1967 befasste. Als dies geschah, am 22. November 1967, war die Sicherheitsresolution 242 im Wesentlichen von den Wünschen Israels, mit unumgänglicher Unterstützung der USA, bestimmt. Die UN-Resolution 242 war bei weitem nicht bedingungslos: Tatsächlich hat sie den Rückzug aus den von Israels Armee soeben eroberten Gebieten davon abhängig gemacht, dass »sichere« Grenzen errichtet werden konnten, ein Begriff, der sich als unendlich flexibler Terminus im israelischen Lexikon erwiesen hat. Diese Flexibilität hat eine 50-jährige Verzögerung erlaubt, was die eroberten palästinensischen und syrischen Territorien anbelangt. Mehr noch, in ihrer englischen Version spricht UN-Resolution 242 nicht von einem Rückzug Israels aus allen im Junikrieg eroberten Gebieten, sondern lediglich von »während des Konfliktes eroberten Gebieten«. Mit großer Unterstützung seitens der USA hat Israel seine Interessen vollständig durchgesetzt.

Andere Passagen in der UN-Resolution 242, wie jene, die die »Unzulässigkeit der Aneignung von Territorien durch Krieg« festhält, können als Ausgleich für jene wichtigen Konzessionen an Israels Position betrachtet werden. Dennoch, welche Teile von 242 wirklich wichtig sind, wird durch die gemeinsame Sitzung des US-Kongresses und der Knesset erkennbar, die im Juni 2017 als Höhepunkt der US-amerikanischen Zustimmung stattfand und zum Ausdruck brachte, dass die Besatzung in Wirklichkeit durch amerikanisches Geld, Waffen und diplomatische Unterstützung garantiert ist.

Ein weiterer wichtiger Punkt bezüglich der UN-Resolution 242 ist erwähnenswert. Der Konflikt an sich war ein kolonialer, zwischen der indigenen palästinensischen Mehrheit und der zionistischen Bewegung, als letztere versuchte, Kontrolle über das Land auf Kosten der Mehrheit zu erlangen. Das Wesen dieses Konfliktes ist auch teilweise in der UN-Generalversammlungsresolution 181 im Jahr 1947 anerkannt worden, in der eine Teilung des Landes in einen jüdischen und einen arabischen Staat vorgeschlagen wurde. Die Juden sollten einen größeren Teil als die Araber erhalten, obwohl zu diesem Zeitpunkt Juden weniger als 7 % des Landes besaßen und die Araber 65 % der Bevölkerung ausmachten und im Prinzip das absolute Recht auf Selbstbestimmung im gesamten Land, das sie verständlicherweise als das ihrige betrachteten, ausüben hätten können.

Die UN-Resolution 242 bedeutete einen Rückschritt für die Palästinenser. Sie sind im Text der Resolution von 1967 nicht erwähnt, auch nicht ihre Rechte auf Staatlichkeit und Rückkehr zu ihren Wohnstätten und Besitzungen, was bereits in früheren UN-Resolutionen bestätigt worden war, alle unterstützt von den Vereinigten Staaten. Stattdessen war von »einer gerechten Lösung des Flüchtlingsproblems« die Rede.

Hochmütig die indigene Bevölkerung und ihre Rechte und Interessen zu ignorieren, ist ein typisches kolonialistisches Manöver, eines, das die Voraussetzungen für einen israelischen Kolonialstaat geschaffen hat, der sich nun über 50 Jahre in den besetzten Gebieten ausbreiten konnte. Es versteht sich von selbst, dass dies ohne volle Unterstützung der USA nicht möglich gewesen wäre, begleitet von lauwarmer Kritik. Der britische Außenminister Lord Balfour war am gleichen Manöver einhundert Jahre zuvor beteiligt, hat niemals die Bezeichnungen Palästinenser oder Araber in seiner berühmten Erklärung vom 2. November 1917 benützt, in der er die britische Unterstützung für eine jüdische »nationale Heimstätte« in Palästina, das damals eine 94 %ige arabische Mehrheit aufwies, zum Ausdruck brachte.

Resolution 242 löste durch die Nichtbeachtung der Palästinenser und die Erfüllung der Wünsche Israels eine diplomatische Revolution aus, die die Expansion Israels als regionale Supermacht förderte. Diese Resolution, vom britischen Botschafter Lord Caradon verfasst, ignorierte weiterhin die Palästinenser und bestimmte weitgehend die Richtung der folgenden »Friedensverhandlungen«. Es ist daher kaum überraschend, dass diese keine wie immer geartete friedliche Lösung erreichten, sondern die Besatzung palästinensischen und syrischen Territoriums legitimierten.

Die Szene, die ich am 9. Juni 1967 im Sicherheitsrat beobachtet habe, war lediglich ein Zeichen für eine totale Änderung der US-Politik durch Präsident Johnson und seine enthusiastisch pro-israelischen Berater, darunter Clark Clifford (der dafür verantwortlich war, dass Präsident Harry Truman 1947 und 1948 Israel unterstützte), Arthur Goldberg, McGeorge Bundy, Abe Fortas und die Brüder Walt und Eugene Rostow. Diese und andere haben sichergestellt, dass vor dem Junikrieg 1967 Israel von den USA grünes Licht für den ersten Angriff auf die arabischen Armeen erhielt, was sie 1956 zur Zeit ihres gemeinsamen Suez-Abenteuers mit England und Frankreich unterlassen hatten. Einige dieser Berater haben auch ihren Einfluss bei der Formulierung der UN-Resolution 242 geltend gemacht.

1967 hat Israel auch bereits einige US-Waffenlieferungen erhalten, obwohl es den Krieg in erster Linie mit französischen und britischen Waffen gewinnen konnte, wie dies auch 1956 der Fall gewesen war. Infolge des Sieges im Sechstagekrieg ist Israel auch ein wichtiger Alliierter des Westens im Kalten Krieg geworden und ging eine enge Beziehung zu den Vereinigten Staaten ein. Mit der Zeit ist diese Allianz enger geworden als zu irgendeinem anderen Staat, mit Militärhilfe weit über 1 Mrd. US-Dollar pro Jahr nach 1973 und über 4 Mrd. US-Dollar im Jahr 2017 (diese Hilfe geht an ein relativ reiches Land, eines mit einem Pro-Kopf-Einkommen von nahezu 35.000 US-Dollar). Seit 1967 ist Israel von den USA verwöhnt worden, ganz egal ob seine Aktionen die US-Interessen förderten oder beeinträchtigten. Diese Innigkeit hat einen Punkt erreicht, an dem Politiker beider Seiten sich im Wettstreit darüber befinden, keinerlei Differenzen in den Positionen beider Staaten zuzulassen.

Trotz der Beteuerungen dieser Gemeinsamkeiten des US-amerikanischen und israelischen Establishments bezüglich der fortgesetzten Besatzung und des Kolonisationsprozesses in Palästina – der Tag der Abrechnung wird kommen. Dafür gibt es genügend Vorboten. Die Demokratische Partei der USA ist bereits hin- und hergerissen zwischen der absolut pro-israelischen alten Führungsgarde und einer jüngeren und offeneren Basis, die sieht, was sich tatsächlich in Palästina abspielt. Die Resolution, welche die kalifornische Demokratische Partei am 21. Mai 2017 verabschiedet hat, ist ein Zeichen dafür. Sie verurteilt die Versäumnisse aufeinanderfolgender Administrationen, statt einer milden Kritik der Besatzung »aktuelle Schritte zur Änderung des Status quo zu setzen und einen wirklichen Friedensprozess einzuleiten«. Sie setzt fort, die »illegalen Siedlungen in den besetzten Gebieten zu kritisieren« und ruft nach einem »gerechten Frieden basierend auf voller Gleichheit und Sicherheit im gleichen Maße für israelische Juden und Palästinenser« sowie auch nach »Selbstbestimmung, Bürgerrechten und ökonomischem Wohlstand für das palästinensische Volk.«

Fünfzig Jahre nach dem Ausbruch der Euphorie in Israel und Washington, welche den Beginn der Besatzung begleitete, kann die Zunahme einer anderen Gesinnung unter jungen Menschen – darunter viele junge jüdische Amerikaner – aus Minderheiten, manchen Kirchen, Synagogen, akademischen Vereinigungen und Gewerkschaften und auch in den Basisorganisationen der Demokratischen Partei registriert werden. Es gibt natürlich eine potente und gut-finanzierte Gegenbewegung gegen dieses Erwachen, das sich gegen die Trump-Administration und die Führung der Demokratischen Partei wendet und auch in vielen Mainstream-Medien seinen Niederschlag findet. Man kann das an den wilden Auseinandersetzungen in regionalen Parlamenten im ganzen Land über die Versuche, Debatten über verfassungswidrige Anti-BDS-Gesetze[132] zu verhindern, erkennen (19 davon sind bereits beschlossen worden), aber auch im Einreiseverbot für BDS-Anhänger nach Israel sowie Gesetzen gegen israelische BDS-Anhänger.

Auch wenn diese Maßnahmen einigen Erfolg haben werden, können sie auf Dauer nicht den Umschwung verhindern, den die Politik Israels bei so vielen Amerikanern und anderswo auf der ganzen Welt herbeigeführt hat. Unterstützung von außen war immer ein wichtiger Faktor im Kampf um Palästina. In den ersten Jahrzehnten nach der Balfour-Erklärung hätte die zionistische Bewegung niemals erfolgreich sein können, ohne die entscheidende Unterstützung durch Großbritannien. Genauso hätte Israel niemals seine Besatzung über 50 Jahre aufrechterhalten können ohne Amerikas Hilfe.

Die fast hysterische Reaktion auf die weltweit anwachsende Kritik an Israels militärischer Besatzung von arabischen Territorien und seiner Siedlungspolitik beweist, dass die israelische Führung und ihre Unterstützer in den Vereinigten Staaten sich dieser neuen Realitäten vollauf bewusst sind. Die Tragödie besteht darin, dass es fast 70 Jahre seit 1948 und 50 Jahre seit 1967 gebraucht hat, um an diesen Punkt zu gelangen. Und wir sind erst am Beginn des Weges zu voller Gleichheit, Selbstbestimmung, Bürgerrechten, Sicherheit und ökonomischem Wohlstand sowohl für israelische Juden als auch für Palästinenser.

Übersetzung aus dem Englischen: Fritz Edlinger

132. BDS steht für Boycott, Divestment, Sanctions.

Russland und der Israel-Palästina-Konflikt

Vijay Prashad

Hebräisch, Englisch und Russisch – diese drei Sprachen hört jeder Neuankömmling am Flughafen Tel Aviv. Geschäftsschilder sind in diesen drei Sprachen beschrieben, die meisten Grenzbeamten sprechen sie. Arabisch hingegen ist nicht so leicht zu finden. Das ist keine Überraschung. Ein Fünftel aller Israelis spricht Russisch als Muttersprache. Die russische Kultur ist weit in die israelische Gesellschaft eingedrungen. Ungefähr eine Million Mitglieder der sogenannten Glasnost-Aliya[133] schlossen sich den vier Millionen jüdischen Mitgliedern der israelischen Gesellschaft der 1990er-Jahre an. Sie leben vor allem im westlichen Teil Galiläas im Norden Israels sowie in Beersheva in der israelischen Negev Wüste. Die neuen jüdisch-russischen Immigranten kamen mit beachtlichem technischem Know-How, was vor allem Israels IT-, Bildungs- und Medizinbranche zugutekam.

Die russischen Juden aus der Glasnost-Aliya üben auch deutlichen politischen Einfluss in der israelischen Gesellschaft aus. Sie stärkten vor allem die extrem rechten israelischen Parteien wie Yisrael BaAliyah (Partei von Natan Sharansky und Yoel Edelstein), die Partei Yisrael Beiteinu (von Avigdor Lieberman) sowie die Aliyah-Partei (von Michael Nudelman und Yuri Stein). Diese Parteien sagen Nein zu jeglichen Verhandlungen mit dem palästinensischen Volk und sind auch nicht

133. Als »Glasnost-Aliyah« wird die Auswanderungswelle sowjetischer/russischer Juden in den Jahren 1989 bis 1992 verstanden. 1990 betrug die Zahl der jüdischen Auswanderer aus der UdSSR monatlich fast 10.000 Personen. Berücksichtigt man noch die Jahre bis 1996, so kamen zwischen 1990 und 1996 über 600.000 »Juden« nach Israel. Die Anführungszeichen sind deshalb gerechtfertigt, weil ein beträchtlicher Teil dieser Sowjetbürger letztendlich nicht-jüdischer Herkunft war. Ein nennenswerter Anteil dieser Emigranten wollte auch nicht unbedingt nach Israel einwandern, sondern lediglich aus der zerfallenden Sowjetunion auswandern. Viele haben daher Israel lediglich als Transitland benutzt. So sind 1987 90 % der Auswanderer entweder nie nach Israel gekommen oder haben dort nur ihre Weiterreise in andere Länder organisiert.

bereit, der palästinensischen Seite Zugeständnisse zu machen. Viele Mitglieder der genannten Parteien waren früher in Benjamin Netanjahus Likud-Block, haben sich jedoch nach dem Wye-River-Memorandum von 1998, mit dem Netanjahu der Umsetzung von Oslo II zustimmte, von ihm distanziert.

Russlands Beziehung zu Israel ist stark von diesem politischen Hintergrund Israels geprägt. Die russischen Immigranten spielen also eine wichtige Rolle in Israel und eine überproportional große in den extrem rechten Parteien. Während Russland eine lange Geschichte des Antisemitismus aufzuweisen hat, sind Angriffe auf die jüdische Bevölkerung in den letzten Jahrzehnten stetig zurückgegangen. Der russische Präsident Wladimir Putin empfing Mosche Wjacheslav Kanto, Präsident des europäisch-jüdischen Kongresses, 2016 im Kreml und informierte ihn, dass europäische Juden jederzeit willkommen sind, Asyl in Russland zu bekommen. Der Anstieg des extrem-rechten Antisemitismus in Europa innerhalb der letzten Jahre beunruhigte viele europäische Juden. Putin hat diese Ängste auf geschickte Weise genutzt. Er hat mehrfach betont, dass Antisemitismus in Russland keinen Platz hat und er im Ausland lebende Juden aktiv einlädt, zurück nach Russland zu kommen. Es würden auch die politischen Ansichten der israelisch-russischen Juden respektiert.

Russische Politik in Bezug auf Israel oder den gesamten Nahen Osten basiert jedoch nicht auf der Präsenz und den Ansichten der in der Diaspora lebenden russischen Juden. Ein genauerer Blick auf russische Manöver in der Region zeigt, dass Geschichte keine Treue und Loyalität kennt. Nachdem Ägypten das russische Militär 1972 quasi aus der Region hinausgeworfen hatte, beschränkten sich die russischen Beziehungen zu Nordafrika und Westasien vorwiegend auf die enge Verbindung zu Syrien und limitierte Waffengeschäfte mit dem Irak. Komplexe und umstrittene Kontakte zu den kommunistischen Parteien in der Region verhinderten, dass die damalige UdSSR starke Bündnisse mit den Regimen und Ländern jener Zeit in der Region aufbauen konnte. Die russischen Verbindungen zu Staaten wie Ägypten, Syrien und dem Irak beruhten auf der Politik dieser Länder, sich während des Kalten Krieges zwischen den Supermächten zu positionieren. Ägypten unter Nasser zum Beispiel war sehr geschickt darin, die beiden Blöcke des Kalten Krieges gegeneinander auszuspielen und dies für seinen eigenen Nutzen zu verwenden. Das war einer der Vorteile der Bündnisfreiheit. Die Sowjetunion versuchte zu punkten, wo immer sie dazu eine Gelegenheit sah, war jedoch selten in einer Position, sich politisch wirklich durchzusetzen.

Dass die UdSSR nun eines der ersten Länder war, welches Israel diplomatisch anerkannte, ist nicht besonders entscheidend, immerhin war es auch die UdSSR, die während der Fedajin-Periode aktive materielle und diplomatische Unterstützung für die palästinensischen Widerstandskämpfer leistete. Zusammenfassend ist festzustellen, dass die früheren Beziehungen der UdSSR und später Russlands im Nahen Osten keinen prägenden Einfluss auf die heutige russische Außenpolitik in der Region haben. Viel hat sich seit der Zeit des Kalten Krieges und der nationalen Befreiungsbewegungen geändert. Es wäre nicht zeitgemäß, Russlands Position im Nahen Osten aus seiner Vergangenheit zu interpretieren. Die Situation hat sich nach dem Ende der UdSSR 1991 erheblich verändert – anders als im Fall der USA, deren Nahostpolitik heute und in der Vergangenheit viele Konstanten aufweist.

Was sind die Faktoren, welche die russische Politik in Bezug auf Palästina ausmachen? Laut Putin sind Russlands außenpolitische Interessen von einer Kombination aus Russlands nationalen Interessen und Pragmatismus geprägt. Das ist weitgehend richtig. Russlands wirtschaftliche Interessen spielen eine große Rolle in seiner Beziehung zu den arabischen Golfstaaten und zu den großen Waffenkäufern unter den älteren arabischen Nationalstaaten. Es gibt jedoch auch Hinweise, wonach Russlands Aktivitäten in der Region seit dem zweiten Jahrzehnt des 21. Jahrhunderts darauf ausgerichtet sind, aus der empfundenen Einkreisung seitens der USA und Europas auszubrechen. Die Osterweiterung der NATO und die »hube and spoke«-Sicherheitsabkommen[134] der USA in Ostasien haben Druck auf Russland und China ausgeübt. Die Gefahren für Russland sind mittlerweile durch seine ausgeweiteten Beziehungen zu China und seinen verstärkten Einfluss in Westasien und Nordafrika durchbrochen. Einschränkungen erfährt Russlands Politik jedoch durch die Präsenz der starken russischen Bevölkerung in Israel und seine älteren Verstrickungen. Aber das beeinflusst seine Poliitk nicht wesentlich. Was andererseits die russische Politik am meisten beeinflusst, ist das ständige Bemühen, aus einer möglichen Unterordnung unter dem Westen und der sich daraus ergebenden Isolierungsgefahr auszubrechen.

Druck auf Russland

Der Zusammenbruch der UdSSR veränderte die Mächteverhältnisse in Eurasien nachhaltig. Die NATO, die versprochen hatte, an der deutschen Grenze Halt zu machen, näherte sich der geschwächten Russischen Föderation stetig an. Die neue Führungselite in Russland – inklusive Boris Jelzin – glaubte an ein vereintes Deutschland als treibende Kraft für einen Weltfrieden. Alexander Jakowlew, ein enger Vertrauter von Michail Gorbatschow, sagte, dass ein vereintes Deutschland und eine aufgelöste UdSSR eine »neue friedliche Periode im Leben der Menschheit« einleiten sowie die Bildung einer »neuen Zivilisation ohne Waffen und Kriege« mit sich bringen würden. Das war äußerst naiv.

Sogar noch vor dem Zerfall der UdSSR unternahmen die USA eine militärische Aktion gegen den Irak, bei welcher man vergeblich auf eine sowjetische Intervention vor der UNO wartete. Die US-amerikanischen

134. Der Ausdruck »hube and spoke« kommt aus der Verkehrstechnik und bedeutet »Radnarbe« und »Speiche«. Damit wird das umfangreiche Sicherheitsbündnis beschrieben, welches die USA nach 1945 mit den wichtigsten pro-westlichen Staaten im asiatisch-pazifischen Raum aufgebaut haben. Es versteht sich natürlich, dass den USA dabei die Rolle der »Radnarbe« und den asiatischen Verbündeten (Japan, Südkorea, Philippinen, Australien, Neuseeland, Thailand, Taiwan, Pakistan) jene der »Speichen« zukommt. Übrigens ist 1977 auch Großbritannien diesem als »San Francisco-System« bezeichneten Bündnis beigetreten.

Bombardierungen des Irak waren Vorboten der massiven Gewaltanwendung im ehemaligen Jugoslawien 1999. Damals erstellten die USA eine Liste sogenannter Schurkenstaaten, welche außerhalb der globalisierten Welt zu bleiben hatten. Jenen, die die US-Hegemonie nicht akzeptierten, wurde damit vermittelt, dass sie genauso zerstört werden könnten wie der Irak und Jugoslawien. Die Liste der Schurkenstaaten inkludierte Kuba, Iran, Irak, Libyen und Nordkorea. Andere Staaten – wie Syrien – befanden sich zu jener Zeit noch im Halbschatten.

Russland sah anfänglich kein Problem mit der weltweiten Vorherrschaft der USA. In den 1990er-Jahren war die russische Wirtschaft aufs Äußerste geschwächt und die russischen politischen Machthaber um Jelzin suchten eine Annäherung zum Westen. Russland wurde 1997 Mitglied der G7-Staaten. Es suchte ebenfalls eine gestärkte Beziehung zur NATO, woraufhin beim NATO-Gipfel 1997 der Gründungsakt über gemeinsame Beziehungen, Kooperation und Sicherheit unterzeichnet worden ist. Ab 1997 schien Russland Teil des westlichen politischen Blocks geworden zu sein. Die Geografie des Kalten Krieges schien gänzlich verschwunden. Der Westen hatte gewonnen und Russland hatte es akzeptiert.

Die Schwächen dieser westlich-russischen Verbindung wurden deutlich, als der Westen weiterhin Russland als regionale Bedrohung in Osteuropa und Zentralasien betrachtete. Die Mitgliedsstaaten der ehemaligen Sowjetunion in der baltischen Region rieben sich am kontinuierlichen Einfluss Russlands. Die nach Osten gerichtete Ausweitung der NATO zielte darauf ab, die baltischen Länder zu besänftigen, das führte natürlich zu Spannungen innerhalb der Russischen Föderation.

Ohne Zweifel hatte sich der Westen seit Ende der 1990er-Jahre und Anfang der 2000er-Jahre vor allem darauf konzentriert, jegliche russische Expansion zu stoppen. Grund für diese Veränderung der Beziehungen zu Russland war das Ende der pro-westlichen Oligarchen, deren kapitalistische Agenda das Land weiter in Armut gerissen und ihre eigene politische Führungsrolle delegitimiert hatte. An ihre Stelle trat ein neues Team von weitaus nationalistischeren politischen Führern – allen voran Wladimir Putin, der schließlich die Macht ergriff. Diese neue Elite erbte ein Russland ohne Macht und Ressourcen, niedergeschlagen von politischen Skandalen und Misswirtschaft.

Während des Jahrzehnts nach dem Zerfall der UdSSR war das russische Militär stark geschwächt worden. 1993 entschied sich Russland für eine neue Doktrin als regionale Macht und nicht mehr als globaler Spieler. Finanzierungsstopps und die geänderte Strategie führten bei Putins Machtübernahme Anfang 2000 dazu, dass das russische Militär nicht einmal mehr in der Lage schien, einen nicht-nuklearen Krieg führen zu können. In den ersten Jahren nach Putins Machtübernahme sollte sich daran nichts ändern – das Militär blieb klein und Finanzierungen waren knapp. Während der beiden Kriege zwischen Russland und Tschetschenien blieb das russische Militär ausschließlich auf Tschetschenien fokussiert. Es gab keine externe Einmischung. Russische Waffenverkäufe wurden weniger und der Einfluss des russischen Militärs ging noch weiter zurück. Auch während der Zeit des neuen Verteidigungsministers Anatoly Serdyukov (2007–2012) wurde das Militär weiter abgespeckt – in Größe und Kapazität. Die ehemalige UdSSR war als Russische Föderation keine Supermacht mehr.

Ausweg Naher Osten

Im zweiten Jahrzehnt des 21. Jahrhunderts begann der Westen, erneut Druck auf Russland auszuüben, wobei die Ereignisse in der Ukraine eine wichtige Rolle spielten. Die Ukraine hatte sich 2008 um die NATO-Mitgliedschaft beworben, welche jedoch nicht weiter verfolgt wurde, nachdem eine pro-russische Regierung unter Wiktor Janukowitsch die Schalthebel in der Ukraine übernahm. 2014 wurde diese Regierung in Kiew gestürzt und eine pro-westliche Gruppe ergriff die Macht. Diese Regierung mit engen Verbindungen zu den USA übte erneut Druck auf die NATO aus, um Vollmitglied zu werden. Während dieser Periode kam es auch zu Kampfhandlungen zwischen ukrainischen Einheiten und pro-russischen Milizen in der Donbass-Region, die bis heute anhalten.

In Vorwegnahme weiteren westlichen politischen Drucks auf Russland erhielt das Militär ab 2012 fortan großzügige Mittel mit einem Anstieg des Budgets von über 59 %. Trotzdem steht das russische Militärbudget im Schatten des Budgets der USA (70 Mrd. US-Dollar/Jahr im Vergleich zu 700 Mrd. US-Dollar/Jahr). Der globale Fußabdruck US-amerikanischer Weltmacht kann mit der regionalen Machtstellung Russlands nicht verglichen werden. Der Anstieg des Militärbudgets in Russland führte jedoch zu einem erhöhten Selbstbewusstsein der Militärgeneräle und Entscheidungsträger sowie unter den Kampfeinheiten.

Sanktionen gegen Russland seitens der USA und der EU ab 2014 schufen zusätzliche Probleme.[135] Die aggressive saudische Ölpreispolitik sowie auch die starke Nutzung neuer, billigerer Fördertechnologien (Fracking) führte zu einem Fall der Preise auf dem Weltmarkt. Russland versuchte, neue Märkte mit China zu eröffnen, das sich ebenfalls vom Westen unter Druck gesetzt fühlte. Die neue Verbindung zwischen Russland und China auf Basis wirtschaftlicher Interessen wirkte sich auch auf die militärischen und strategischen Pläne der beiden Länder aus. Seit die Investitionen aus dem Westen ausblieben, suchte Russland verstärkt solche aus China und den arabischen Golfstaaten. China zeigte verständlicherweise größeres Interesse an der neuen Allianz, während die Golfstaaten ihre Beziehungen zum Westen nicht gefährden wollten und auch wegen der Haltung Russlands bei wichtigen regionalen Problemen (Syrien, Iran) Zurückhaltung an den Tag legten.

Angesichts dieser komplexen und widersprüchlichen Interessenslage versuchte Russland, sich im Laufe der vergangenen Jahre im Nahen und Fernen Osten neu zu positionieren. Neben seinem deutlich stärkeren diplomatischen und militärischen Engagement hat der Kreml auch neue wirtschaftliche Abkommen abgeschlossen, z. B. auf dem Gebiet

135. Dass diese Politik in Europa nicht unumstritten ist, zeigen z. B. die heftigen Debatten um die Beteiligung führender europäischer Konzerne bei dem russischen Pipelineprojekt Nordstream II.

der Nuklearindustrie mit dem Iran und der Türkei. Russland hat also durchaus beträchtliche wirtschaftliche Interessen im Orient. Sektoren wie Tourismus und Rüstung sind besonders wichtig. Russlands Engagement im Nahen Osten wurzelt also nicht mehr allein in seinen militärischen Stützpunkten in Syrien. Viel ertragreicher ist seine wirtschaftliche Rolle in Westasien. Kommerzielle Interessen bestimmen die russische Strategie in der Region weitaus mehr als gemeinhin angenommen wird.

Palästina

Russische Politik in Bezug zu Palästina hängt nicht vollständig mit dessen Beziehung zu Israel zusammen. Ältere Ideen der Unterstützung von antikolonialistischen Bewegungen spielen in der heutigen russischen Außenpolitik keine Rolle mehr. Putins Pragmatismus und seine russischen Nationalinteressen bestimmen die Bedingungen seines Engagements. Dennoch empfinden Russland und China starke Verpflichtungen gegenüber Palästina, unter anderem in Bezug auf Ostjerusalem, das ihrer Meinung nach auf jeden Fall Hauptstadt eines unabhängigen Staates Palästina werden soll. Diese Verpflichtungen Russlands sind weniger geeignet, um Druck auf den Westen auszuüben als eine unterstützende Politik für die Palästinenser voranzutreiben. Palästinensische Diplomaten sind sich aber über die zaghafte russische Position im Klaren und haben daher jede US-russische Initiative zur Stärkung des dahinsiechenden Friedensprozesses unterstützt sowie auch die russische Initiative, einen trilateralen Prozess mit Israel und Palästina zu initiieren.

Diese letzte Option – unterstützt vom palästinensischen Außenminister Riad al-Malki – würde garantieren, dass es neben den nicht besonders erfolgreichen Bemühungen des Nahost-Quartetts (EU, USA, Russland und UN) noch eine weitere Gesprächs- und Verhandlungsebene gebe. Das untermauert – wie Russland auch inoffiziell bestätigt – mehr die russische Unabhängigkeit vom Westen als ein eigenständiges russisches Interesse, einen beinahe unlösbaren Konflikt zu lösen.

Putin zum Beispiel weiß sehr genau, dass Israels Netanjahu kein Interesse an ernsthaften Friedensverhandlungen mit den Palästinensern hat, solange er volle Unterstützung von Donald Trump und den USA genießt. Hatte Netanjahu vor der US-Wahl noch Interesse an dieser russischen Verhandlungsalternative gezeigt, versiegte dieses danach schlagartig. Das hindert Palästina natürlich nicht, auf stärkeres russisches Engagement zu hoffen, auch wenn dies Wunschdenken bleiben sollte.

Als Israel im März 2017 den Bau neuer Siedlungen in der Westbank ankündigte, äußerte sich Russland – anders als alle anderen Nahost-Quartett-Mitglieder – nicht dazu. Als Russland relativ spät doch eine Meldung veröffentlichte, unterstrich es, dass beide Konfliktparteien ein Recht auf Jerusalem hätten. Diese Meldung bedeutete eine plötzliche russische Kursabweichung zu früheren Aussagen. Dies kann auf zwei Arten interpretiert werden: Die israelische Interpretation geht davon aus, dass Russland sich der israelischen Position angenähert habe. Das ist jedoch nur eine Seite der Medaille. Die andere Interpretation legt nahe, dass Ostjerusalem die palästinensische Hauptstadt ist, ohne den westlichen Teil zu erwähnen. In anderen Worten, die russische Aussage, welche mit einer Woche Verspätung eintraf, kann auch vollständig vorteilhaft für die Palästinenser interpretiert werden. Der Inhalt der Aussage ist jedoch nicht so wichtig wie dessen Form. Sie traf als letzte Meldung aller Quartett-Mitglieder ein, was darauf hinweist, dass Russland eine etwas distanziertere, neutralere Rolle im Konflikt einnehmen möchte. Russlands langfristigem Ziel eines neutralen Mediators im Israel-Palästina-Konflikt wäre somit Rechnung getragen. Die Meldung ist eher von dieser Absicht motiviert, nicht so sehr von der tatsächlichen Thematik des Siedlungsbaus.

Moskau ist bemüht, seinen eigenen Kurs bzw. seine eigene Strategie im Nahen Osten umzusetzen, unabhängig vom Westen, aber in enger Koordination mit China. Kommerzielle Interessen – inklusive

Waffenhandel – sind maßgebliche Faktoren dieser Strategie. Angst vor westlicher Hegemonie bleibt weiter bestehen. Moskau und Peking sind sich einig, dass die USA nicht alleine die politische Agenda im Nahen Osten bestimmen dürfen.

Übersetzung aus dem Englischen: Fritz Edlinger.

Player statt Payer: Die Rolle der Europäischen Union

Salah Abdel Shafi

Wo ist Palästina?
Je länger man es sucht, desto ferner scheint es.
»Heaven's fugitives«,
Himmelsflüchtlinge, muss man nicht suchen.
Sie kennt man.
Den Himmel nicht. Das Unwahrscheinliche unterscheidet
sich von dem Unmöglichen durch ein Moment: Hoffnung
(Shannee Marks)

Es bedarf eines US-Präsidenten namens Donald Trump, damit die Europäische Union endlich damit anfängt, im Sinne ihrer eigenen Interessen zu denken und zu handeln. Die Europäische Union erlebte in der jüngsten Zeit eine Krise, die ihr Fundament zum Wanken brachte. Heute befindet sich Europa inmitten eines Prozesses des Neudenkens, der Umgestaltung und der Neuausrichtung. Auf der einen Seite haben wir den Brexit sowie das Erstarken von anti-europäischen politischen Kräften, auf der anderen Seite gibt es neue pro-europäische Kräfte wie den neuen französischen Präsidenten Emmanuel Macron. Noch ist nicht absehbar, welche Kräfte sich durchsetzen werden, es besteht aber sehr wohl die Möglichkeit, dass sich das Gesicht Europas wesentlich verändern wird, was zweifellos Auswirkungen auf die internationalen Beziehungen der EU haben wird.

Der Nahe Osten befindet sich ebenfalls in einem Prozess der Umwandlung. Es ist zwar noch zu früh zu prognostizieren, wie dieser Prozess ausgehen wird, doch eines steht fest: der Einfluss des »neuen Nahen Ostens« wird gleichfalls über seine Grenzen hinausgehen. Die erste Region, die den Einfluss spüren wird, wird Europa sein. Denn Europa ist nicht nur geografisch gesehen ein unmittelbarer Nachbar, sondern auch die Geschichte der beiden Regionen ist eng miteinander verwoben. Die gemeinsame Geschichte basiert auf den Kreuzzügen, auf der islamischen Eroberung Europas und auf dem europäischen Kolonialismus. Zu dieser Geschichte gehört auch unwiderruflich der sogenannte Nahost-Konflikt.

Wenn heute der Nahost-Konflikt thematisiert wird, dann impliziert dieser in erster Linie die seit 1967 bestehende israelische Besatzung der palästinensischen Gebiete Westbank – einschließlich Ost-Jerusalem – und des Gazastreifens. Es sind die Gebiete, die der Staat Palästina als sein Territorium beansprucht. Ausgehend von dieser Basis ist zwar das Jahr 1967 ein wichtiges, jedoch nicht das auschlaggebende. Das entscheidende Jahr und damit auch der Beginn des Nahost-Konfliktes lag vor genau hundert Jahren: 1917. Damals übersandte Arthur Balfour, der amtierende britische Außenminister, Walter Rothschild, dem Verfechter der zionistischen Bewegung, seinen berühmten Brief. Die historisch als »Balfour-Deklaration« eingegangene Erklärung sicherte den Zionisten die britische Unterstützung bei der »Schaffung einer nationalen Heimatstätte für das jüdische Volk in Palästina« zu, und zwar ungeachtet der nationalen Rechte dort lebender palästinensischer Einwohner.

Das Versprechen Großbritanniens ist folglich das erste offizielle europäische Dokument, das parteiisch die Errichtung eines jüdischen Staates im arabischen Raum forcierte und das in der Folge mit einem vom Völkerbund an das Königreich 1922 übertragenen »Palästina-Mandat« de facto umgesetzt werden konnte. Beinhaltet die Präambel des Mandates auf der einen Seite die in der Balfour-Erklärung zugesicherte Unterstützung für die Errichtung einer jüdischen nationalen Heimstätte, so hält sie auf der anderen Seite ebenfalls fest, dass »nichts unternommen werden sollte, das die zivilen und religiösen Rechte von existierenden nicht-jüdischen Gemeinschaften beeinträchtigt«. Mit dieser Aussage werden die nicht-jüdischen Einwohner, ergo die Palästinenser, nur als eine Gemeinde (»community«) und nicht als ein Volk mit politischen und nationalen Rechten behandelt.

Heute beweist ein Rückblick, dass Großbritannien eklatant gegen den mit dem Völkerbund geschlossenen Vertrag verstoßen hat, ohne dabei zur Rechenschaft gezogen worden zu sein. Allein die europäischen und selbstverständlich auch die US-amerikanischen Ambitionen, sich eine grundlegende Einflussnahme und Stellung in der Region zu sichern, sind für den nicht verfolgten Vertragsbruch ausschlaggebend.

Die Idee des Zionismus hat ihren Ursprung in Europa und war als Antwort des vornehmlich in Osteuropa aufkeimenden Antisemitismus zu verstehen. Hingegen stieß im westlichen Europa der Zionismus bis vor dem Zweiten Weltkrieg auf ein geringes Interesse. Erst danach und infolge der von Nazi-Deutschland begangenen Verbrechen, die eines der furchtbarsten der modernen Geschichte darstellen, erhielt die zionistische Bewegung Zulauf, was auf politischer Ebene ihre Mission erleichterte.

Denn anstatt die jüdische Bevölkerung in ihren Heimatländern wieder zu integrieren und zu rehabilitieren, entschieden die Siegermächte USA, Frankreich, Großbritannien sowie die damalige Sowjetunion nach 1945, einen jüdischen Staat in Palästina mit allen Mitteln zu unterstützen. Hieraus resultierte der UN-Teilungsplan von 1947, der ohne Konsultationen mit den Vertretern der palästinensischen Bevölkerung und damit über ihre Köpfe hinweg durchgesetzt wurde. Mit Recht hat die überwältigende Mehrheit der Palästinenser den Teilungsplan abgelehnt, da er die vorherrschenden demografischen Gegebenheiten und die Landbesitzverhältnisse ignorierte. Die bedingungslose Unterstützung für den Staat Israel seitens der internationalen Gemeinschaft zeigte sich gleichfalls in einer Apathie, als Israel im anschließenden ersten israelisch-arabischen Krieg weitere dem Staat Palästina zugesprochene Gebiete eroberte. Phlegmatisch wurde die territoriale Eroberung hingenommen und diese weder als Kriegsakt definiert noch eine sofortige Rückgabe gefordert.

Angesichts dieses Desinteresses, nicht nur gegenüber dem palästinensischen Volk sondern auch gegenüber jeglichen völkerrechtlichen Prinzipien, ist die von Daniel Barenboim in der Tageszeitung *Die Welt* im Juni 2017 getroffene Aussage zutreffend: »Deutschland hat sich gegenüber Israel immer besonders verpflichtet gefühlt, zu Recht. Ich muss aber noch einen Schritt weitergehen: Denn auch gegenüber den Palästinensern hat Deutschland eine besondere Verantwortung. Ohne den Holocaust wäre es nie zur Teilung Palästinas gekommen, hätte es *Nakba*, den Krieg von 1967 und die Besatzung nie gegeben. In der Tat handelt es sich nicht nur um eine deutsche sondern eine europäische Verantwortung gegenüber den Palästinensern, denn Antisemitismus war ein gesamteuropäisches Phänomen, und es sind die direkten Folgen dieses Antisemitismus, unter denen die Palästinenser bis heute leiden – obwohl sie in keiner Weise selbst dafür verantwortlich sind.«[136]

Das schlechte Gewissen der Europäer gegenüber Israel manifestiert(e) sich in enormen Finanzspritzen wie dem Wiedergutmachungsabkommen zwischen der Bundesrepublik Deutschland und Israel, regelmäßigen Geldmitteln in Millionenhöhe, militärischen Beihilfen zum Atomprogramm, beispielsweise von Frankreich, und sonstigen Unterstützungen. Diese sorgten schnell für eine starke israelische Wirtschaft und damit auch für einen festen wirtschaftlichen und politischen Bündnispartner in einer Region, die für Europäer stets von Interesse war. Bis heute läuft die europäisch-israelische Kooperation auf militärischer Ebene auf Hochtouren – nicht zuletzt beispielsweise von deutscher Seite mit bereits erfolgten und zukünftig geplanten Lieferungen von U-Booten, die nuklear nachgerüstet werden können.

Israel, ein wichtiger Bündnispartner Europas

Israel gewann für Europa sowohl geografisch-politisch als auch wirtschaftlich immer mehr an strategischer Bedeutung. Die Etablierung schlug sich schnell nieder, wie das bereits im Juni 1964 geschlossene Abkommen zeigt. In diesem Jahr unterzeichnete die damalige Sechsergemeinschaft, bestehend aus den Gründungsmitgliedern der Europäischen Wirtschaftsgemeinschaft (EWG) – Belgien, Bundesrepublik

136. Daniel Barenboim, Die Besatzung durch Israel muss aufhören, in: *Die Welt* vom 8. Juni 2017

Deutschland, Frankreich, Italien, Luxemburg und Niederlande – das erste Freihandelsabkommen mit Israel. Verfestigt wurde die zunächst wirtschaftliche Bindung mit einem 1975 geschlossenen Folgevertrag und auf politischer, wirtschaftlicher und wissenschaftlicher Ebene mit dem Assoziierungsabkommen aus dem Jahr 2000.

Doch die mit Israel ratifizierten Verträge sind schon per se angesichts der von der Europäischen Union vertretenden Grundprinzipien problematisch. Freiheit, Demokratie, Achtung der Menschenrechte und Grundfreiheiten sowie Rechtstaatlichkeit lauteten die Werte, auf denen die Außen- und Handelsbeziehungen der Europäischen Union basieren bzw. basieren sollten. Darüber hinaus enthalten alle Handelsabkommen, sei es auf bi- oder multilateraler Ebene, eine Menschenrechtsklausel. Diese besagt, dass bei Nichteinhaltung europäischer Grundprinzipien verschiedene Maßnahmen wie Einschränkung oder Aussetzung der Kooperation vorgesehen sind. So hieß es auch schon längst im europäisch-israelischen 1975er-Abkommen (Artikel 1): »Die Beziehungen zwischen den Vertragsparteien ebenso wie alle Bestimmungen des Abkommens beruhen auf der Achtung der Menschenrechte und den Grundsätzen der Demokratie, von denen die Vertragsparteien sich bei ihrer Innen- und Außenpolitik leiten lassen und die ein wesentliches Element dieses Abkommens sind.«

Alle Freihandelskommen, einschließlich des bereits 1964 geschlossenen, beinhalten zugleich eine Definition des Begriffes »Ursprungswaren«. Als diese werden nur jene Produkte als israelische Produkte bezeichnet, die »vollständig in Israel gewonnen oder hergestellt wurden«. Mit der israelischen Besatzung von 1967 und dem Bau der illegalen jüdischen Siedlungen und Fabriken begann Israel jedoch, die in der Westbank hergestellten Produkte als reine israelische Produkte zollfrei in die Europäische Union zu exportieren. Bis zum Jahr 2005 wurde dieses »offene Geheimnis« geduldet und im Zuge dessen die Glaubwürdigkeit der EU-Menschenrechtsklausel untergraben. Seit 2015 verlangt die EU, dass Produkte aus israelischen Siedlungen in den besetzen Gebieten als solche gekennzeichnet werden müssen.

Die Europäische Union als Verfechterin hätte damals wie heute ihre Glaubwürdigkeit unter Beweis stellen können, indem sie konsequent und im Rahmen des vertraglichen Regelwerks Maßnahmen gegen Israel in Anbetracht seiner Besatzung Palästinas hätte durchsetzen müssen. Die bereits vom Völkerbund verfolgte Linie des Desinteresses, eine gerechte Lösung für den Konflikt zu finden, setzte die Europäische Union bedenkenlos fort.

Palästina ist seit jeher Spielball internationaler machtpolitischer Interessen sowie – je nach aktueller Krisensituation mal mehr und mal weniger – in aller Munde. Schon für den UN-Teilungsplan von 1947 diente Palästina als Spielball für die Manifestierung europäischer Einflussnahme und für die Wiedergutmachungspolitik für die im Zweiten Weltkrieg begangenen Kriegsverbrechen an jüdischen Europäern. Dabei ist die Teilung Palästinas durch die Mitglieder der Vereinten Nationen einmalig in der gesamten internationalen Geschichte, vor allem auch im Hinblick darauf, dass die internationale Gemeinschaft die Existenz des palästinensischen Volkes schlichtweg ignorierte. Der Teilungsplan sprach von einem arabischen Staat, wobei die Worte Palästina oder »das palästinensische Volk« vermieden wurden.

Doch die Palästinenser besaßen schon früh die gleichen nationalen identitätsstiftenden Merkmale wie die Europäer zu Zeiten ihrer Nationalstaatsbestrebungen. Bereits zu Beginn des 20. Jahrhunderts gab es klare Vorstellungen von Palästina als einem eigenständigen Gebiet in Grenzen, die dem späteren britischen Mandatsgebiet fast entsprachen und mit Merkmalen wie einer eigenen Geschichte, Bevölkerung, Geografie und Verwaltungsstrukturen verbunden waren. Auch die im Jahr 1912 in Jaffa gegründete Zeitung *Filastin* (*Palästina*) begann von ihrer ersten Ausgabe an, Palästinenser explizit als Palästinenser zu bezeichnen.

Europa jedoch war partout nicht bereit, das palästinensische Volk als Volk anzuerkennen. In Bezug auf den Nahen Osten und den Konflikt veröffentlichten die sechs Mitglieder der Europäischen Politischen Zusammenarbeit (EPZ) erst 1971 ihre erste eigene Erklärung. In dieser wurde Israel aufgefordert, sich aus den im Junikrieg 1967 eroberten Gebiete zurückziehen sowie den »arabischen Flüchtlingen« ein Rückkehr- und Entschädigungsrecht zuzusprechen. Doch der Terminus »palästinensisches Volk« wurde weiterhin gemieden.

Eine vorsichtige Wende im Anerkennungsprozess trat erst nach dem Oktoberkrieg im Jahre 1973 ein. Die OPEC (Organisation erdölexportierender Länder) setzte unter der Ägide der arabischen Länder Algerien, Irak, Kuwait, Libyen, Katar, Saudi-Arabien und den Vereinigten Arabischen Emirate erstmals das schwarze Gold als wirtschaftliches Druckmittel gegenüber dem Westen ein. Die OPEC verhängte ein Embargo gegen die USA und die Niederlande, da in Rotterdam der wichtigste Umschlagplatz des europäischen Ölgeschäftes lag. Ziel des Boykotts war es einerseits, den Westen auf seine einseitige Parteinahme zugunsten Israels aufmerksam zu machen. Andererseits sollte Europa sich endlich für die Rechte des palästinensischen Volkes einsetzen.

Da der Lieferboykott den wirtschaftlichen Aufschwung der westlichen Industriestaaten hemmte, rangen sich die europäischen Staaten, ergo die EPZ-Staaten, zu einer weiteren Nahost-Erklärung durch. Im November 1973 veröffentlichten sie eine Erklärung, in der zwar ausdrücklich »die legitimen Rechte der Palästinenser« anerkannt wurden, aber es wurde ihnen weiterhin kein Territorium und damit auch keine Staatlichkeit zugesprochen. Es blieb ein bitterer Beigeschmack durch die Nicht-Anerkennung der Palästinenser als Volk. Diese Unterlassung war wahrscheinlich eine bewusste Entscheidung, wenn man die UNO-Menschenrechtspakte über bürgerliche und politische Rechte aus dem Jahr 1966 zu Rate zieht.

EU anerkennt palästinensische Rechte erst 1980

Im UN-Menschenrechtspakt weisen die Vereinten Nationen einem Volk folgende legitimen Rechte zu: »Anspruch auf Selbstbestimmung« verbunden mit dem »Recht auf freie Entscheidung über den eigenen politischen Status«. Weiters ist dort klar festgelegt, dass »in keinem Fall ein Volk seiner eigenen Existenzmittel beraubt werden« darf und dass »Staaten, die für die Verwaltung von Gebieten ohne Selbstregierung und von Treuhandgebieten verantwortlich sind, ... die Verwirklichung des Rechts auf Selbstbestimmung zu fördern ... und zu achten haben«.

Bewegung, die dem völkerrechtlichen Rahmen näher kam, steckte in der im Juni 1980 verfassten Venedig-Erklärung. Auf seinem Gipfeltreffen forderte der Europäische Rat Israel darin auf, die seit 1967 bestehende Besatzung zu beenden, erkannte das Recht der Palästinenser auf Selbstbestimmung und die PLO als offizielle Vertretung der Palästinenser an. Gleichzeitig erklärte der Rat, dass die jüdischen Siedlungen ein »ernsthaftes Hindernis für den Friedensprozess« seien und warnte vor einseitigen Schritten, die den Status von Jerusalem verändern könnten. Neben der Anerkennung des Existenzrechts Israels schlug Europa auch die Installierung von Sicherheitsgarantien wie die Stationierung von multinationalen Truppen vor Ort vor.

Doch die durch die Venedig-Erklärung aufkommende Euphorie verflog schnell, da den für das damalige Europa starken Worten keine politische Umsetzung folgte. Im Gegenteil, die europäischen Augen richteten sich ausnahmslos auf den ersten Golfkrieg und Palästina geriet für weitere acht Jahre ins Hintertreffen. Auch die Intifada, die zwar Palästina wieder in das Bewusstsein der Weltöffentlichkeit rückte und sowohl innenpolitisch als auch außenpolitisch Druck auf Israel ausübte, konnte kein politisches Terrain gewinnen und wurde von der Golfkrise im Sommer 1990 überlagert.

13 Jahre lang, bis zum Beginn der 1990er Jahre, sandte die Europäische Union hinsichtlich des traditionellen Nahost-Konflikts keine bedeutenden politischen Signale aus. Eine nennenswerte europäische Partizipation war gleichfalls weder in den Madrider noch in den Osloer Verhandlungen zu erkennen. Während der Madrider Verhandlungen wurde weiterhin der Versuch unternommen, den Palästinensern ihre nationale Identität zu rauben. Im Rahmen der Verhandlungen wurden

sie nicht als eine eigenständige palästinensische Delegation anerkannt, sondern mussten sich eine Delegation mit den Jordaniern teilen. Gleichzeitig durfte die PLO, die zuvor allerdings als legitime Vertreterin der Palästinenser von Europa anerkannt wurde, nicht teilnehmen. Zugang zu den Verhandlungen hatten nur die Palästinenser aus der Westbank und dem Gazastreifen.

Auch wenn die 1993 zwischen der PLO und Israel geschlossenen Osloer Verträge schrittweise und auf die Dauer von fünf Jahren die Gründung des Staates Palästina vorsahen, wirkten die Europäer – trotz teilweiser Aufnahme von semi-diplomatischen Beziehungen – dagegen. Als Beispiel dient hier die Berliner Erklärung vom März 1999. Zugegebenermaßen unterstützte die Europäische Union die Gründung des palästinensischen Staates, doch sie wirkte im politischen Hintergrund auf Präsident Jassir Arafat ein, die geplante und in Oslo festgesetzte Staatsproklamation, die für den 4. Mai 1999 vorgesehen war, zu verschieben. So heißt es in der Erklärung: »Die EU bekräftigt das dauerhafte und uneingeschränkte Recht der Palästinenser auf Selbstbestimmung einschließlich der Option für einen Staat und sieht einer baldigen Verwirklichung dieses Rechts erwartungsvoll entgegen. Die Schaffung eines demokratischen, existenzfähigen und friedlichen palästinensischen Staates ist die beste Garantie für die Sicherheit Israels. Die EU ist bereit, eine Anerkennung dieses Staates zu gegebener Zeit in Erwägung zu ziehen.«

Die Bemühungen der Europäischen Union im Nahost-Konflikt beschränkten sich ab 1993 – abgesehen von der Venedig-Erklärung, die prinzipiell schon die Zweistaatenlösung einforderte – auf die finanzielle und teilweise auch auf die technische Ebene. Sie unterstützte die palästinensische Regierung – damals Palästinensische Autonomiebehörde (PA) – beim Aufbau der Staats- und Sicherheitsstrukturen und der Infrastruktur, förderte Institutionen und den Privatsektor und das Wohnungs- und Schulwesen.

Allerdings kommt die Europäische Union bis heute nicht aus ihrem Kostüm »Payer statt Player« heraus, obwohl die europäischen Staaten sich rhetorisch stark verändert haben. Betrachtet man die bindenden Erklärungen des Europäischen Rates vom 8. Dezember 2009 sowie vom 18. Januar 2016, so finden sie klare Worte, die vollständig kongruent mit dem völkerrechtlichen Rahmen sind.

Erstmals werden die jüdischen Siedlungen und die Mauer auf besetztem palästinensischem Land gemäß dem internationalen Recht als illegal bezeichnet und wiederholt betont, dass die Annexion Ost-Jerusalems nicht anerkannt wird (2009). Sieben Jahre später wird eine weitere Erklärung mit weitreichenderen Worten verfasst. So heißt es: »Die EU weist erneut darauf hin, dass die Siedlungen nach dem Völkerrecht illegal sind, ein Friedenshindernis darstellen und eine Zweistaatenlösung unmöglich machen könnten, und bekräftigt, dass sie sich entschieden gegen die Siedlungspolitik Israels und die in diesem Zusammenhang ergriffenen Maßnahmen wie den Bau der Trennmauer jenseits der Linie von 1967, den Abriss von Gebäuden und Konfiszierungen – auch betreffend Projekte, die von der EU finanziert wurden –, Räumungen, Zwangsumsiedlungen – auch von Beduinen –, illegale Außenposten sowie Bewegungs- und Zugangsbeschränkungen wendet. Sie fordert Israel nachdrücklich auf, gemäß früheren Verpflichtungen alle Siedlungstätigkeiten einzustellen und die seit März 2001 errichteten Außenposten aufzulösen. Die Siedlungstätigkeit in Ostjerusalem gefährdet ernsthaft die Möglichkeit, dass Jerusalem die künftige Hauptstadt beider Staaten werden kann.«

Noch bemerkenswerter sind die Äußerungen zu dem Freihandelsabkommen zwischen der Europäischen Union und Israel: »Die EU und ihre Mitgliedstaaten sind entschlossen, die geltenden Rechtsvorschriften der EU und bilateralen Vereinbarungen, die auf Erzeugnisse aus den Siedlungen anwendbar sind, kontinuierlich, umfassend und wirksam umzusetzen. Die EU erklärt, dass sie gewillt ist, sicherzustellen, dass in allen Abkommen zwischen dem Staat Israel und der EU im Einklang mit dem Völkerrecht unmissverständlich und ausdrücklich darauf hingewiesen wird, dass sie nicht auf die von Israel 1967 besetzten Gebiete anwendbar sind.«

Die EU muss Taten setzen

Angesichts dieser ausdrücklichen Worte ist es umso enttäuschender, dass die Europäische Union über die rhetorische Symbolik nicht hinauskommt. Vereinzelt schaffen es Staaten wie Schweden mit der Anerkennung Palästinas 2014 oder die irischen, französischen und britischen Parlamentsentscheidungen, die Anerkennung des Staates Palästinas zu vollziehen und aus dem Windschatten der europäischen Passivität herauszutreten.

Die Frage nach dem »Warum« der geeinigten Uneinigkeit lässt sich leicht beantworten. Israel ist zu einem starken politischen, wirtschaftlichen und militärischen Partner geworden und in dieser Hinsicht hat Palästina nichts entgegenzuhalten. Es überwiegen die machtpolitischen und wirtschaftlichen Interessen. Das moralische Handeln ist sekundär.

Doch der Europäischen Union muss es bewusst sein, dass sie eine ethisch-moralische Verantwortung trägt angesichts ihrer hundert Jahre währenden Einflussnahme in der Region. Es muss ihr auch bewusst sein, dass die Zweistaatenlösung ohne ein europäisches Eingreifen zu Grabe getragen werden kann.

Insbesondere die vergangenen fünf Jahre haben die engen zwischen Europa und dem Nahen Osten bestehenden Beziehungen verdeutlicht. Es zeigte sich, dass die Probleme des Nahen Ostens eine unmittelbare Auswirkung auf Europa und auf das Leben der europäischen Bürger haben. Dabei stehen zwei Punkte ganz oben auf der europäischen Tagesordnung: Terror und Migration. Diese beiden Tatsachen sind unter anderem Ergebnisse einer gescheiterten europäischen Politik vis-à-vis dem Nahen Osten. Diese Politik manifestierte sich im Versuch, Regime gewaltsam zu stürzen und die eigenen, westlichen Demokratievorstellungen zu installieren. Die politische Situation im Irak, in Syrien, Libyen und im Jemen zeigt aber auf, dass Demokratie keine Exportware sein kann. Ratsamer wäre es, Demokratie- und Pluralismus-Bestrebungen mit politischen und entwicklungspolitischen Mitteln zu unterstützen.

Das blinde Folgen verschiedener US-Administrationen, ohne eigene europäische Sicherheitsinteressen einzubinden und zu berücksichtigen, führte maßgeblich dazu, dass das europäische Haus nun in seiner Grundfestung erschüttert wurde.

Es war immer eine palästinensische Forderung an Europa, sich politisch stärker in der nahöstlichen Region zu engagieren. Diese Forderung hat aufgrund der Ereignisse in Europa weder an Gültigkeit noch an Aktualität verloren. Europa sollte und darf politisch nicht in der zweiten Reihe sitzen. Bei allem Respekt für eine große amerikanische Rolle – Europa hat eigene Instrumente, um den politischen Diskurs in der Region zu beeinflussen und damit auch eine Lösung im Sinne des internationalen Rechts endgültig umzusetzen. Diese Instrumente sollte Europa angesichts der israelischen Politik endlich einsetzen. Es ist offensichtlich, dass Israel rücksichtslos agieren kann, da Europa bisher seine menschenrechtswidrige Politik nicht abgestraft hat. Erst wenn Israels Straffreiheit durch Europa beendet wird, internationales Recht und UN-Resolutionen eingehalten werden, dann sind wir der Zweistaatenlösung einen Schritt nähergekommen.

Die Lösung des israelisch-palästinensischen Konfliktes im Sinne der Zweistaatenlösung wird gewiss nicht alle Probleme des Nahen Ostens aus der Welt schaffen, aber sie wird maßgeblich zur Stabilität in der Region und damit auch zu einer Stabilität in Europa beitragen.

Israel- und Zionismus-Kritik als »neuer« Antisemitismus

Ludwig Watzal

Es vergeht kaum ein Monat, in dem die Welt nicht von einem »neuen« Antisemitismus-Skandal erschüttert wird. Da die Vertreter des klassischen Antisemitismus à la Horst Mahler u. a. auszusterben drohen, wurde der »neue« Antisemitismus geschaffen, und zwar in der Form der Israelkritik und der Kritik am Zionismus. Die aktuellsten solchen »Antisemiten« sind die Befürworter der BDS-Bewegung (Boykott, Desinvestition und Sanktionen).

Das Thema Antisemitismus ist politisch zu ernst, als dass man es der zionistischen Lobby und deren Helfershelfern (Sayanim)[137] überlassen sollte. Einige Vertreter dieser Lobby verfahren nach dem Motto: »Wer Antisemit ist, bestimme ich.«

Antisemitismus ist das Vorurteil oder der Hass auf Juden wegen ihres Jude-Seins. Da diese »primäre«, plumpe Form heutzutage weltweit geächtet ist, haben die diversen israelischen Regierungen und die mit ihnen aufs engste kooperierende Israellobby Surrogate von neuen Spielarten oder Elementen des Antisemitismus ausgemacht, wie zum Beispiel den sekundären Antisemitismus, der sich aus dem Schamgefühl und der Verdrängung über die Verbrechen am europäischen Judentum speist. Überspitzt und zynisch könnte man formulieren, dass es sich dabei um Judenhass nicht trotz, sondern wegen Auschwitz handelt. Einige rechtslastige Israel-Unterstützer sprechen sogar schon vom »tertiären« Antisemitismus und meinen damit den »Hass auf Israel«. Für sie gilt bereits der Antizionismus als »sekundärer Antisemitismus«.

Das Meisterstück dieser Manipulation wurde mit einer sogenannten Dokumentation »Auserwählt und ausgegrenzt – Der Hass auf Juden in Europa« erreicht. Dieses Machwerk ist deshalb so bedeutend, weil

137. http://der-semit.de/die-sayanim-schattenkrieger-des-mossad/

Arte und WDR sich dem Druck der zionistischen Lobby beugen mussten und diesen Propagandastreifen, der von der israelischen Hasbara nicht perfekter hätte produziert werden können, trotz schwerwiegender Bedenken und zahlreicher journalistischer Mängel, Mitte Juni 2017 doch noch ausstrahlen mussten. Der WDR-Fernsehdirektor Jörg Schönenborn gab in seinem Verhör mit Michael Wolffsohn zu, dass eine monatelange Kampagne dieser erzwungenen Ausstrahlung vorausgegangen war.

Im Folgenden soll untersucht werden, ob es sich bei der Kritik an der Politik der israelischen Regierungen und der Kritik am Zionismus, der Ideologie des Staates Israel sowie bei der BDS-Bewegung um »Antisemitismus« handelt. Oder geht es nicht primär darum, jegliche Kritik an der menschenverachtenden Politik der israelischen Regierung gegenüber dem palästinensischem Volk als »Antisemitismus« zu brandmarken, um Israel politisch zu immunisieren, die Kritiker zu stigmatisieren und sie mundtot zu machen, damit die Kolonisierung des Landes Palästina ungestört fortgesetzt werden kann?

Israel: Ein Staat wie jeder andere?

Der Zionismus ist mit dem politischen Anspruch angetreten, einen »Judenstaat« zu schaffen, in dem die Juden gleichberechtigt wie jedes andere Volk in der Völkerfamilie leben können. Die einzigartige Ausnahmesituation der Juden in der Welt sollte beendet werden, was jedoch nicht gelungen ist. Aufgrund der Kolonisierung Palästinas und der damit einhergehenden Entrechtung und Unterdrückung des palästinensischen Volkes isoliert sich Israel in der internationalen Staatengemeinschaft zusehends.

Diverse israelische Regierungen behaupteten, sein »Existenzrecht« würde in Frage gestellt. Dieses »Existenzrecht«, das es im Völkerrecht gar nicht gibt, wurde zu einem Ausnahmerecht exklusiv für Israel umgedeutet. Seither gelten für Israel andere Maßstäbe, die immer wieder eingefordert werden. Hinzu kommt, dass es keinen anderen Staat auf der Welt gibt, der sich mit so vielen Mythen und Tabus umgeben hat wie Israel. Der größte Mythos scheint die biblische Legende vom verheißenen Land zu sein, das Gott angeblich Abraham versprochen hat. Schon Abraham ist eine mythische Figur, eine Legende. Keiner war ein besserer Mythen-Erfinder als David Ben-Gurion, Israels erster Ministerpräsident. John Rose nennt ihn den größten Mythenerschaffer.[138]

Ben-Gurion hatte seine eigene Sichtweise, wie man mit Mythen umgehen sollte, damit sie zu Wahrheit würden. So behauptete er, dass ein starker Glaube an den Mythos ihn in Wahrheit verwandeln würde oder zumindest so gut wie Wahrheit sei. Sein enger Berater, der israelische Schriftsteller Yizhar Smilansky (S. Yishar) behauptete sogar: »Ein Mythos ist nicht weniger wahr als Geschichte, er ist jedoch eine zusätzliche Wahrheit, eine andere Wahrheit, eine Wahrheit, die neben der Wahrheit besteht; eine nicht objektive menschliche Wahrheit, und doch eine Wahrheit, die zur historischen Wahrheit wird.« Die Bücher von Simcha Flapan[139] und Shlomo Sand[140] zeigen, wie mythenumwoben nicht nur die Gründung, sondern die komplette Geschichte Israels und des jüdischen Volkes sind.

Eine nicht zu leugnende Tatsache ist, dass Israel seit nun exakt 50 Jahren das für einen Palästinenserstaat bestimmte Gebiet besetzt hält. Durch einen über Jahre hinweg geplanten Angriffskrieg im Juni 1967 hat Israel Territorien erobert, die größer waren als das eigentliche Kernland. Luftwaffengeneral Mordechai Hod bestätigt die These, dass es sich um einen lange geplanten Angriffskrieg gehandelt hat: »Sechzehn Jahre Planung gingen in diese entscheidenden achtzig Minuten ein. Wir lebten mit dem Plan, wir überschliefen den Plan, wir verzehrten den Plan. Ständig haben wir ihn perfektioniert.«[141]

Seit dieser Zeit hat Israel alle Bestimmungen des Völkerrechts sowie

138. http://between-the-lines-ludwig-watzal.blogspot.de/2010/02/mythen-des-zionismus-myth-of-zionisms.html

139. http://der-semit.de/die-geburt-israels/

140. http://between-the-lines-ludwig-watzal.blogspot.de/2009/08/invention-of-jewish-people.html

141. http://www.watzal.com/f_fdf.html. Kapitel 1, S. 35. Hier finden sich unzählige Zitate israelischer

die humanitären Bestimmungen der 4. Genfer Konvention permanent verletzt, und dies mit stillschweigender Billigung seiner westlichen Protektoren. In den von Israel widerrechtlich besetzten Gebieten werden die Menschen tagaus, tagein gedemütigt, unterdrückt, ausgehungert und als Menschen dritter Klasse behandelt. Obgleich dies alles bekannt ist, werden die Beziehungen zwischen dem israelischen Besatzerstaat und der Europäischen Union (EU) immer enger. Erstaunlich ist, dass Israel trotz gravierender Verstöße gegen den EU-Assoziierungsvertrag alle Vorteile weiter genießen darf. Israel befindet sich quasi im Status eines de facto-Mitgliedslandes. Diese privilegierte Stellung sollte solange ausgesetzt bzw. über einen generellen Boykott nachgedacht werden, solange Israel nicht sein Besatzungsregime in Palästina beendet.

Der EU-Assoziierungsvertrag ist hier eindeutig, aber Brüssel scheint sich selbst daran nicht zu halten. Dort heißt es über den Ausbau der bilateralen Beziehungen: »… die Anhebung sollte auf die gemeinsamen Werte beider Parteien – im Besonderen auf Demokratie, Anerkennung der Menschenrechte, der Gültigkeit der Rechtsregeln und fundamentalen Freiheiten sowie auf anständigen Regierungsmethoden und internationalen humanitären Gesetzen – gegründet sein.«[142]

Die Vertreter der zionistischen Israellobby behaupten immer wieder, die Kritiker der israelischen Regierungspolitik würden unterschiedliche Maßstäbe an Israel anlegen, dabei sind sie es, die Israels besondere Stellung, das angeblich bedrohte Existenzrecht, die Geschichte, »der Jude unter den Staaten« (Paria-Staat) etc. hervorheben, um damit das Land als etwas Besonderes darzustellen. Diese doppelten Standards werden besonders von den USA, aber auch von Deutschland praktiziert. Kanzlerin Angela Merkel hat das sogenannte Existenzrecht Israels zur deutschen Staatsräson erklärt.

Politikers und Militärs, die belegen, dass Israel mit Wissen und Zustimmung der USA diesen Angriffskrieg bewusst vom Zaune gebrochen hat.

142. Vgl. dazu David Cronin, Europe's Alliance with Israel. Aiding the Occupation. http://mwcnews.net/index.php?option=com_content&view=article&id=10323&Itemid=125

Begriffsunterscheidungen

Früher war ein Antisemit jemand, der Juden nicht mochte. Heute ist ein Antisemit jemand, den manche Juden nicht mögen. Aufgrund der militärischen und politischen Macht seit der Staatsgründung Israels im Mai 1948 können einige exponierte Zionisten behaupten: »Wer Antisemit ist, bestimmen wir.« Dabei spielt es keine Rolle, ob ein Kritiker des israelischen Besatzungsregimes Jude oder Nicht-Jude ist. Beide Gruppen werden verleumdet und des »Antisemitismus« oder des »jüdischen Selbsthasses« bezichtigt. Die an Israels Politik geübte Kritik wird als »antisemitisch« bezeichnet, Kritik am Zionismus ebenfalls. Ein Antizionist, der diese rassistische Ideologie kritisiert, ist selbstredend auch ein »Antisemit«. Die israelische Regierung und die diversen Israellobbies in den USA und den EU-Staaten haben zur Inflationierung und damit zur Entwertung des Begriffs »Antisemitismus« maßgeblich beigetragen, indem sie wahllos jeden Kritiker Israels mit dieser Verleumdung überziehen. Eine exakte Begriffsbestimmung zeigt, was Realität und was Propaganda ist.

Judentum – Zionismus

Das Judentum als eine der drei großen monotheistischen Religionen ist überaus vielschichtig wie die anderen Religionen auch. Ebenso vielschichtig wie das Judentum war zumindest zu Beginn seiner Entstehung auch der Zionismus. Die Herkunft zum Beispiel aus Osteuropa oder Westeuropa stellte einen gewichtigen Unterschied dar. Dagegen ist der heute real-existierende politische Zionismus geradezu monolithisch. Sein zentrales politisches Ziel ist, eine möglichst große Fläche Palästinas mit so wenig Palästinensern wie möglich unter seine Herrschaft zu bringen. Solange nicht das ganze Palästina ohne die palästinensische Bevölkerung unter der Kontrolle Israel ist, scheint ein Friede illusorisch zu sein. In seiner Gründungsphase war der Zionismus noch mit idealistischen

Elementen durchsetzt, heute dagegen verkörpert der Besatzerstaat Israel die politische Realisierung der ethnozentrischen zionistischen Ideologie par excellence.

Antizionismus = Antisemitismus?

Fanatische Zionisten halten Antizionisten für ausgemachte »Antisemiten«, weil sie die Taten des zionistischen Staates Israel kritisieren. Freilich sind nicht alle Juden Zionisten; wie beispielsweise die ultraorthodoxe jüdische Gruppe »Naturei Karta«, die vehement antizionistisch ist. Seit 2008 existiert das »International Jewish Anti-Zionist Network«. Darüber hinaus gibt es in fast allen europäischen Ländern, den USA und Kanada »Jewish Voices for Peace«-Gruppen. Zusammen mit Millionen von Antizionisten kritisieren sie die brutale Besatzungspolitik, die Unterdrückung und die Verletzung der Menschenrechte der Palästinenser und verlangen ein Ende der Besatzung. Diese Ziele will auch die BDS-Bewegung erreichen, die von der zionistischen Israellobby in Verbindung mit einigen Regierungen auf das Schärfste verleumdet und als »antisemitisch« gebrandmarkt wird, obgleich zigtausende jüdische Bürger diese Bewegung unterstützen.[143]

Zionismus und Antisemitismus

Zionismus und Antisemitismus müssten eigentlich die größten Feinde sein. Das Paradoxe jedoch ist, dass es ohne den Antisemitismus keinen Zionismus gäbe. Beide Rassismen bilden die zwei Seiten einer Medaille. So schrieb bereits Theodor Herzl, der Begründer des Zionismus, dass »die Antisemiten unsere Verbündeten und Freunde« sein werden. Eine intensive Zusammenarbeit gab es zwischen den Nationalsozialisten und den Zionisten.[144]

143. Vgl. Omar Barghouti, Boykott – Desinvestment – Sanktionen, Köln-Karlsruhe 2012

144. Vgl. Lenni Brenner, Zionismus und Faschismus, Berlin 2007

Die »Zionistische Vereinigung für Deutschland« hat sich in einem Schreiben vom 21. Juni 1933 den Nazis regelrecht angebiedert. »Der Zionismus glaubt, dass eine Wiedergeburt des Volkslebens, wie sie im deutschen Leben durch Bindung an die christlichen und nationalen Werte erfolgt, auch in der jüdischen Volksgruppe vor sich gehen müsse. Auch für den Juden müssen Abstammung, Religion, Schicksalsgemeinschaft und Artbewusstsein von entscheidender Bedeutung sein. (...) Unser Bekenntnis zum jüdischen Volkstum stellt ein reines und aufrichtiges Verhältnis zum deutschen Volk und seinen nationalen und blutmäßigen Gegebenheiten her. Gerade weil wir diese Grundlage nicht zu verfälschen wünschen, weil auch wir gegen Mischehen und für Reinhaltung der jüdischen Art sind und Grenzüberschreitungen auf kulturellem Gebiet ablehnen, können wir, in deutscher Sprache und Kultur erzogen, mit Bewunderung und innerer Anteilnahme an den Werken und Werten deutscher Kultur teilnehmen.«[145] Wie die Geschichte zeigt, können die schlimmsten Antisemiten wie die Nazis in Deutschland sehr wohl pro-zionistisch sein.

Noch einen Schritt weiter in der Zusammenarbeit ging der Chef der radikal-zionistischen Terrororganisation Lechi in Palästina, Avraham Stern, in einem Schreiben vom 11. Januar 1941: »Die nationale Militärorganisation (Irgun Zvei Leumi) ist sich des Wohlwollens der Deutschen Reichsregierung gegenüber zionistischer Aktivität in Deutschland und gegenüber zionistischen Emigrationsplänen wohl bewusst. Sie ist der Meinung, dass gemeinschaftliche Interessen zwischen der Errichtung einer Neuen Ordnung in Europa im Einklang mit den deutschen Plänen und den wahren nationalen Aspirationen des jüdischen Volkes, so wie sie von der Nationalen Militärorganisation (NMO) vertreten werden, bestehen könnten. (...) Die NMO in Palästina bietet an, unter der Bedingung, dass die israelische Freiheitsbewegung von Seiten der

145. Zit. in: Hajo G. Mayer, Judentum, Zionismus, Antizionismus und Antisemitismus, Berlin 2009, S. 49 f.

Reichsregierung anerkannt wird, aktiv am heutigen Krieg an der Seite Deutschlands teilzunehmen.«[146]

Die fanatischste und größte Gruppe von Zionisten sind jedoch die christlichen Fundamentalisten in den USA und in anderen Ländern. In Deutschland gibt es ein Heer von Philosemiten, die eigentlich Antisemiten sind, die Juden besonders lieben. Kein geringer als Daniel Jonah Goldhagen hat in seinem berühmt-berüchtigten Buch »Hitlers willige Vollstrecker« diese Philosemiten als typische Antisemiten bezeichnet, und zwar »im Schafspelz«.

In seinem Essay »Counterfeit Courage«, der in »The Politics of Anti-Semitism« erschienen ist, beschreibt Norman Finkelstein die Rolle Deutschlands, die es eigentlich spielen sollte: »Heute besteht die Herausforderung für Deutschland darin, die Erinnerung an den Nazi-Holocaust zu verteidigen und seinen Missbrauch durch amerikanische jüdische Eliten zu verurteilen; die Juden vor der Tücke zu verteidigen und ihre überwältigende blinde Unterstützung für die brutale Besetzung Israels zu verurteilen, aber dies erfordert echten moralischen Mut – nicht die opernhafte Art, die die politisch korrekten Deutschen so lieben.«[147]

Finkelstein weist der deutschen politischen Klasse einen honorigen Weg aus ihrem Dilemma zwischen Holocaust-Gedenken und Kritiklosigkeit gegenüber Israel, wenn er schreibt: Die moralische Herausforderung für Deutschland bestehe darin, seiner Verantwortung gerecht zu werden, die ihm aus den Verbrechen des »Dritten Reiches« gegen das jüdische Volk erwächst, andererseits aber nicht zuzulassen, dass ihnen aufgrund des schrecklichen Vermächtnisses das Recht auf Anprangerung von aktuellen Verbrechen abgesprochen wird, nur weil sie von einem Staat begangen werden, der sich selbst als jüdisch definiert.[148]

146. Ebd., S. 51 f.

147. https://www.counterpunch.org/2002/11/25/counterfeit-courage-reflections-on-political-correctness-in-germany/. Vgl. auch: Alexander Cockburn/Jeffrey St. Clair (Hg.), The Politics of Anti-Semitism, Petrolia 2003, S. 83

148. Zit in: Moshe Zuckermann, »Antisemit!« Ein Vorwurf als Herrschaftsinstrument, Wien 2010, S. 160

Auf der Suche nach einer neuen jüdischen Identität bedient sich der Zionismus selber antisemitischer Vorurteile, und zwar in seiner Verachtung für die Diaspora. »Die radikale Verächtlichmachung des Diasporischen, die sich im hebräischen Substantiv *gola* und dem von diesem abgeleiteten Adjektiv *galuti* verdichtet findet, zeitigte nicht nur eine selbstherrliche Verdinglichung alles Israelischen, sondern auch die ideologische Perpetuierung einer Mischung aus Abscheu vorm Diasporischen und dem Schrecken vor einer absehbaren ›nächsten Shoah‹«.[149] Wo die Verteufelung der Diaspora nicht verfing, wie z. B. in den USA, bediente sich der Zionismus der Stigmatisierung der Assimilation, die man als ein großes Unglück angesehen und als bedrohlich für die Existenz Israels eingestuft hat. Ob diese negative Identitätsbestimmung langfristig ausreichen wird, bezweifeln Israelis wie Abraham Burg.[150]

Kann es nicht sein, dass Israel mit seiner brutalen Unterdrückung des palästinensischen Volkes immer wieder die Weltöffentlichkeit zu Reaktionen provozieren will, die Anlass geben, eine so genannte Antisemitismus-Debatte zu initiieren, falls einige Kritiker über das Ziel hinausschießen? Dass sich das Image Israels dadurch nicht verbessert, scheinen die zionistischen Strategen in Kauf zu nehmen. Ihre »Erfolge« im Westen scheinen ihnen Recht zu geben.

Antizionismus und Antisemitismus

Eine besondere Variante des »neuen« Antisemitismus ist nach Meinung der Israellobby der Antizionismus. Der Zionismus ist eine Idee, also eine Art politischer Philosophie, wenn man diese Bezeichnung für eine rassistische Ideologie einmal verwenden will. Warum soll Kritik an einer politischen Philosophie »antisemitisch« sein, nur weil sie die Staatsräson Israels bildet? Jede politische Theorie muss sich der Kritik stellen.

Die zionistischen Kritiker der Antizionisten unterstellen ihnen, dass

149. Zuckermann, ebd., S. 15

150. http://www.nrhz.de/flyer/beitrag.php?id=14271

ihre Kritik an der Regierungspolitik Israels nicht der wirkliche Grund für ihre Kritik sei, sondern es sei vielmehr ein verdeckter »Hass auf die Juden« und ein »Hass auf Israel«, wie dies Omer Bartov in seinem Essay »Der alte und der neue Antisemitismus« tut.[151] Dieser Behauptung widerspricht Tony Judt, indem er darauf hinweist, dass Bartov die Kausalität umdrehe. Es sei die Politik der israelischen Regierung, die weitverbreitete »antijüdische Gefühle in Europa und anderswo hervorgerufen hat«. Zionisten haben immer darauf bestanden, dass es keinen Unterschied zwischen dem jüdischen Volk und dem jüdischen Staat gebe. Dagegen sei »Israel nicht der Staat aller seiner Bürger, und noch weniger aller seiner Einwohner: Es ist der Staat der (beziehungsweise aller) Juden. Israels politische Führung gibt vor, für Juden überall zu sprechen. Sie kann also kaum überrascht sein, wenn ihr Verhalten eine Rückwirkung provoziert – und zwar gegen Juden.«[152] So habe Israel selbst erheblich zum Wiederaufleben des Antisemitismus beigetragen, so Judt.

Es mag zwar sein, so Judt, dass einige der härtesten Kritiker Israels »antisemitische Neigungen erkennen lassen«, was den Antizionismus ipso facto noch nicht zum Antisemitismus mache. »Israel spricht nicht für alle Juden, aber Israels Anspruch, für Juden überall zu sprechen, ist der Hauptgrund dafür, dass antiisraelische Stimmungen in Judenfeindschaft umschlagen. Juden und andere müssen lernen, Hemmschwellen zu überwinden und Israels Politik und Handlungen zu kritisieren, so wie sie es bei allen anderen Staaten auch tun.«[153]

Judt beendet seinen Essay mit einem Vergleich zweier Aussagen, die den schmalen Grat zwischen faktischer Kritik an Israels Politik und Antisemitismus deutlich macht: »Zu sagen, dass Israel und seine Lobbyisten einen übermächtigen und verhängnisvollen Einfluss auf die

151. Vgl. Omer Bartov, in: Neuer Antisemitismus?, in: Doron Rabinovici/Ulrich Speck/Natan Sznaider (Hg.), Frankfurt/Main 2004

152. Tony Judt, Zur Unterscheidung zwischen Antisemitismus und Antizionismus, in: Rabinovici/Speck/Sznaider, ebd., S. 49

153. Ebd., S. 50

Politik der Supermacht haben, ist eine faktische Aussage. Doch wenn man sagt, dass ›die Juden‹ Amerika kontrollieren, um ihre Ziele zu erreichen, begibt man sich auf das Feld des Antisemitismus.«[154]

Der 3-D-Test für »Antisemitismus«

Nachdem es immer schwieriger geworden ist, Antisemitismus in der Gesellschaft aufzuspüren, hat Nathan Scharansky, ein ehemaliger sowjetischer Dissident und späterer israelischer Minister, einen »Test« entwickelt, durch den man angeblich »Antisemiten« auf die Spur kommen kann, den 3-D-Test.

Die drei Ds stehen für Dämonisierung und Delegitimierung Israels sowie das Anlegen von doppelten Standards in Bezug auf Kritik an der Politik der israelischen Regierung. Es gibt keine seriösen Kritiker der israelischen Regierungspolitik, die gegen diese willkürlich aufgestellten Kriterien verstoßen hätten. Im Gegenteil: Die Politik der israelischen Regierung trägt zur Selbst-Delegitimierung des Landes bei, indem sie willkürlich besetztes palästinensisches Land kolonisiert, das Völkerrecht und die Menschenrechte der Palästinenser mit Füßen tritt und bis heute nicht sagen kann, wo die Grenzen Israels eigentlich verlaufen. Der israelische Friedensaktivist Uri Avnery hat in seinem Beitrag in der Tageszeitung *junge Welt* vom 10. August 2010 den Delegitimierern Israels Namen gegeben. Es seien dies der Außen-, der Verteidigungs- und der Innenminister des Landes.

Was den Vorwurf der doppelten Standards betrifft, den die Kritiker der israelischen Regierungspolitik angeblich an Israel anlegen würden, verhält es sich genau umgekehrt, wie von den Israellobbyisten immer behauptet. Aktuell zeigen sich die doppelten Standards der »Freunde« Israels bei der Präsentation einer Landkarte des Rappers Bushido, auf der Israel nicht zu sehen ist. Dies sei eine Infragestellung der Existenz Israels! Dagegen regt sich keiner dieser Kritiker auf, wenn auf allen

154. Ebd., S. 51

offiziellen Landkarten Israels und den Straßenkarten Palästina nicht eingezeichnet ist, d. h. inexistent ist.

Die Israelkritiker dagegen verlangen, dass endlich die westlichen Regierungen die gleichen Standards an Israel anlegen wie sie dies bei Verstößen gegen Völkerrecht und Menschenrechte anderer Länder auch tun. Dies geschieht jedoch nicht. Im Gegenteil: Über die menschenverachtende Politik der diversen israelischen Regierungen wird hinweggesehen bzw. wird im UN-Sicherheitsrat das Veto eingesetzt bzw. als Drohung gebraucht, wenn den USA selbst die harmloseste Resolution noch zu kritisch erscheint.

Die 3-D-Formel taugt nichts zur Feststellung von »Antisemitismus«. Sie ist ein weiteres Werkzeug der zionistischen Propaganda, um Israel gegen Kritik zu immunisieren.

Die intellektuellen Grundlagen der politischen Vernichtung von Israelkritikern

Kritiker der israelischen Regierungspolitik hatten seit der Regierungsübernahme durch Ariel Sharon im Februar 2001, aber spätestens seit der rechtsnationalistischen Regierung unter Benjamin Netanjahu und seinem rechtsextremen Verteidigungsminister Avigdor Lieberman, keinen leichten Stand mehr. Kritiker dieser brutalen Kolonisierungs- und Unterdrückungspolitik geraten nicht nur in den USA, sondern auch in den Ländern Westeuropas – insbesondere in Deutschland, in dem es eine lange Tradition der Denunziation Andersdenkender gibt – ins Fadenkreuz von extremistischen, rechtszionistischen Lobbygruppen und ihren philosemitischen Parteigängern, die gegen solche Personen mit den Mitteln der Diffamierung, Denunziation, Lüge, der Verdrehung von Tatsachen und massivem Mobbing vorgehen. Selbst vor der beruflichen Vernichtung der Kritiker schrecken sie nicht zurück.

In Deutschland, Österreich und anderen Ländern Westeuropas, von den USA gar nicht zu reden, erscheint es fast unmöglich, Veranstaltungen oder Vorträge zu organisieren, die sich kritisch oder nur realistisch mit der desaströsen Lage in den von Israel besetzten palästinensischen Gebieten befassen. Dass es sich bei diesen Protesten von zionistischen Lobbyisten um »spontane« Aktionen handelt, ist eine Legende. Dahinter steckt eine von Regierungsseite geplante und mit aller Macht durchgesetzte Strategie.

Strategische Vorarbeiten zu dieser von Staatswegen organisierten Delegitimierung von berechtigter demokratischer Kritik wurden schon auf der internationalen Konferenz des »Global Forum for Combating Antisemitism« am 16. und 17. Dezember 2009 in Jerusalem geleistet. Auf dieser Konferenz wurde der Kampf gegen die »Delegitimierung« und »Dämonisierung« Israels als die »entscheidenden Themen unserer Zeit« bezeichnet.

»Wir müssen darauf hinweisen, wie BDS die Linie von legitimer Kritik zu historisch-belasteten, antisemitischen Botschaften überschreitet.« In ihrem Bericht erscheint eine solche Auseinandersetzung mit der BDS-Kampagne als »Krieg«. Ihre kriegerische Phraseologie klingt wie folgt: »Feind«, »Kommandozentrum«, »Kampf«, »Schlacht« oder »Schlachtfeld«. Als Ergebnis wurde ein Strategiepapier veröffentlicht. Dieser Aktionsplan ist auf fünf Jahre hin ausgelegt. Eine zentrale Rolle in diesem Plan kommt dem israelischen Außenministerium zu, das helfen soll, »den Kampf gegen BDS und die Delegitimierung zu zentralisieren, die Antworten auf einen koordinierten Angriff zu koordinieren, Informationen zu teilen, einen moralischen Standpunkt gegen die Menschenrechtsheuchler zu beziehen, Diplomaten in dem Kampf für die Grundrechte Israels einzubinden und israelische Diplomaten über die BDS-Bewegung zu unterrichten.« Dieses Strategiepapier bedient sich einer offensiven und aggressiven Sprache.

Welche Wichtigkeit diese Herausforderung für Israel besitzt, zeigt ein weiteres Strategiepapier, das vom Reut-Institut auf der jährlichen Konferenz in Herzlyia 2010 präsentiert worden ist. Das 92-seitige Dokument trägt den Titel: »Building a Political Firewall Against

Israel´s Delegitimization«. Daneben gibt es eine 31 Punkte umfassende Zusammenfassung. Nach Ansicht des Reut-Instituts stellten die Kritiker Israels eine ernste Gefahr für die Existenz Israels dar. Die Verfasser dieser antidemokratischen Richtlinie schrecken nicht davor zurück, der Regierung zu empfehlen, Menschrechtsaktivisten zu attackieren und zu unterdrücken. Der Bericht trifft aber eine Unterscheidung zwischen denjenigen, die Israel »kritisieren« und anderen, die es angeblich »delegitimieren«[155].

Israels Unterdrückungspolitik und das Ende der Meinungsfreiheit

Eine Auflistung aller Veranstaltungen und Persönlichkeiten des wissenschaftlichen, journalistischen und künstlerischen Lebens, die von der Israellobby diffamiert wurden und werden, würde zu weit führen. Eine Sammlung von inszenierten Antisemitismus-Skandalen, die keine Vollständigkeit beansprucht, hat das Palästina-Portal zusammengestellt.[156]

Avi Primor, der ehemalige israelische Botschafter in Deutschland, tut sich ebenfalls schwer, Antisemitismus zu definieren. Er sagt: »Antisemitismus genau zu beschreiben, das konnte ich noch nie. Ich konnte nur sagen, wer kein Antisemit ist.« Auch den Antisemitismus sieht der Botschafter im Niedergang. »Der Antisemitismus schrumpft regelmäßig seit dem Zweiten Weltkrieg. Er schrumpft überall, in Deutschland wie anderswo, genauso wie in Amerika.«[157]

Trotz dieser Entwarnung erzeugt die zionistische Israellobby geradezu eine »Antisemitismus-Hysterie« und instrumentalisiert diese, um Veranstalter unter massiven Druck zu setzen, keine Räumlichkeiten an Gruppen zu vermieten, die Israel-kritische Referenten eingeladen

155. http://www.watzal.com/Israelkritiker_und_Israellobby.pdf; http://www.watzal.com/International410_Delegitimierer.pdf
156. http://www.palaestina-portal.eu/texte/antisemitismus_instrumentalisierung.htm
157. Avi Primor, zit. in: Arn Strohmeyer, Antisemitismus – Philosemitismus und der Palästina-Konflikt, Herne 2015, S. 23

haben, weil diese angeblichen »Antisemiten« Israel »delegitimieren« und sein Existenzrecht bestreiten würden. So beispielsweise geschehen in Frankfurt am Main, wo der *Deutsche Koordinationskreis Palästina Israel (KoPi)* eine Veranstaltung anlässlich des 50. Jahrestages der israelischen Besetzung Palästinas abhalten wollte.[158] Aufgrund massiven Drucks seitens der Israellobby im Verein mit dem CDU-Bürgermeister Uwe Becker kündigte der Betreiber der Einrichtung den Mietvertrag. Nur durch einen Gerichtsbeschluss war es möglich, die Veranstaltung abzuhalten.

Ähnliche Vorgänge gibt es auch in Österreich. So sollte der südafrikanische Professor Farid Esack am 30. Juni 2017 im Rahmen einer BDS-Veranstaltung einen Vortrag über Unterschiede und Ähnlichkeiten der Situation im ehemaligen rassistischen Südafrika und Israel halten. Kurz nach Bekanntgabe des Veranstaltungsortes hat das Arcotel Wimberger den Vertrag über die zugesagten Räumlichkeiten gekündigt.

Als im Frühjahr 2017 eine palästinensische Rechtsanwältin einen Vortrag halten wollte, wurde die Hotelleitung nach Bekanntgabe des Veranstaltungsortes unter Druck gesetzt und zur Stornierung des Vertrags gedrängt. Den Gegnern eines Diskurses über die israelische Besatzung und Apartheidpolitik gelang es damit zum wiederholten Male (Amerlinghaus 2016, WUK und Arcotel Kaiserwasser 2017), Diskussionsveranstaltungen aus dem öffentlichen Raum zu verbannen.[159] Dieses Mobbing seitens der zionistischen Israellobby zeigt, wie schlecht es um die Meinungsfreiheit auch in Österreich bestellt ist.

Der Verleger und Publizist Abi Melzer schreibt in *Der Semit*, dass sich in den vergangenen Jahren der in Deutschland vorherrschende Diskurs über den Antisemitismus von seinem Gegenstand, dem realen Antisemitismus, gelöst habe. »Die tatsächlich herrschende Thematik dreht sich um den antisemitischen Charakter von Antizionismus oder vielmehr um bestimmte Formen der Kritik an der Politik des Staates

158. https://www.kopi-online.de/wordpress/?p=3383
159. Vgl. http://bds-info.at/mediale-repraesentation-oeffentlichkeit-und-ohn-macht-nachbetrachtungen-zur-israeli-apartheid-week-2017/

Israel, die an sich noch nicht einmal antizionistisch sein muss. (...) Das Anti-Antisemitismus-Geschrei floriert im heutigen Deutschland mehr denn je, und es wird hauptsächlich von jüdischen Journalisten und Intellektuellen geführt.«[160]

Sollte sich die liberale Zivilgesellschaft nicht gegen diesen Meinungsterror seitens der zionistischen Israellobby mit allen Mitteln zur Wehr setzen, wird es bald um die Meinungsfreiheit geschehen sein.

160. http://der-semit.de/antisemiten-sind-mir-egal-antisemit-ist-wen-manche-juden-hassen/

Die Krise und der Weg zum Sieg

Nasser al-Kidwa

Betrachtet man die Lage der Palästinenser, die Dynamik des palästinensisch-israelischen Konfliktes und die arabische Dimension dieses Konfliktes, könnte man zu dem Schluss kommen, dass es derzeit unmöglich ist, Fortschritte im Sinne der palästinensischen Seite zu erzielen; man könnte sogar meinen, dass die Palästinenser und ihre politische Bewegung vor einer schweren Niederlage stehen, von der sie sich lange nicht erholen werden. Israel könnte die meisten Errungenschaften der Palästinenser rückgängig machen, die besetzten palästinensischen Gebiete einschließlich Jerusalem vollständig besiedeln und den Staat Palästina vorübergehend in seiner Existenz zerstören. Sollte es so weit kommen, wäre das nicht nur eine Folge der feindlichen Politik, an der die israelischen Regierungen festhalten, sondern auch eine Folge der verringerten Fähigkeiten der Palästinenser und der verringerten Unterstützung, die sie traditionell erhielten, vor allem der verringerten arabischen Unterstützung. Dies ist eine Folge von Veränderungen auf regionaler und internationaler Ebene, die den Palästinensern offenbar keine Vorteile gebracht haben.

Diese Niederlage der palästinensischen Seite ist natürlich keine ausgemachte Sache. Im Gegenteil: Angesichts des schlummernden Potenzials des palästinensischen Volkes und seiner Verbündeten und angesichts der Bedeutung und der Gerechtigkeit der palästinensischen Sache spricht trotz der extrem schwierigen Bedingungen einiges dafür, dass ein Sieg der palästinensischen Seite immer noch möglich ist. Das ist jedoch davon abhängig, dass unsere politische Bewegung ein grundlegendes Verständnis von dem Wesen der Krise, der Dynamik des Konfliktes und den Schwierigkeiten erlangt, vor denen sie steht, und daraufhin eine neue Vision und eine innovative Strategie erarbeitet, um der israelischen Politik etwas entgegenzusetzen, die israelische

Politik zu besiegen und die kollektiven nationalen Ziele zu erreichen. All das erfordert einen breiten nationalen Dialog, vielleicht auch die Beteiligung anderer arabischer Kräfte sowie neues, innovatives Denken und echten politischen Willen.

Dieser Artikel soll einen bescheidenen Beitrag zu diesem Dialog leisten. Er knüpft an frühere Darlegungen meines Standpunktes an, darunter mein Versuch beim zweiten Dialogforum der Jassir-Arafat-Foundation in Kairo, die größten Herausforderungen der Palästinenser zu erfassen, und einem weiteren Versuch im Rahmen einer Gesprächsrunde des »Palestinian Center for Policy Research and Strategic Studies« (MASARAT) in Ramallah, konkrete Ideen vorzustellen, um die Krise zu beenden.

In meinem ersten Versuch definierte ich die zentralen Elemente der schwierigen Lage der Palästinenser: Erstens, das Ende des alten Friedensprozesses und das Festhalten Israels an seiner feindlichen Politik; zweitens, die extremen Schwäche der palästinensischen Institutionen, insbesondere der politischen Institutionen; drittens, die politische und geografische Spaltung der Palästinenser; und viertens, den Niedergang im arabischen Raum sowie das Auftreten gewalttätiger Strömungen des islamischen Extremismus.

Jedes dieser zentralen Elemente kann man natürlich weiter in eine Reihe wichtiger untergeordneter Punkte unterteilen. Das erste Element umfasst beispielsweise außer den bekannten politischen Strategien Israels, insbesondere dem Siedlerkolonialismus, einen Mangel an Klarheit, den Verlust an Strategien oder zeitweise sogar das völlige Fehlen von Strategien gegenüber den Palästinensern. Unter das zweite Element fallen das Fehlen wichtiger Institutionen wie dem Palästinensischen Nationalrat und dem Legislativrat, der Mangel an Demokratie im politischen Leben und zeitweise sogar ein Mangel an politischer Freiheit. Das dritte Element umfasst nicht nur die Unfähigkeit, eine politische Einigkeit wiederherzustellen, sondern auch das Fehlen einer klaren Vision, wie diese herbeizuführen sei. Zum vierten Element gehören die nationale Lage in der arabischen Welt, die extrem unter Druck steht, und der Zerfall einer Reihe arabischer Staaten. Weitere Faktoren sind die Konflikte zwischen den verschiedenen Glaubensrichtungen und extremistische Strömungen des Islamismus, die Terrorismus betreiben und die arabische Sache schwächen, sowie Risse im arabischen Schutzwall gegen Israel.

Mein zweiter Versuch beschäftigte sich mit konkreten Lösungsvorschlägen und Ideen für eine Beendigung der Krise, die wichtiger als eine Analyse der bestehenden Lage sind.

In dieser Hinsicht präsentierte ich zehn grundlegende Vorstellungen:
1. Eine erneute Bekräftigung und klare Neuformulierung des zentralen nationalen Zieles, d. h. nationale Unabhängigkeit und Souveränität des Staates Palästina in den Grenzen von 1967 mit Jerusalem als Hauptstadt.

Diese Formel unterscheidet sich von jener der »Errichtung eines Staates«, denn der Staat existiert bereits kraft der selbstverständlichen historischen Rechte des palästinensischen Volkes sowie kraft der internationalen Rechtmäßigkeit und der breiten internationalen Anerkennung unseres Staates. In anderen Worten: Der Staat ist kein Geschenk Israels an die palästinensische Seite und die Palästinenser verhandeln nicht mit Israel über die Existenz des Staates Palästina; abgesehen davon geht die Souveränität vom palästinensischen Volk aus – Israel hat damit nichts zu schaffen. Diese Feststellung schließt andererseits die Idee des binationalen Staates aus, denn dieser wäre ein großer Verlust für das palästinensische Volk und ein Ziel, das nicht erreichbar ist. Angesichts der bestehenden Kräfteverhältnisse läuft diese Vorstellung auf einen jüdischen Staat hinaus, der ganz Palästina umfasst, wobei ein Teil der Palästinenser deportiert und der Rest in Bantustans unter israelische Kontrolle gezwungen wird. Dabei ist vor allem zu beachten, dass die einzige praktische Folge dieser Idee wäre, die israelischen Siedlungen und Siedler in den Gebieten zu legitimieren, die Israel 1967 erobert hat, einschließlich Jerusalem, denn dieser Vorschlag löscht die Waffenstillstandslinie von 1949 sowie den besonderen Status der 1967 eroberten

Gebiete als besetztes Territorium des Staates Palästinas aus. Abgesehen von der zentralen nationalen Zielsetzung müssen natürlich auch die übrigen Rechte der Palästinenser aufrechterhalten werden, vor allem die Rechte der palästinensischen Flüchtlinge gemäß dem Völkerrecht und der Arabischen Initiative, einschließlich das Recht der Flüchtlinge auf Rückkehr und auf ihr Eigentum.

2. *Eine Neudefinition der Beziehungen zwischen der palästinensischen und der israelischen Seite sowie der Ansätze für die Lösung des Konfliktes.*

Die Beziehungen müssen weiterhin klar als Verhältnis zwischen einer Besatzungsmacht und einer Bevölkerung unter Besatzung definiert werden. Es handelt sich ihrem Wesen nach um ein feindliches Verhältnis, bis eine politische Lösung gefunden wird, was noch nicht der Fall ist. Allein die Tatsache, dass es Ansätze zu einem Friedensprozess gab, hat das Wesen dieses Verhältnisses nicht verändert, denn die politischen Strategien Israels stehen einer Lösung entgegen, und Israel hält an der Unterdrückung des palästinensischen Volkes fest. Es handelt sich nicht um ein friedliches Verhältnis, und es ist definitiv kein normales Verhältnis. Die Palästinenser müssen den Ansatz eines gewaltlosen Kampfes in allen Bereichen verfolgen, der auf eine politische Lösung abzielt und militärische Aktionen ausschließt, jedoch die Besatzung und ihre politischen Maßnahmen ablehnt, den Widerstand der Bevölkerung praktisch und ernsthaft mitträgt sowie den politischen Kampf vor Ort und in allen Bereichen der internationalen Ebene führt. An dieser Stelle ist noch hinzuzufügen, dass wir die Vorstellung ablehnen, dass man Israel zu irgendetwas überreden könnte, dass die palästinensische Seite ihre Ansprüche beweisen müsse, oder dass es keinerlei Alternative zu Verhandlungen gebe.

3. *Eine dauerhafte Lösung des Widerspruches zwischen den Zielen der nationalen Befreiung und der gleichzeitigen Erfüllung der Aufgaben nach dem Konflikt.*

Dieser Widerspruch ergibt sich daraus, dass die beiden Phasen und ihre jeweiligen Ziele und Aufgaben sich überlappen – eine beispiellose Erfahrung. Gefordert sind hier gleichzeitig die Vollendung des Kampfes für Freiheit und Unabhängigkeit und der Aufbau eines Staates bzw. seiner Institutionen. Die einzige Lösung ist hier, weiterhin zu versuchen, die Aufgaben beider Phasen zu erfüllen, wobei die Aufgaben der Phase der nationalen Befreiung Vorrang haben, was einige Veränderungen erfordert, darunter den Wiederaufbau der Autonomiebehörde, die sich weiterhin auf Dienstleistungen konzentrieren muss, während die politischen Aufgaben der PLO zu übertragen sind. Außerdem müssen die Kapazitäten der Sicherheitsorgane neu ausgerichtet und einige dieser Kapazitäten eventuell aufgelöst sowie die Doktrin und das konkrete Mandat dieser Organe überprüft werden.

4. Bestimmung der wichtigsten Bedrohung und Konzentration auf die Bekämpfung dieser Bedrohung.

Die größte Gefahr, die eine Bedrohung unserer nationalen Existenz darstellt, sind die Siedler und die Kolonisierung unserer Heimat, denn sie negiert unsere Existenz als Nation, und die Besiedelung unseres Landes macht unsere nationale Unabhängigkeit praktisch unmöglich. Alle feindlichen Maßnahmen Israels lassen sich in Wirklichkeit auf den Siedlerkolonialismus zurückführen, der die einzige Ursache der Besatzung und ihrer Aufrechterhaltung ist (abgesehen von Sicherheitsgründen, die manche Kreise in Israel anführen). Das sollte der Fokus unseres Kampfes sein, und hier verfügen wir über hervorragende juristische und politische Mittel, die es uns ermöglichen könnten, den Kampf zu gewinnen, wenn wir sie richtig einsetzen. Dies erfordert die vollständige Mobilisierung und kollektive Beteiligung aller Sektoren der palästinensischen Bevölkerung an diesem Kampf; so wird es möglich sein, etwas in der Region und in der ganzen Welt in Bewegung zu setzen, um ein System internationaler Sanktionen gegen die Siedlungen, die Siedler und Institutionen, die in den besetzten Gebieten tätig sind, zu errichten. (Ein erster Erfolg war die Entscheidung der EU, dass Produkte aus israelischen Siedlungen als solche gekennzeichnet werden müssen.) Dieser Kampf unterscheidet sich von einer Bewegung für den Boykott Israels wie etwa BDS, denn diese hat eine politische und moralische Grundlage und richtet sich gegen Einzelpersonen und Organisationen der Zivilgesellschaft. Unser Vorschlag richtet sich an Regierungen und beruht darauf, dass diese Regierungen ihren rechtlichen und vertraglichen Pflichten nach der 4. Genfer Konvention von 1949 und anderen einschlägigen Rechtsinstrumenten nachkommen müssen, wie der Internationale Gerichtshof 2004 in seiner Stellungnahme über den Mauerbau bekräftigt hat. Dem Projekt der israelischen Besiedelung unseres Landes können wir erfolgreich etwas entgegensetzen, und dies ist ein wirksames Mittel, die Besatzung zu beenden und Unabhängigkeit zu erlangen.

5. Das Ziel besteht in einer politischen Lösung, wobei ohne eine klare politische Grundlage, die auch international anerkannt ist, keine Verhandlungen möglich sind.

Nach all den Jahren ist zweifellos bewiesen, dass der alte Ansatz, zu verhandeln, ohne sich zuvor auf das Ziel und die Parameter der Lösung, oder auch nur auf minimale Grundfragen zu einigen, eindeutig gescheitert ist. Solche Verhandlungen wären vielleicht möglich, wenn es eine israelische Führung gäbe, die bereit ist, eine vernünftige Lösung zu finden, doch mit einer israelischen Führung, die darauf besteht, die Siedlungstätigkeit immer weiter zu führen, und die keinen Hehl daraus macht, dass sie die Existenz des Staates Palästina prinzipiell ablehnt, sind Verhandlungen schlicht lächerlich. Wir sind also einer politischen Lösung verpflichtet und wollen eine solche erzielen, müssen jedoch gleichzeitig festhalten, dass ein neuer Ansatz notwendig ist, um die internationale Verantwortung in diesem Konflikt hervorzuheben, der von Anfang an ein internationaler war, und dass klar vereinbarte politische Grundlagen und internationale Strukturen im Rahmen des

UNO-Sicherheitsrates die Grundlage für Verhandlungen zwischen den beiden Seiten sein müssen.

6. Wiederbelebung und Stärkung palästinensischer Institutionen – besonders der politischen Institutionen – und Bestätigung ihres demokratischen Charakters.

In der letzten Zeit wurden palästinensische Institutionen geschwächt oder traten nicht mehr in Erscheinung, was ein wesentliches Problem darstellt, das wirksam und vollständig behoben werden muss. Der palästinensische Nationalrat, das höchste Organ des palästinensischen Volkes, und alle Organe, die ihm zugeordnet sind, haben seit langem nicht mehr getagt. Das gilt auch für den Legislativrat, so dass Exekutive und Legislative aus dem Gleichgewicht gerieten. Zahlreiche Institutionen der politischen Organisationen fehlen ebenfalls. Viele Gewerkschaften und andere Organisationen der Zivilgesellschaft sind verschwunden. Abgesehen vom Wiederaufbau bzw. der Wiederbelebung dieser Institutionen müssen wir natürlich auf deren demokratischem Charakter bestehen. Dies wird zur Wiederbelebung des politischen Lebens der Palästinenser führen und die zentrale Rolle der politischen Bewegung in der Gesellschaft wiederherstellen, was zahlreiche andere positive Auswirkungen haben wird.

7. Wiederherstellung der politischen und geografischen Einheit.

Die andauernde Spaltung sowie das Leid im Gazastreifen, das eine Folge dieser Spaltung ist, ist politisch und moralisch inakzeptabel sowie ein effektives Hindernis für die nationale Unabhängigkeit. Wir brauchen nicht nur eine Aussöhnung zwischen Fatah und Hamas oder eine bessere Handhabung der bestehenden Spaltung, um die Lage ein wenig zu verbessern. Was wir noch brauchen, ist eine echte und umfassende Einheit zwischen Westjordanland und Gazastreifen, nicht bloß Korrekturen einiger Folgen der Spaltung. Dazu ist ein klares Verständnis folgender Tatsachen nötig: Erstens muss die Hamas bereit sein, die Kontrolle über den Gazastreifen in allen Lebensbereichen aufzugeben, d. h. eine Rückkehr zu den Verhältnissen vor 2007 und die Wiedereingliederung des Gazastreifens in das palästinensische politische System und die palästinensischen Verwaltungsstrukturen. Zweitens muss die Fatah bereit sein, ihre Kontrolle über das politische System in ihrer derzeitigen Form aufzugeben, d. h. sie muss zu einer vollen politischen Partnerschaft und zu einer Neuformulierung des politischen Systems der PLO mit ihren verschiedenen Organen sowie der Regierung und Bürokratie der Autonomiebehörde in einer noch zu vereinbarenden Form bereit sein. Drittens muss ein Konsens über ein nationales Programm erzielt werden, d. h. über das Programm der PLO. Zusätzlich könnte man ein gesondertes Programm für die Regierung, die Autonomiebehörden, erstellen, die sich von jener der PLO unterscheidet. Viertens ist eine kollektive Verpflichtung auf den demokratischen Charakter des Regierungssystems und auf das Prinzip der Amtsübergabe entsprechend den Ergebnissen regelmäßig abzuhaltender Wahlen in allen Bereichen und Ebenen erforderlich. Nach einer Einigung auf die genannten Prinzipien sollten sich alle palästinensischen Parteien im Rahmen eines umfassenden Einheitsabkommens auf zahlreiche weitere wichtige Details einigen.

8. Festlegung einer Wirtschaftspolitik, die diesen Zielen dienlich ist.

Es ist von entscheidender Bedeutung, die Auswirkungen der Politik der Besatzer zu verstehen und gleichzeitig darauf zu bestehen, Grundlagen einer produktiven Wirtschaft – Landwirtschaft, Industrie und neue Industriezweige – zu schaffen. Andererseits müssen wir Maßnahmen zur Förderung der Standhaftigkeit und der Produktion anstelle von Konsum ergreifen. Die verschiedenen Sektoren des palästinensischen Volkes sollten eine Verständigung erzielen, nach der die Aufgaben jedes Sektors besser verteilt sind und der Umgang mit der israelischen Seite auf eine Art und Weise festgelegt ist, die den Zielen der Palästinenser dient.

9. Engagement gegen die Krise in der Region.

Wir müssen vor allem zum Kampf gegen die gewalttätige Tendenz des islamistischen Extremismus beitragen; dazu müssen wir den Terrorismus von Gruppierungen, die Teil dieser Tendenz sind, bekämpfen, und zwar nicht nur auf der Ebene eines Sicherheitsproblems, sondern auch auf politischer und ideologischer Ebene. Auch das Anwachsen von konfessionellen Konflikten ist zu bekämpfen, besonders der sogenannte »Konflikt zwischen Sunniten und Schiiten«. Dabei sollten wir darauf bestehen, dass der Umgang mit der Politik des Iran auf der Grundlage arabisch-iranischer Beziehungen erfolgt und nicht auf der Grundlage konfessioneller Unterschiede. Außerdem müssen wir ganz allgemein an den Nationalstaaten festhalten, ihre jeweilige Einheit schützen und sie angesichts des extremen Druckes, unter dem sie stehen, unterstützen. Und schließlich sollten wir weiterhin auf den Zusammenhang zwischen dem Unrecht, das dem palästinensischen Volk widerfährt, einerseits und dem Anwachsen von Extremismus und Terrorismus in der Region und der ganzen Welt andererseits hinweisen.

10. Ergreifen der politischen Initiative, Wahrung der unabhängigen Entscheidungsfindung durch die Palästinenser und Wiederherstellung starker internationaler Bündnisse.

Dazu gehört es, auf der Grundlage eines organischen Verhältnisses zu den arabischen Völkern und Regierung zu arbeiten, ohne die Unabhängigkeit der Entscheidungsfindung durch die Palästinenser und das Recht der Palästinenser, solche Entscheidungen zu treffen, aufzugeben. In diesem Zusammenhang ist die arabische Friedensinitiative zu unterstützen und zu stärken, verbunden mit einer klaren Ablehnung jeglicher Veränderungen der Initiative. Im gleichen Zusammenhang ist auch die französische Friedensinitiative zu unterstützen und in gleicher Richtung voranzutreiben, so dass die darin vorgesehene internationale Konferenz, falls diese stattfindet, auf klarer und annehmbarer Grundlage zusammentritt. Starke internationale Bündnisse können wir nur dann wieder herstellen, wenn wir eine klare Politik verfolgen, klare Positionen vertreten, Ausdauer zeigen und unsere Glaubwürdigkeit erneut unter Beweis stellen. Außerdem müssen wir Interesse für die Anliegen anderer Völker und Länder zeigen und danach trachten, eine positive und prinzipienfeste Rolle zu spielen.

Dies sind nur einige vorläufige Überlegungen, die noch einer breiten Debatte und Prüfung sowie natürlich der Ergänzung durch zahlreiche Details bedürfen, doch sie mögen einen brauchbaren Ausgangspunkt für eine Diskussion darstellen, die zu einem Programm führt, das es unserer politischen Bewegung ermöglicht, die gegenwärtige Krise zu überwinden und zum Sieg voranzuschreiten.

Übersetzung aus dem Englischen: Gregor Kneussel.

Zeittafel zum Palästina-Konflikt

Zusammengestellt von Fritz Edlinger

1880	In Palästina werden 350.000 Einwohner gezählt, davon 27.000 Juden.
1895	Theodor Herzl veröffentlicht seine Schrift »Der Judenstaat«.
29.8.1897	Erstes Treffen des Zionistischen Weltkongresses in Basel; Verabschiedung einer Resolution zur Schaffung einer »öffentlich-rechtlich gesicherten Heimstätte in Palästina für diejenigen Juden, die sich nicht anderswo assimilieren können oder wollen«.
1909	Tel Aviv wird als erste ausschließlich jüdische Stadt in Palästina gegründet.
29.10.1914	Das Osmanische Reich tritt an der Seite von Österreich-Ungarn in den Ersten Weltkrieg ein.
16.5.1916	Nach dem Zerfall des Osmanischen Reiches teilt das Sykes-Picot-Abkommen den gesamten Nahen Osten zwischen den beiden europäischen Kolonialmächten England und Frankreich auf. Palästina soll neutralisiert werden.
2.11.1917	Balfour-Deklaration: Der britische Außenminister Lord Arthur James Balfour sichert in einem Schreiben an Lord Lionel Walter Rothschild, den Führer des Zionistischen Weltkongresses, nach Zerschlagung des Osmanischen Reiches den Zionisten die Gründung einer »Nationalen Heimstätte für das jüdische Volk« in Palästina zu.
1919	Erster Palästinensischer Nationalkongress in Jerusalem (Unabhängigkeit Palästinas wird gefordert).
1919	Völkerbundvertrag (begründet britisches Mandat über Palästina).
1921	Teilung des historischen Palästinas: Schaffung Transjordaniens.
1922	Inkrafttreten des britischen Mandats über Palästina.
1923	Weitere Teilung des Territoriums: Golan an Syrien.
1933	Generalstreik in Palästina als Protest gegen die jüdische Einwanderung.
1936	Arabischer Aufstand beginnt (dauert bis 1939).
1937	Britische Peel-Kommission schlägt eine Teilung des Landes vor.
1939	Britisches Weißbuch (Einschränkung der jüdischen Einwanderung vorgesehen; ein eigener jüdischer Staat wird abgelehnt).
1942	Zionistenkongress schlägt die Schaffung eines »Jüdischen Commonwealth« in Palästina vor.
1944	Verstärkter jüdischer Kampf/Terror gegen britische Einrichtungen in Palästina.
29.11.1947	UN-Resolution 181 (Teilungsplan).
14.5.1948	Am Vorabend der Beendigung des britischen Mandats wird der Staat Israel proklamiert.
15.5.1948	Beginn des arabisch-israelischen Krieges; Ägypten, Libanon,

	Transjordanien, Syrien und Irak erklären Israel den Krieg. Der Krieg dauert bis Juli 1949 und endet mit der Vertreibung von ca. 750.000 PalästinenserInnen und der Zerstörung von hunderten palästinensischen Siedlungen (deren Zahl reicht von 290 nach israelischen bis 472 nach palästinensischen Quellen). Ägypten annektiert den Gazastreifen und Transjordanien die Westbank und Ost-Jerusalem. Die Palästinenser bezeichnen diese Vorgänge als »Al Nakba« (Die Katastrophe).
11.12.1948	UN-Resolution 194: Recht auf Rückkehr für alle vertriebenen PalästinenserInnen.
11.5.1949	Israel wird als Mitglied in die Vereinten Nationen aufgenommen.
1949	Schaffung der UN-Versöhnungskommission für Palästina.
1950	Israel beginnt Gesetze in Kraft zu setzen (»Absentee Property Law«, »Law of return«), welche die Enteignung von palästinensischem Eigentum zugunsten von jüdischen Immigranten ermöglicht.
1950	Jordanien vereint die West- und die Ostbank.
1951	Ermordung des jordanischen Königs Abdallah durch einen palästinensischen Nationalisten in Jerusalem.
1955	Israelische Massaker in Gaza.
1956	Zweiter Palästinakrieg: Großbritannien, Frankreich und Israel besetzen Teile Ägyptens (Suezkrise). Auf Druck der USA wird dieser Krieg beendet. 1957 zieht sich Israel wieder aus Gaza und dem Sinai zurück.
1958	Gründung der Fatah.
1964	Gründung der PLO.
1965	Israel beginnt, den Jordan umzuleiten. Erste militärische Aktionen der Fatah in Palästina.
5.-10.6.1967	Sechs-Tage-Krieg (endet mit der Besetzung der Westbank inklusive Ost-Jerusalems und des Gazastreifens sowie der syrischen Golanhöhen).
22.11.1967	UN-Resolution 242 (Räumung der besetzten Gebiete wird verlangt).
1968	Jasser Arafat wird Vorsitzender der PLO. Gründung der Volksfront zur Befreiung Palästinas. Schlacht bei Karameh (palästinensische Truppen schlagen mit Hilfe jordanischer Einheiten einen Angriff auf den Ort Karameh im Jordantal zurück).
1970	»Schwarzer September« in Jordanien (die jordanische Armee vertreibt den Großteil der palästinensischen Freischäler).
1971	Rede von Bruno Kreisky vor dem Europarat (setzt durch, dass das Thema Nahost auf die Tagesordnung der KSZE gesetzt wird).
28.9.1973	Geiselnahme von jüdischen Auswanderern aus der UdSSR im niederösterreichischen Marchegg; darauf Schließung des Transitlagers Schönau.
6.-11.10.1973	Jom-Kippur-Krieg.
22.10.1973	UN-Resolution 338 (verlangt im Wesentlichen die Realisierung der Resolution 242).

1974	Erste Fact-Finding-Mission der Sozialistischen Internationale unter Leitung von Bruno Kreisky. Genfer Nahost-Konferenz. Arafat spricht vor der UN-Generalversammlung. Gründung der Ablehnungsfront jener palästinensischer Fraktionen (Volksfront zur Befreiung Palästinas, Demokratische Front zur Befreiung Palästinas und andere), die die auf eine politische Lösung hin orientierte Politik Arafats ablehnen.
1975	UN-Resolution 3379 (Zionismus = Rassismus). OPEC-Überfall in Wien.
1977	Wahlsieg der Rechten in Israel und Wahl Menahem Begins zum Ministerpräsidenten.
19.11.1977	Besuch Sadats in Jerusalem.
Juli 1978	Treffen Sadat-Peres in Wien.
21.3.1979	Ägyptisch-israelischer Friedensvertrag von Camp David (Folgen: Ausschluss Ägyptens aus der Arabischen Liga; Ägypten erhält drei Jahre später die Sinai-Halbinsel zurück).
1.4.1979	Ausrufung der Islamischen Republik Iran durch Ayatollah Chomeini.
1979	Verabschiedung der UN-Resolutionen 446, 452 (Verurteilung der israelischen Siedlungspolitik).
13.6.1980	Venedig-Erklärung der Europäischen Gemeinschaft (Existenzrecht Israels; Selbstbestimmungsrecht der Palästinenser; Verwirklichung der UN-Resolutionen 242, 338).
31.7.1980	Beschluss der israelischen Regierung zur »Vereinigung« Jerusalems (einseitige und völkerrechtswidrige Annexion des arabischen Ost-Jerusalems).
6.10.1981	Ermordung Anwar as-Sadats.
6.6.1982	Israel greift durch die Besetzung des Süd-Libanons auf Seiten der christlichen Milizen in den libanesischen Bürgerkrieg ein. Im September begehen maronitische Milizen unter dem Schutz der israelischen Armee die Massaker in den palästinensischen Flüchtlingslagern Sabra und Schatila in Beirut.
1982	Gründung der Kommunistischen Partei Palästinas.
1983	Neuerliche Nahostkonferenz in Genf.
1987	Beginn der Ersten Intifada. Gründung der Hamas als palästinensischer Zweig der Moslembrüder; die Gründung wurde anfänglich von Israel wohlwollend unterstützt.
15.11.1988	Palästinensische Unabhängigkeitserklärung (auf dem Palästinensischen Nationalkongress in Algier).
1989	Ende des libanesischen Bürgerkrieges.
1990/91	Zweiter Golfkrieg.
30.10.1991	Beginn der Madrider Nahost-Friedenskonferenz (unter der Schirmherrschaft der USA und Russlands; die Palästinenser sind lediglich als Teil der jordanischen Delegation zugelassen).
1992	Die israelische Arbeitspartei gewinnt die Parlamentswahlen, Jitzchak Rabin wird Ministerpräsident.

19.8.1993 Unterzeichnung der Grundsatzerklärung (DOP) in Oslo. Auf Basis der gegenseitigen Anerkennung Israels und der PLO werden die Schaffung einer fünfjährigen Übergangsphase in Form einer Autonomieregelung für die Palästinenser sowie Verhandlungen über eine endgültige Konfliktregelung vereinbart. Die DOP war das Resultat monatelanger direkter Geheimverhandlungen unter der Schirmherrschaft der norwegischen Regierung.

13.9.1993 Formelle Unterzeichnung der DOP in Washington.

1993 Beginn der israelischen Abriegelung palästinensischer Gebiete.

1994 Gründung der Palästinensischen Autonomieverwaltung (PNA). Hebron-Massaker durch Baruch Goldstein.

4.5.1994 Gaza-Jericho-Abkommen (statt 13.12.1993, wie in DOP vereinbart), das palästinensische Teilautonomie in Gaza und im Gebiet von Jericho zusichert.

26.10.1994 Unterzeichnung des Friedensvertrages zwischen Israel und Jordanien.

28.9.1995 Oslo II-Vertrag (auch als »interim agreement« bezeichnet): zweite Phase und Ausweitung der Autonomie auf die palästinensischen Städte und 450 Dörfer.

7.10.1995 Freilassung von 600 politischen und 220 zivilen palästinensischen Gefangenen durch Israel.

29.10.1995 Ermordung des Führers des »Islamischen Jihad« Fathi Shikaki durch israelische Agenten in Malta.

4.11.1995 Ermordung Jitzchak Rabins durch einen israelischen Rechtradikalen.

20.1.1996 Wahlen zum Präsidenten der PNA und zum palästinensischen Legislativrat (statt spätestens am 13.7.1994 laut DOP). Jassir Arafat wird mit 87 % der Stimmen zum Präsidenten gewählt.

1996 Die Arbeitspartei unter Shimon Peres verliert die Parlamentswahlen Ende Mai; Likud-Führer Benjamin Netanjahu wird Ministerpräsident. Damit kommt der Oslo-Prozess weitgehend zum Erliegen.

15.1.1997 Hebron-Protokoll: Das Protokoll beinhaltet die Teilung der Stadt zwischen Israel und den Palästinensern und die Wiedereinsetzung israelischer Streitkräfte in Hebron zum Schutz der jüdischen Siedler in der geteilten Stadt.

18.3.1997 Baubeginn der israelischen Siedlung »Har Homa« (Jebel Abu Ghneim) bei Betlehem.

1.10.1997 Freilassung von Hamas-Führer Scheich Ahmed Yassin aus israelischer Haft.

23.10.1998 Wye-River-Memorandum: sollte eine Reihe von Schritten wie ein weiterer israelischer Truppenrückzug, eine sichere Verbindung zwischen den autonomen Gebieten, Häftlingsbefreiung, die Öffnung des Flughafens in Gaza und eine Verpflichtung zu einer dritten Phase des Truppenrückzuges einleiten. Das Abkommen wurde von Ministerpräsident Netanjahu zwei Monate später eingefroren.

7.2.1999 Tod des jordanischen Königs Hussein.

17.5.1999 Wahl Ehud Baraks zum israelischen Ministerpräsidenten.

4.9.1999 Unterzeichnung des Sharm-el-Sheikh-Abkommens: Modifikation des Wye-River-Memorandums: Eröffnung der Verhandlungen um einen endgültigen Friedensvertrag (war besonders von Ministerpräsident Barak verlangt worden).

13.9.1999 Beginn der Verhandlungen um den endgültigen Friedensvertrag.

21.5.2000 Beginn des einseitigen israelischen Rückzuges aus dem Libanon.

11.-25.7.2000 Camp David II: Die Regierung unter der Führung der Arbeitspartei von Ehud Barak macht ein Treffen mit Jasser Arafat unter Vermittlung von Präsident Clinton in den USA möglich. Dabei sollte der Oslo-Friedensprozess wieder aufgenommen werden. Die Verhandlungen scheitern. Bei den kurz danach stattfindenden Parlamentswahlen in Israel erleidet Barak eine Niederlage.

21.9.2000 Einigung über die Errichtung eines Tiefseehafens in Gaza (ist niemals realisiert worden).

28.9.2000 Demonstrativer Besuch des israelischen Oppositionsführers Ariel Sharon auf dem Haram as-Sharif/Tempelberg. Dieser löst sofortige massive Proteste aus.

29.9.2000 Beginn der al-Aqsa-Intifada. Der Oslo-Prozess scheitert endgültig.

7.10.2000 UN-Resolution 1422: Verurteilung des demonstrativen Besuches des Haram as-Sharif, Verurteilung der exzessiven israelischen Gewaltanwendung.

15.10.2000 Freilassung von 151 palästinensischen Gefangenen durch Israel.

16.10.2000 Gipfeltreffen in Sharm el-Sheikh (Teilnehmer: Clinton, Mubarak, König Abdallah, Javier Solana, Arafat und Barak); gescheiterter Versuch eines Kompromisses in letzter Minute.

18.10.2000 Eröffnung der »sicheren Passage« zwischen Gaza und den autonomen Gebieten in der Westbank.

7.11.2000 Bildung der Mitchell-Kommission durch die US-Regierung zur Untersuchung der Verantwortlichkeiten für die aktuellen Ereignisse sowie zur Ausarbeitung konkreter Vorschläge.

6.2.2001 Ariel Sharon wird zum israelischen Ministerpräsidenten gewählt.

7.3.2001 Bildung der Regierung der »Nationalen Einheit« in Israel unter Beteiligung von Ministern der Arbeitspartei (Shimon Peres als Außen- und Ben Eliezer als Verteidigungsminister).

31.5.2001 Tod des PLO-Führers Faisal Husseini in Kuwait.

10.8.2001 Schließung des Orienthauses in Ost-Jerusalem sowie der Verwaltungsgebäude der PNA in Abu Dis; Zerstörung diverser palästinensischer Polizeistationen in der Westbank.

11.9.2001 Terroranschläge von Al Qaida in den USA.

7.10.2001 Afghanistan-Krieg: US-Armee und Verbündete eröffnen – ohne UN-Mandat – massive Angriffe.

20.3.2003 Eine von den USA geführte »Allianz der Willigen« greift – ohne UN-Mandat – den Irak an und erobert das Land innerhalb weniger Tage.

2003	Israel beginnt mit der Errichtung der Sperrmauer, welche an vielen Stellen jenseits der »Grünen Linie«, der 67er-Grenze, liegt.
11.11.2004	Jassir Arafat stirbt im Alter von 75 Jahren. Mahmoud Abbas wird sein Nachfolger.
2005	Ende der Zweiten (al-Aqsa-)Intifada. Am 8.2. vereinbaren Ministerpräsident Sharon und PNA-Präsident Mahmoud Abbas einen Waffenstillstand. Einseitiger Rückzug Israels aus dem Gazastreifen, abgeschlossen am 12.9.
2006	Hamas gewinnt die Wahlen zum Legislativrat am 25.1. Die westlichen Staaten sind nicht bereit, den Spitzenkandidaten der Hamas, Ismael Haniyya, als Ministerpräsident zu akzeptieren und setzen Präsident Abbas stark unter Druck.
2007	Auf Vermittlung Saudi-Arabiens wird eine Regierung der »Nationalen Einheit« mit Ismael Haniyya als Ministerpräsident gebildet. Der Westen boykottiert die Hamas-Regierungsmitglieder. Die von außen geschürten Konflikte zwischen Hamas und Fatah brechen offen aus und die Hamas vertreibt Fatah/PLO aus dem Gazastreifen und übernimmt dort die alleinige Macht. Hamas rechtfertigt diese Aktion mit Gerüchten eines von den USA geplanten Putsches gegen die Einheitsregierung. Seit damals beherrscht Hamas den Gazastreifen und Fatah die Westbank. Wahlen haben seither keine stattgefunden. Ab Juni verhängen Israel und Ägypten eine totale Blockade gegen den Gazastreifen.
27.11.2007	Annapolis Friedenskonferenz (Bush, Olmert, Abbas) bringt Einigung zwischen Israel und Palästina auf eine »road map«.
Dez.08-Jän.09	Operation »Gegossenes Blei«: Als Reaktion auf Raketenbeschuss aus dem Gazastreifen startet die israelische Armee am 27.12.2008 eine umfangreiche Militäraktion in Gaza. Bis zum Rückzug am 21.1.2009 werden ca. 1.400 PalästinenserInnen, darunter zahlreiche unbeteiligte Frauen und Kinder, getötet und große materielle Schäden angerichtet.
4.8.2009	Erste Fatah-Konferenz seit 20 Jahren.
15.9.2009	Goldstone-Bericht: Der unter dem Vorsitz des ehemaligen südafrikanischen Richters Richard Goldstone im Auftrag des UN-Menschenrechtsrates ausgearbeitete Bericht über die »Operation Gegossenes Blei« beschuldigt Israel schwerer Kriegsverbrechen, kritisiert aber auch die Raketenangriffe aus dem Gazastreifen. Israel hatte die Zusammenarbeit mit der Kommission abgelehnt und wies auch den Bericht zurück.
2010	Gaza Flotille: Am 31.5. entert die israelische Armee sechs mit Hilfsgütern für Gaza beladene Schiffe, die auf den Gazastreifen zusteuern. An Bord des Flaggschiffes »Mavi Marmara« werden neun Aktivisten getötet.
17.12.2010	Mit der Selbstverbrennung eines tunesischen Straßenhändlers beginnt der »Arabische Frühling«.

4.5.2011	Fatah und Hamas schließen nach ägyptischer Vermittlung in Kairo ein Versöhnungsabkommen.
31.10.2011	Palästina wird volles UNESCO-Mitglied.
23.11.2011	*Al Jazeera* veröffentlicht geheime Dokumente, die beweisen, dass die Palästinenser zu weitaus größeren Zugeständnissen als gemeinhin angenommen bereit sind.
29.11.2012	Der Staat Palästina erhält den Beobachterstatus bei der UNO.
Juli 2013	US-Außenminister John Kerry beginnt eine neue US-Friedensinitiative; binnen neun Monaten soll ein Friedensvertrag mit der Realisierung der Zweistaatenlösung abgeschlossen werden. Diese Initiative scheitert im April 2014; Kerry macht Israel dafür verantwortlich.
2014	Operation »Starker Fels«. Bei der bislang umfangreichsten israelischen Aktion gegen Gaza kommen zwischen 8.7. und 26.8. 2.189 PalästinenserInnen (davon 1486 Zivilisten) und 73 Israelis (davon 66 Soldaten) ums Leben.
2.6.2014	PLO und Hamas einigen sich auf die Bildung einer überwiegend aus Technokraten gebildeten »Regierung der Nationalen Einheit«.
16.3.2015	Netanjahu spricht sich gegen jegliche Zweistaatenlösung aus.
17.3.2015	Bei den Wahlen zum israelischen Parlament gewinnen die Rechtsparteien und bilden (am 6.5.) eine ultra-rechte-religiöse Regierung unter der Führung von Netanjahu. Avigdor Liebermann tritt mit seiner Partei »Unsere Heimat Israel« einige Wochen später ebenfalls der Regierung bei und wird Verteidigungsminister.
13.5.2015	Der Vatikan erkennt den Staat Palästina an.
Sept./Okt. 2015	Dramatische Zunahme der Gewalt, besonders in Ost-Jerusalem und in der Westbank.
2016	Für den spontanen und weitgehend unorganisierten Widerstand junger PalästinenserInnen wurde in den westlichen Medien bald der Begriff »Messer-Intifada« verwendet. Tatsächlich wird mit dem Ausbruch einer 3. Intifada spekuliert, da die Frustration junger PalästinenserInnen in der Westbank angesichts der Hoffnungslosigkeit ihrer Situation ein großes Ausmaß angenommen hat. Den Höhepunkt erreicht dieser Aufstand am 24.3. in Hebron, als ein israelischer Soldat einen bereits wehrlosen Angreifer mit einem gezielten Kopfschuss ermordet.
14.9.2016	USA und Israel vereinbaren Waffenlieferungen über 38 Mrd. US-Dollar für einen Zeitraum von zehn Jahren.
23.12.2016	Res. Nr. 2334 des UN-Sicherheitsrates verurteilt (bei Enthaltung der USA) die israelische Siedlungspolitik und fordert ihren sofortigen Stopp.
20.1.2017	Donald Trump wird zum 45. Präsidenten der USA angelobt.
6.2.2017	Knesseth beschließt ein Gesetz, mit dem retroaktiv 4000 illegal errichtete Gebäude in Siedlungen legalisiert werden.
15.2.2017	Präsident Donald Trump lässt eine Abkehr von der Zweistaatenlösung erkennen, indem er auch eine Einstaatenlösung für möglich hält.

6.4.2017	Russland erkennt West-Jerusalem als zukünftige Hauptstadt Israels und Ost-Jerusalem als jene eines palästinensischen Staates an.
1.5.2017	Hamas erklärt sich bereit, der Bildung eines vorläufigen palästinensischen Staates (Interim Palestinian State) in den Grenzen von 1967 zuzustimmen.
6.5.2017	Ismael Haniyya wird zum Chef des Politischen Büros der Hamas gewählt.
22./23.5.2017	Im Zuge seiner ersten Auslandreise nach Amtsübernahme besucht Donald Trump auch Israel.
14.7.2017	Schusswechsel in Ost-Jerusalem; die drei Attentäter und zwei israelische Polizisten werden getötet. Israel verschärft die Sicherheitsmaßnahmen am Haram as-Sharif/Tempelberg massiv. Israelische Politiker nutzen diese Gelegenheit, die Ansprüche der Palästinenser auf das Gebiet grundsätzlich infrage zu stellen.

Bibliografie

Die folgende Bibliografie ist eine von Fritz Edlinger zusammengestellte Übersicht von Publikationen zum israelisch-palästinensischen Konflikt. Es handelt sich dabei um unterschiedliche Veröffentlichungen, teils von international renommierten Autorinnen und Autoren, teils von deutschsprachigen Experten und Publizisten. Bei Publikationen, die sowohl in Englisch als auch in Deutsch vorliegen, sind vorzugsweise die deutschsprachigen Veröffentlichungen berücksichtigt. Auf eine breite zeitliche Streuung bei den Erscheinungsterminen wurde Wert gelegt. Diese Zusammenstellung spiegelt in gewisser Weise auch den persönlichen Zugang des Autors, der sich seit den späten 1960er-Jahren mit dem Konflikt befasst und Palästina unzählige Male besucht und bereist hat, wider.

Abu Jihad: Heimat oder Tod. Der Freiheitskampf der Palästinenser. Mit einem Vorwort und unter Mitarbeit von Eric Rouleau. Düsseldorf/Wien (Econ Verlag) 1979

Asali K.J. (Ed.): Jerusalem in history. New York 1990

Avnery Uri: Zwei Völker. Zwei Staaten. Gespräch über Israel und Palästina. Vorwort von Rudolf Augstein. Heidelberg (Palmyra Verlag) 1995

Baumgarten Helga: Palästina: Befreiung in den Staat. Frankfurt am Main (edition suhrkamp) 1991

Baumgarten Helga: Arafat. Zwischen Kampf und Diplomatie. München (Ullstein Taschenbuch) 2002

Baumgarten Helga: Hamas. Der politische Islam in Palästina. München (Diederichs Verlag) 2006

Benvenisti Meron: Intimate Enemies. Jews and Arabs in a shared Land. Berkley (University of California Press) 1995

Carter Jimmy: Palästina. Frieden nicht Apartheid. Neu-Isenburg (Melzer Verlag) 2006

Chomsky Noam: Offene Wunde Nahost. Israel, die Palästinenser und die US-Politik. Hamburg/Wien (Europa Verlag) 1999

Chomsky Noam/Ilan Pappe/Frank Barat: Brennpunkt Palästina. Gespräche über Vergangenheit, Gegenwart und Zukunft eines besetzten Landes. Münster (Unrast Verlag) 2015

Cutting Pauline: Kinder der Belagerung. Berlin (DasArabische Buch) 1989
Darwisch Mahmoud: Palästina als Metapher. Gespräche über Literatur und Politik. Heidelberg (Palmyra Verlag) 1998
Edlinger Fritz (Hg.): Mit Spraydose und Pinsel gegen die Besatzung. Graffiti in Palästina. Wien (Promedia Verlag) 2015
Edlinger Fritz (Hg.): Befreiungskampf in Palästina. Von der Madrid-Konferenz zur Al-Aqsa-Intifada. Wien (Promedia Verlag) 2001
Falk Richard: Palestine's Horizon. Toward a Just Peace. London (Pluto Press) 2017
Findley Paul: They dare to speak out, People and institutions Confront Israels's Lobby. Westport (Lawrence Hill Publisher) 1985
Flapan Simcha: Die Geburt Israels. Mythos und Wirklichkeit. Mit einem Vorwort von Mazin Qumsieh. Frankfurt am Main (Semit Edition bei Zambon) 2015
Frangi Abdallah: Der Gesandte. Mein Leben für Palästina. Hinter den Kulissen der Nahost-Politik. München (Heyne Verlag) 2011
Friedman Thomas: From Beirut to Jerusalem. New York (Farrar, Straus, Giroux) 1989
Halevi Ilan: Auf der Suche nach dem Gelobten Land. Die Geschichte der Juden und der Palästina-Konflikt. Hamburg (Junius Verlag) 1986
Hass Amira: Gaza. Tage und Nächte in einem besetzten Land. München (C.H. Beck) 2003
Hollstein Walter: Kein Frieden um Israel. Zur Sozialgeschichte des Palästina-Konfliktes. Wien (Promedia Verlag) 1984
Hroub Khlaed: Hamas. Die islamische Bewegung in Palästina. Heidelberg (Palmyra Verlag) 2011
Irabi Abdulkader: Sozialgeschichte Palästinas. Basel (Lenos Verlag) 1978
Kapeliuk Amnon: Yassir Arafat. Die Biographie. Vorwort von Nelson Mandela. Heidelberg (Palmyra Verlag) 2005
Koestler Arthur: Der dreizehnte Stamm. Das Reich der Khasaren und sein Erbe. Bergisch Gladbach (Gustav Lübbe Verlag) 1976
Krämer Gudrun: Geschichte Palästinas. München (C.H. Beck Verlag) 2006
Kreisky Bruno: Das Nahost-Problem. Reden, Kommentare, Interviews. Mit einem Vorwort von Olof Palme. Wien (Europa Verlag) 1985
Langer Felicia: Die Zeit der Steine. Eine israelische Jüdin über den palästinensischen Widerstand. Göttingen (Lamuv Verlag) 1990
Mearsheimer John J./Walt. Stephen M.: Die Israel Lobby. Wie die amerikanische Außenpolitik beeinflusst wird. Frankfurt (Campus Verlag) 2007
Melzer Abraham: Merkel erwache! Israel vor Gericht. Essay eines antizionistischen

Juden. Mit einem Vorwort von Moshe Zuckermann. Frankfurt am Main (Zambon Verlag) 2015
Morris Benny: 1948. The First Arab-Israeli War. New Haven/London (Yale University Press) 2008
Nassar Jamal/Heacock Roger (Ed.): Intifada. Palestine at the Crossroads. New Yoork (Praeger Publishers) 1991
Nazzal Laila: Die Hoffnung stirbt nicht. Frauen, Familie und Politik in der palästinensischen Gesellschaft. Klagenfurt-Wien (Kitab Verlag) 2008
Nusseibeh Sari: mit Anthony David Es war einmal ein Land. Ein Leben in Palästina. München (Kunstmann Verlag) 2008
Pappe Ilan: Die ethnische Säuberung Palästinas. Frankfurt am Main (Zweitausendundeins Verlag) 2006
Pappe Ilan/Hilal Jamil (Hg.): Zu beiden Seiten der Mauer. Auf der Suche nach einem gemeinsamen Bild der israelisch-palästinensischen Geschichte. Hamburg (Laika Verlag) 2013
Pappe Ilan: Die Idee Israel. Mythen des Zionismus. Hamburg (Laika Verlag) 2015
Pappe Ilan: Ten Myths about Israel. London (Verso) 2017
Qleibo Ali: Wenn die Berge verschwinden. Die Palästinenser im Schatten der israelischen Besatzung. Vorwort von Amos Oz. Heidelberg (Palmyra Verlag) 1993
Rashidi Khaled: Palestinian Identity. The Construction of modern national consciousness. New York (Columbia University Press) 1997
Roy Sara: The Gaza Strip. The Political Economy of De-development. Washington (Institute for Palestine Studies) 1995
Safieh Afif: The Peace Process. From Breakthrough to Breakdown. London (Saqi Books) 2010
Said W. Edward: The Question of Palestine. New York (Times Books) 1980
Said W. Edward: The Politics of Dispossession. The Struggle for Palestinian Self-Determination 1969-1994. London (Vintage Random House) 1994
Said W. Edward: Fieden in Nahost. Essays über Israel ind Palästina. Vorwort von Felicia Langer. Heidelberg (Palmyra Verlag) 1997
Sand Shlomo: Die Erfindung des Jüdischen Volkes. Israels Gründungsmythos auf dem Prüfstand. Berlin (Propyläen Verlag) 2008
Segev Tom: 1967. Israels zweite Geburt. München (Siedler Verlag) 2005
Segev Tom: Es war einmal ein Palästina. Juden und Araber vor der Staatsgründung Israels. München (Siedler Verlag) 2005
Segev Tom: Die ersten Israelis. Die Anfänge des jüdischen Staates. München (Siedler Verlag) 2008

Shamir Israel: Blumen aus Galiläa. Schriften gegen die Zerstörung des Heiligen Landes. Wien (Promedia Verlag) 2005

Shlaim Avi: The Iron Wall. Israel and the Arab World. New York/London (W.W. Norton) 2000

Spafford Vester Bertha: Our Jerusalem. An American Family in the Holy City 1881-1949. Jerusalem (Ariel Publishing House) 1950. Facsimile edition 1988

Steinberger Petra (Hsg.): Die Finkelstein-Debatte. Mpnchen (Piper Verlag) 2001

Szyszkowitz Tessa: Der Friedenskämpfer. Arafats geheimer Gesandter Isaam Sartawi. Wien (Picus Verlag) 2011

Tawil Raymonda: Mein Gefängnis hat viele Mauern. Eine Palästinenserin berichtet. Bonn (Verlag Neue Gesellschaft) 1979

Tessler Mark: A History of the Israeli-Palestinian Conflict. Indianapolis (Indiana University Press) 1994

Wallach Janet/Wallach John: Jassir Arafat. Der lange Weg zur Versöhnung. Die Biographie. München (Heyne Verlag) 1992

Waltz Viktoria, Zschiesche Joachim: Die Erde habt Ihr uns genommen. 100 Jahre zionistische Siedlungspolitik in Palästina. Berlin (Das Arabische Buch) 1986.

Watzal Ludwig: Feinde des Friedens. Der endlose Konflikt zwischen Israel und den Palästinensern. Berlin (Aufbau Taschenbuch Verlag) 2001

Wild Petra: Die Krise des Zionismus und die Ein-Staaten-Lösung. Wien (Promedia Verlag) 2015

Wild Petra: Apartheid und enthnische Säuberung in Palästina. Der zionistische Siedlerkolonialismus in Wort und Tat. Wien (Promedia Verlag) 2013

Zuckermann Moshe: Israels Schicksal. Wie Zionismus seinen Untergang betreibt. Wien (Promedia Verlag) 2014

Zuckermann Moshe: Wider den Zeitgeist Bd. 1. Aufsätze und Gespräche über Juden, Deutschem den Nahostkonflikt und Antisemitismus. Hamburg (Laika Verlag) 2012

Die Autoren

Salah Abdel Shafi

Geboren 1962 in Gaza. Studium der politischen Ökonomie in Berlin. Arbeitete in verschiedenen zivilgesellschaftlichen und internationalen Organisationen im Bereich der wirtschaftlichen Entwicklung der palästinensischen Gebiete. 2005 Beitritt zum diplomatischen Dienst mit Posten als Botschafter in Stockholm (2006–2010), Berlin (2010–2013) und seit Oktober 2013 in Wien sowie ständiger Beobachter bei der UNO und den internationalen Organisationen in Wien. Seit 2014 zusätzlich Botschafter in Slowenien mit Sitz in Wien .

Nasser al-Kidwa

Geboren 1953 in Gaza. Ausbildung zum Dentisten an der Universität Kairo mit Abschluss 1979. Schließt sich 1969 Fatah an; 1975 zum Mitglied des Palästinensischen Nationalkongresses gewählt; 1979 Präsident der palästinensischen Jugendorganisation GUPS; 1987 zum stv. UN-Botschafter Palästinas ernannt; 1991-2005 Botschafter. Seit 2007 Präsident der Jassir Arafat-Stiftung. Verschiedene Vermittlungspositionen im Bereich der Vereinten Nationen und der Arabischen Liga, wie z. B. special UN-envoy in Afghanistan, Arab League-envoy in Syrien und Arab-League envoy in Libyen.

Nur Arafeh

Geboren 1992 in Manchester/UK. Ökonomin; BA in political science and economics des Paris Institute of Political Studies sowie der Columbia University; MPhil degree in development Studies der Universität Cambridge; visiting lecturer of economics am Al-Quds Bard College und Associate Researcher beim Palestine Economic Policy Research Institute (MAS) in Jerusalem; hat bis vor kurzem bei Al-Shabaka: The Palestinian Policy Network gearbeitet. Macht derzeit als Rhodes Scholar ihr PhD an der Universität Oxford.

Omar Barghouti

Geboren 1964 in Katar, verbrachte seine Jugend in Kairo; ab 1982 Studium der Elektrotechnik an der Columbia University in den USA, Abschluss mit einem PhD, 1993 aus privaten Gründen Übersiedlung nach Israel, lebt in Akko. Studium der Philosophie an der Universität Tel Aviv, Abschluss 2009 mit einem PhD. Gründungsmitglied der »Palestinian Campaign for the Academic and Cultural Boycott of Israel« und Mitbegründer der weltweit tätigen BDS-Bewegung (Boycott, Divestment and Sanctions). Mehrfach von den israelischen Behörden inhaftiert, darunter im März 2017 unter der Anschuldigung von Steuerhinterziehung. 2017 auch Mitempfänger des Ghandi Friedenspreises.

Tariq Dana

Geboren 1981 in Abu Dhabi. Er ist Politikwissenschaftler und hat sein PhD an der Santa Anna School of Advanced Studies in Pisa/Italien erhalten. Seine Forschungsinteressen liegen auf den Gebieten Neoliberalismus, Globalisierung, Entwicklung, Zivilgesellschaft, soziale Bewegungen und NGOs. Er ist Direktor des Centers for Development Studies an der Birzeit Universität/Palästina. Senior Research Fellow am dortigen Ibrahim Abu-Lughod Institut für Internationale Studien. Fakultätsmitglied beim MA-Programm für Internationale Studien, wo er Kurse in global political economy hält.

Fritz Edlinger

Geboren 1948 in Wien. Er ist Generalsekretär der »Gesellschaft für Österreichisch-Arabische Beziehungen« und Herausgeber der Zeitschrift *International*. Im Promedia Verlag sind unter seiner Herausgeberschaft zuletzt erschienen: »Der Nahe Osten brennt. Zwischen syrischem Bürgerkrieg und Weltkrieg« (2016) und »Mit Pinsel und Spraydose gegen die Besatzung. Graffiti in Palästina« (2016).

Richard Falk

Geboren 1930 in New York. Er ist emeritierter Professor für internationales Recht der Princeton University. Studium an der University of Pennylvania, BA of law an der Yale University, danach PhD in Recht an der Harvard University. 1965-2001 Professor in Princeton. Seit 2002 Forschungsprofessor an der University of California. Derzeit leitet er das Projekt »Global Climate Change, Human Security and Democracy«. 2008-2014 UN-Spezialberichterstatter »The situation of human rights in the Palestinian territories occupied since 1967«. Autor oder Co-Autor von 20 Büchern und Co-Autor von 20 Sammlungen. Zuletzt Mitautor der UN-ESCWA-Studie »Israels Vorgehen gegen das palästinensische Volk und die Frage der Apartheid« (gemeinsam mit Virginia Tilley).

Roger Heacock

Geboren 1942 in Sao Paulo. Professor für Geschichte am Ibrahim Abu-Lughod Institute of International Studies der Universität Birzeit/ Palästina, wo er auch im PhD-Programm in Sozialwissenschaften tätig ist. Koordinator des Birzeit University Digital Palestinian Archive. Forschungsaufenthalte in vielen Ländern Europas und des Nahen Ostens. Zahlreiche Veröffentlichungen.

Rashid Khalidi

Geboren 1948 in New York. Er ist einer der bedeutendsten palästinensischen Historiker, studierte Geschichte in Yale und Oxford, wo er 1974 promovierte. 1976 bis 1983 unterrichtete er an der Amerikanischen Universität in Beirut. 1983 kehrte er in die USA zurück und unterrichtete zunächst an der Columbia University und danach an der University of Chicago. 2003 Rückkehr an die Columbia University, wo er bis heute die Edward Said-Professur für Moderne Arabische Studien innehat. Direktor des Nahost-Institutes der Columbia School of International and Public Affairs. Gründungsmitglied des Center for Palestine Research, Mitglied des Herausgeberkomitees des *Journal of Palestine Studies.* Er publiziert regelmäßig Artikel und Kommentare in US-amerikanischen und internationalen Medien. Mitglied des Council on Foreign Relations.

Miko Peled

Geboren 1961 in Jerusalem. Er ist ein israelischer Autor und Menschenrechtsaktivist, lebt in den USA. Als Sohn des legendären Kriegshelden und späteren Friedensaktivisten General Mattityahu Peled in Israel aufgewachsen. Ausbildung zum Kampfsportler (hält den schwarzen Gürtel 6. Grades in Karate). Beendete seine berufliche und kommerzielle Laufbahn und widmet sich seit Jahren den Fragen der Rechte des palästinensischen Volkes und der Transformation des zionistischen Regimes in Israel in einen demokratischen Staat.

Vijay Prashad

Geboren 1967 in Kalkutta. Er ist Historiker und Journalist und hat die George und Martha Kellner-Professur für südasiatische Geschichte und internationale Studien am Trinity College in Hartford, Connecticut inne. Seine PhD stammt von der Universität von Chicago. 2013/2014 hatte er den Edward Said-Lehrstuhl an der Amerikanischen Universität in Beirut. Zahlreiche Publikationen, schreibt regelmäßig in Zeitschriften wie *Frontline* oder *Alternet*. Seit 2015 als Chefredakteur für LeftWord Books in New Delhi tätig. Mitglied des Beirates der BDS-Kampagne in den USA.

Ludwig Watzal

Geboren 1950 in Schwalmstadt. Er lebt als Journalist und Redakteur in Bonn. Von 1986 bis 2016 war er Mitarbeiter der Bundeszentrale für politische Bildung (BpB). Als Redakteur der Zeitschrift *Aus Politik und Zeitgeschichte* wurde er 2008 auf massiven Druck der zionistischen Israellobby von Präsident Thomas Krüger »umgesetzt«. Zahlreiche Publikationen zum Nahostkonflikt (www.watzal.com). Er betreibt einen bilingualen Blogs (http://betweenthelines-ludwigwatzal.com/). Watzal ist auch langjähriger Autor der Zeitschrift *International.*

Petra Wild

Geboren 1983 in Aarbergen/Hausen. Sie ist Islamwissenschaftlerin mit den Arbeitsschwerpunkten Palästina-Frage sowie Widerstand und Revolution in der arabischen Welt. Zuletzt sind von ihr im Promedia Verlag erschienen »Apartheid und ethnische Säuberung in Palästina. Der zionistische Siedlerkolonialismus in Wort und Tat« (2013) und »Die Krise des Zionismus und die Ein-Staat-Lösung. Zur Zukunft eines demokratischen Palästinas« (2015).

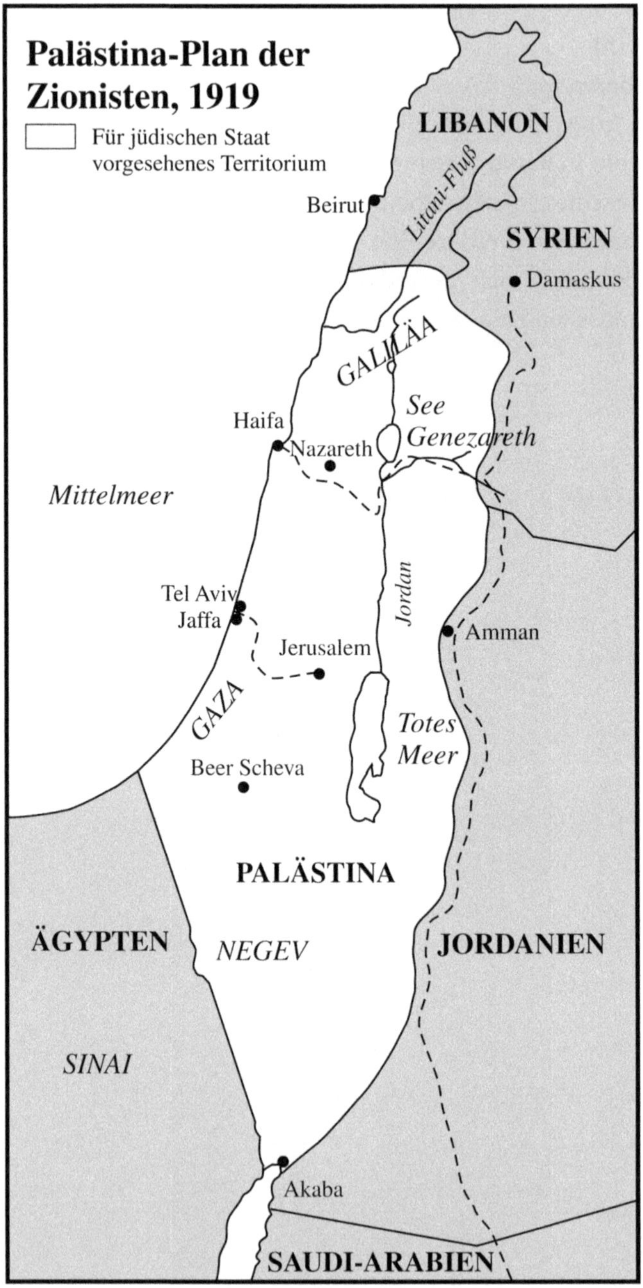

Palästina-Plan der Zionisten, 1919

Für jüdischen Staat vorgesehenes Territorium

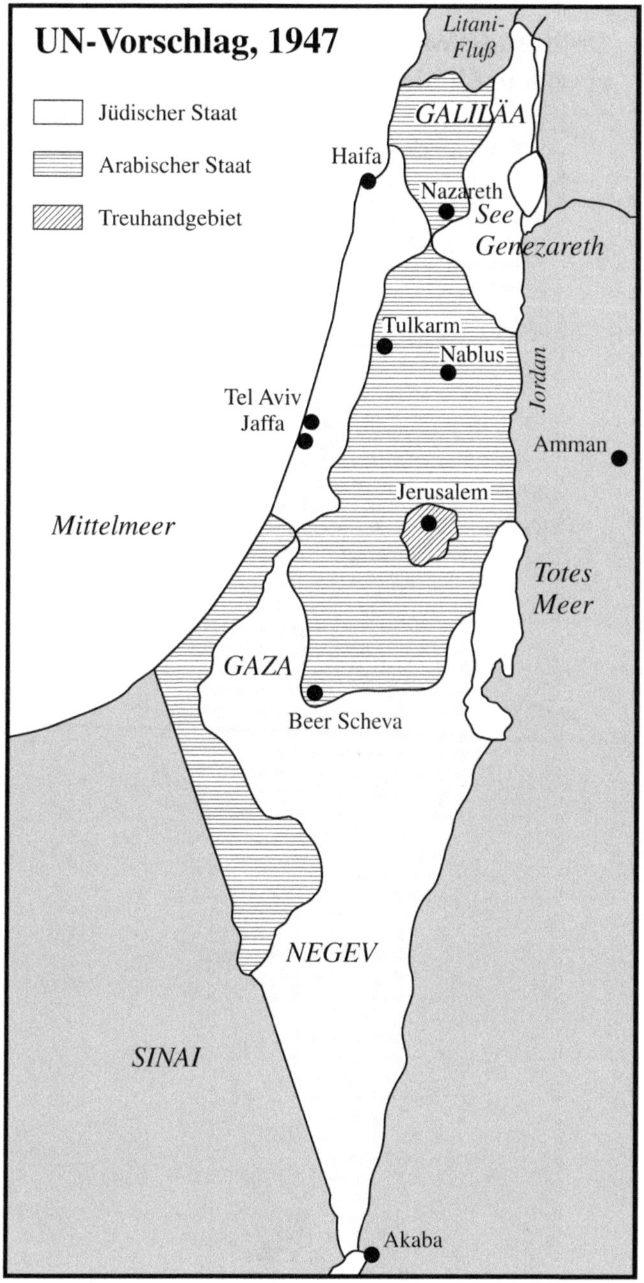
UN-Vorschlag, 1947
Jüdischer Staat
Arabischer Staat
Treuhandgebiet
Litani-
Fluß
GALILÄA
Haifa
Nazareth
See
Genezareth
Tulkarm
Nablus
Jordan
Tel Aviv
Jaffa
Amman
Jerusalem
Mittelmeer
Totes
Meer
GAZA
Beer Scheva
NEGEV
SINAI
Akaba

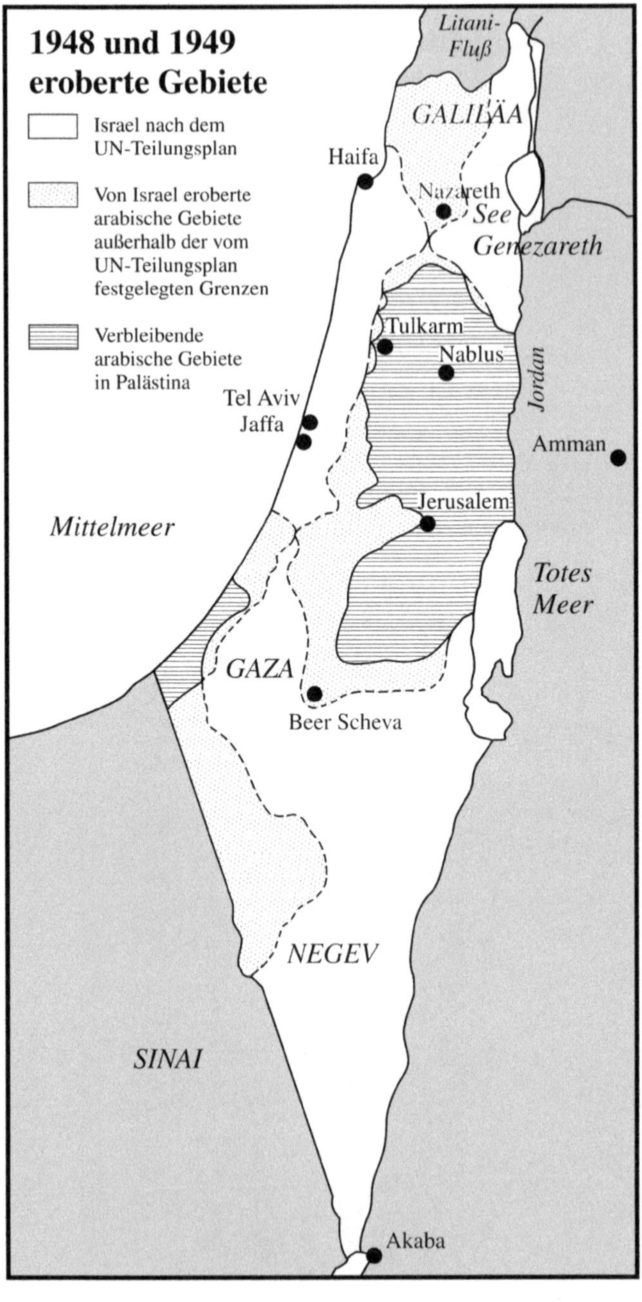
1948 und 1949
eroberte Gebiete
Israel nach dem UN-Teilungsplan
Von Israel eroberte arabische Gebiete außerhalb der vom UN-Teilungsplan festgelegten Grenzen
Verbleibende arabische Gebiete in Palästina
Litani-Fluß
GALILÄA
Haifa
Nazareth
See Genezareth
Tulkarm
Nablus
Jordan
Tel Aviv
Jaffa
Amman
Jerusalem
Mittelmeer
Totes Meer
GAZA
Beer Scheva
NEGEV
SINAI
Akaba

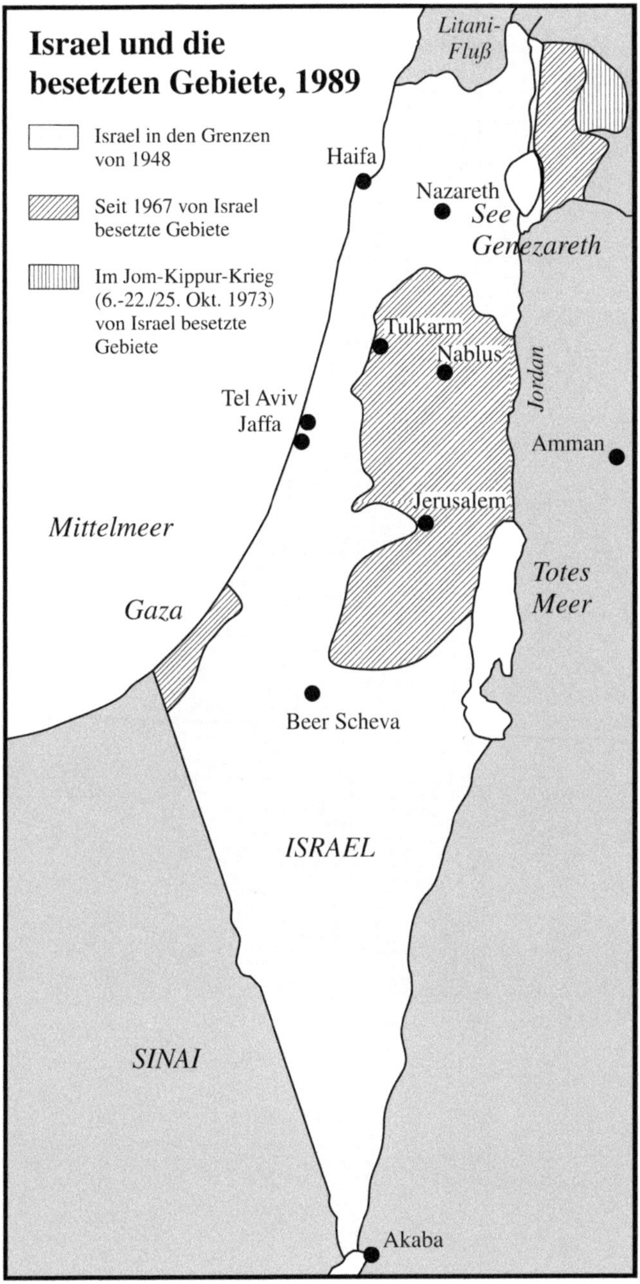
Israel und die besetzten Gebiete, 1989
Israel in den Grenzen von 1948
Seit 1967 von Israel besetzte Gebiete
Im Jom-Kippur-Krieg (6.-22./25. Okt. 1973) von Israel besetzte Gebiete
Litani-Fluß
Haifa
Nazareth
See Genezareth
Tulkarm
Nablus
Jordan
Tel Aviv
Jaffa
Amman
Jerusalem
Mittelmeer
Totes Meer
Gaza
Beer Scheva
ISRAEL
SINAI
Akaba

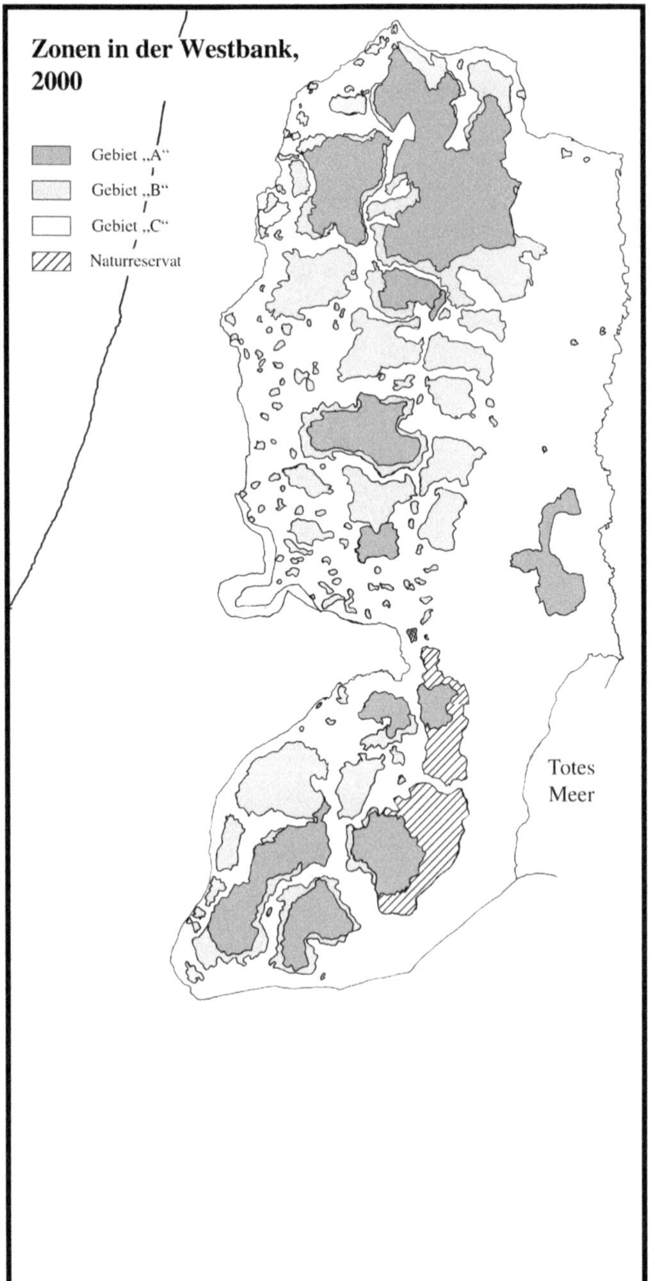
Zonen in der Westbank, 2000
Gebiet „A“
Gebiet „B“
Gebiet „C“
Naturreservat
Totes Meer